财务会计基础及经济管理研究

姜晓琳 韩璐 杨硕 主编

文化发展出版社
Cultural Development Press

图书在版编目（CIP）数据

财务会计基础及经济管理研究 / 姜晓琳，韩璐，杨硕主编．—北京：文化发展出版社，2020.7

ISBN 978-7-5142-3032-1

Ⅰ．①财… Ⅱ．①姜… ②韩… ③杨… Ⅲ．①财务会计②企业管理－经济管理 Ⅳ．①F234.4 ②F272

中国版本图书馆 CIP 数据核字（2020）第 106512 号

财务会计基础及经济管理研究

主　　编：姜晓琳　韩　璐　杨　硕

责任编辑：李　毅　　　　责任校对：岳智勇

责任印制：邓辉明　　　　责任设计：侯　铮

出版发行：文化发展出版社有限公司（北京市翠微路 2 号 邮编：100036）

网　　址：www. wenhuafazhan. com　www. printhome. com　www. keyin. cn

经　　销：各地新华书店

印　　刷：阳谷毕升印务有限公司

开　　本：787mm×1092mm　1/16

字　　数：392 千字

印　　张：21.25

印　　次：2020 年 9 月第 1 版　2021 年 2 月第 2 次印刷

定　　价：58.00 元

I S B N：978-7-5142-3032-1

◆ 如发现任何质量问题请与我社发行部联系。发行部电话：010-88275710

编委会

作　者	署名位置	工作单位
姜晓琳	第一主编	黑龙江省医院
韩　璐	第二主编	黑龙江省中医药科学院
杨　硕	第三主编	黑龙江省医院
刘思慧	副 主 编	黑龙江省医院
李　莹	副 主 编	黑龙江省中医药科学院
李　姣	副 主 编	宁夏职业技术学院
刘　琳	副 主 编	新华社瞭望智库
王玉立	副 主 编	中国移动通信有限公司信息港中心

前　言

财务会计从研究思维模式的角度来看，可以将财务会计的研究方法分为两大类：一类是规范研究方法，另一类是实证研究方法，这两类方法在财务会计基础内容的研究过程中起着十分重要的作用，怎么能够正确理解这两种研究方法、掌握二者之间的关系，并在了解财务会计基础研究方法状态的过程中，对财务会计基础研究方法的发展趋势有所关注，这对于提高我国财务会计基础内容研究的效果和质量等方面，有着极为重要的意义。

随着经济管理一词被人们使用频率的增高，有部分人将经济学与管理学的认知混淆、认为两者之间是大同小异的，实际上经济学与管理学从学科的角度来说就有着很大的区别，两者之间的本质区别在于经济学与管理学中的人性假设，经济学与管理学中的行为主体都是人，但是从学科的角度来说，经济学与管理学研究的并不是每个具体的、各不相同的人；而是根据各自的学科目的与研究对象，基于人们的一般的普遍的行为特点，对人作抽象化、概念化的假定，以便于分析。

为了满足从事财务会计和经济管理研究工作人员的实际要求，编委会的专家们翻阅大量财务会计和经济管理的相关文献，并结合自己多年的实践经验编写了此书。

由于编写时间和水平有限，尽管编者尽心尽力，反复推敲核实，但难免有疏漏及不妥之处，恳请广大读者批评指正，以便做进一步的修改和完善。

《财务会计基础及经济管理研究》编委会

目　录

第一章　财务会计基础理论

第一节　财务会计概述

一、会计的涵义

早在西周时期人们就曾经阐述过会计的涵义，即“零星算之为之计，总合算之为之会”。前者指的是日常核算，后者指的是期末核算，非常符合当时的会计工作情况。但随着历史的变迁，会计的发展经历了巨大的变革。那么，从现代会计的角度来看，究竟什么是会计呢？由于人们观察问题的角度不同，对会计本质有着不同的认识，因而出现了各种不同的定义。归纳起来，有代表性的定义主要有以下几种：

（1）艺术论

艺术论产生于20世纪初。艺术论者认为，会计是利用货币形式，对具有或至少部分具有财务特征的交易事项，予以记录、分类、汇总并解释由此产生的结果的一门艺术。这种观点将会计理解为科学、技巧和经验相结合的艺术，会计人员主要依靠自己的经验和职业判断能力，有点类似于我国传统老中医。

（2）服务活动论

服务活动论产生于20世纪70年代，由美国注册会计师协会所属的会计原则委员会在1970年的一份报告中提出。这种观点认为，会计是一项对外的服务活动，它的职能是提供有关一个经济单位（财务性质）的数量信息，借以制定经济决策。

（3）管理工具论

管理工具论产生于计划经济时期。这种观点将会计沦落为一种管理工具或方法，认为会计是反映和监督生产过程的一种方法，是管理经济的一种工具。我国在计划经济时期就主要持这种观点，因而对我国会计理论的发展产生了极大的影响。当然，这种观点与当时的时代背景有关。

（4）信息系统论

信息系统论产生于20世纪60年代。信息系统论者认为，会计是旨在提高经济效益，加强经济管理而在企业内部建立的一个以提供财务信息为主的经济信息系统，其提供的对象是企业外部的利害关系集团和企业管理当局，提供的手段是以会计报表为核心的财务报告。服务活动论与信息系统论之间不存在本质上的差别，因为按照服务活动论的观点，其服务的主要内容也是提供会计信息。

（5）管理活动论

管理活动论产生于20世纪80年代。管理活动论者认为，会计是经济管理的重要组成部分，它是以货币计量为主要形式并采用专门方法，对经济活动进行核算和监督的一种管理活动。会计作为对价值运动的管理，其管理对象是企业资金运动和社会资金运动，目的是提高资金运动的效率和效果。

对会计定义认识的不同，体现了人们对会计在社会经济环境中的地位和作用看法上的差异。对会计的定义，尽管中外会计界从来就没有统一过，但将会计作为一个以提供财务信息为主的经济信息系统的观点逐渐被人们所接受。

会计的定义在一般意义上也适用于说明财务会计，但在具体认识时还应注意财务会计相对于管理会计的特点。

二、财务会计的目标

会计理论体系以会计目标为起点。任何学科的研究工作，都必须首先明确学科的研究范围和目标。会计目标是会计理论体系的基础。整个会计理论体系和会计实务都建立在会计目标的基础之上。

财务会计的目标就是财务会计系统所要达到的目的和要求，具体地说就是要解决财务会计应当向谁提供信息、如何提供信息、提供哪些信息等三个问题，这取决于财务会计的本质。前已述及，财务会计本质是一个加工处理会计信息的系统，它将会计主体生产经营活动的经济数据转化为以财务信息为主的经济信息，并将其提供给使用者。而且·这些经济信息是以财务会计报告的形式提供的。财务会计报告又称财务报告，是企业对外提供的反映企业某一特定日期的财务状况和某一会计期间的经营成果、现金流量等会计信息的书面文件，包括资产负债表、利润表、现金流量表、附表，以及会计报表附注和财务情况说明书等。

随着公司这种企业组织形式的出现，企业经营权与管理权明显分离。企业所有者——股东，不再直接参与企业经营管理，他们对企业经济状况的了解更多地依赖会计所提供的财务报告，因此，财务会计的目标，也就自然地体现在企业财务报告的目标中。财务报告的目标是向财务报告使用者提供与企业财务状况、经营成果和现金流量等有关的会计信息，反映企业管理层受托责任履行情况，有助于财务报告使用者做出经济决策。

企业财务报告使用者主要包括投资者、债权人、政府有关部门和社会公众等。满足投资者的信息需要是企业财务报告编制的首要出发点，企业投资者，包括潜在的投资者，出于资本保全和投资报酬的考虑，最为关注企业资产的运作情况和经营成果，以便评价其获利能力和资本保值增值能力。企业债权人出于对债权安全的考虑，最为关注企业的运行情况、财务状况和现金流量，以便判断企业的偿债能力和财务风险的大小。因此，财务会计的主要目标就是帮助投资者和债权人做出合理的投资决策和信贷决策。符合投资者和债权人需要的信息，对其他信息使用者也是有用的，如供应商和客户，出于自身购销业务或营销战略的考虑，通常也需要了解企业的生产经营情况.，以便对企业的产品供应和支能力做出正确的判断。另外，国家政府管理机关需要利用企业会计资料监督企业合法经营、依法纳税；对有证券上市的企业，证券交易管理部门也需利用会计资料监督企业筹资活动，防止任何欺诈和行骗行为，以保护投资者的正当权益，维护金融市场秩序。由于上述企业外部决策者并不直接参与企业的生产经营活动，因而只能通过企业对外提供的财务报告来满足其对企业会计信息的需求。

现代企业制度强调企业所有权与经营权相分离，企业管理者实质上是受委托人之托经营管理企业及其各项资产的，因而负有受托责任。由于所受托经营管理企业的各项资产基本上均为投资者投人的资本（或者留存收益作为再投资）或者向债权人借入的资金所形成的，因而作为企业管理者，有责任妥善保管并合理、有效地运用这些资产。企业投资者和债权人等需要及时或者经常性地了解企业管理者保管、使用资产的情况，以便公正评价企业管理者的责任情况和业绩情况，并决定是否需要调整投资或信贷政策，是否需要加强企业内部控制和其他制度建设，是否需要更换管理者等。所以，财务报告也应当反映企业管理者受托责任的履行情况。

三、财务会计的特点

随着企业公司制的建立和所有权、经营权的分离以及资本市场的发展，企业会计逐步演化为两大分支，即财务会计与管理会计。两者相互补充，相互配合，共同服务于市场经济条件下的现代企业。财务会计主要面向不参与企业经营管理但与企业有利害关系的外部单位与个人，故也称为对外报告会计；管理会计主要面向企业内部经营管理人员，故也称为对报告会计。财务会计与管理会计相比较，既有共性，又有特性。财务会计具有如下五个方面的特点（见表 1–1）。

表 1–1　财务会计的特点

提供信息的方式主要是以会计报表为核心的财务报告	财务会计作为一经济信息系统，输入的是通过会计确认和计量得到的企业经营活动数据，输出的是经过加工处理后的以财务信息为主的经济信息，并借助于财务报告将这些经济信息传送给信息使用者。财务报告由会计报表（包括表内项目和表外附注）和其他财务报告组成，会计报表是财务报告的核心，主要提供企业特定时日的财务状况和一定期间的经营成果与现金流量信息。这些信息的提供带有时间性和规范性，即是定期的和格式化的。而管理会计却没有将编制会计报表列为它的主要目标，只是为企业经营决策提供有选择的或特定的管理信息，且无义务对外公开其业绩报告
有一套比较科学的、统一的会计处理程序及方法	为了能提供通用的会计报表，财务会计要求一切经济数据在收集、分类、处理和加工过程中，必须严格按照统一的会计处理程序进行，即依次通过确认、计量、记录和报告各程序，才能进入会计报表和其他财务报告。确认、计量、记录和报告是构成财务会计系统的基本元素（或环节），每一元素（或环节）都有其特定的标准和方法。所以，财务会计较之管理会计，有较大的约束性
以提供信息为主要目标	财务会计是一经济信息系统，其主要目标是向企业的投资者、债权人、政府部门以及社会公众提供会计信息，为其进行投资决策、信贷决策或其他经济决策服务。信息的性质主要在于反映企业的财务状况、经营成果和现金流量，且着重是历史性信息；信息的使用者主要是企业外部的投资者、债权人、政府部门和社会公众等；信息的用途主要在于帮助信息使用者了解企业的财务状况、经营成果和现金流量，为其决策服务。如果说财务会计的主要目标是反映过去的话，那么管理会计的主要目标则侧重于规划未来，即对企业的重大经济活动进行预测与决策，并加强事中控制
所提供的主要是以货币量化的信息	会计的对象是资金运动，即财务会计所处理的交易或事项，以及最终由会计报表所反映的内容，都是企业经营过程中的资金运动。在商品经济条件下，由于货币具有价值尺度的功能，为便于会计信息的汇总和可比，会计报表中的项目都是用货币金额来表示的。但值得注意的是，随着会计信息使用者对会计信息需求的进一步多样化和个性化，要求披露会计报表以外其他信息的呼声很高，尤其要求财务报告能增加非定量和非货币计量的经济信息。美国注册会计师协会下属的财务报告特别委员会在其提交的《改进企业报告》中，主张财务报告应从目前着重于财务信息扩展到非财务信息（如市场占有率、质量水平、客户满意程度、员工情况等），从目前着重于最终成果扩展到企业的背景信息和前瞻性信息（如企业的经营目标和战略、产业结构对企业的影响、企业面临的各种机会和风险等），而且新增加的信息类型在企业财务报告中占有相当的比重。这一发展趋势值得我们认真关注
以公认会计原则为指导	在财务会计信息的提供者与使用者相分离的情况下，为确保会计信息的真实性与公允性，需要对会计信息的处理程序与方法进行规范。而公认会计原则就是规范会计行为的国际惯例。在我国，公认会计原则包括企业会计准则和会计制度。因此·财务会计的处理程序和财务报告必须符合企业会计准则和会计制度的规定

第二节　会计法规体系

一、会计法

《会计法》是会计的法律规范，是一切会计工作的根本大法，它以法律的形式确定了会计工作的地位、作用和必须遵守的基本规则。所有其他会计法律法规、准则、制度必须以此为准。《会计法》共有七章五十二条，涉及会计工作的各个领域，主要包括以下几方面内容。

《会计法》总则部分，主要明确会计法的适用范围和有关人员依法行事的责任，以及会计工作的管理权限等。总则规定，《会计法》适用于国家机关、社会团体、企业、事业单位、个体工商户和其他组织办理会计事务；会计人员必须依法进行会计核算和实施会计监督；各单位领导人领导会计机构、会计人员和其他人员执行《会计法》，保证会计资料合法、真实、准确、完整，保障会计人员的职权不受侵犯；由国务院财政部门管理全国的会计工作；由地方各级人民政府的财政部门管理本地区的会计工作。

《会计法》有关会计核算部分，主要规定了应当办理会计手续，进行会计核算的内容，以及会计期间的划分和会计核算的记账本位币等，并对会计核算程序、会计资料的保管等做出具体规定。

《会计法》有关会计监督部分，主要明确了内部监督和外部监督的内容、方法和程序。规定由各单位的会计机构和会计人员对本单位实行会计监督；各单位必须依照法律和国家的有关规定接受财政、审计、税务机关的监督。

《会计法》有关会计机构和会计人员部分，主要就会计机构的设置和人员配备、职责和任免做出规定。要求会计人员不做假账。

《会计法》有关法律责任部分，主要对单位领导人、会计人员以及其他人员违反会计法有关规定时，所应承担的法律责任做出规定。

二、会计准则

财务会计由于需要服务于外部信息使用者，在保护投资者及社会公众利益、维护市场经济秩序及其稳定方面扮演着越来越重要的角色，因而在社会经济生活中的地位日益突出，迫切需要一套社会公认的统一的会计原则来规范其行为。因此，会计准则应运而生，其核心是通过规范企业财务会计确认、计量和报告内容，提高会计信息质量，降低资金成本，提高资源配置效率。

会计准则不仅是反映经济活动、确认产权关系、规范收益分配的会计技术标准，是生成和提供会计信息的重要依据，同时也是资本市场的一种重要游戏规则，是实现社会资源优化配置的重要依据，另外还是国家社会规范乃至强制性规范的重要组成部分，是政府干预经济活动、规范经济秩序和从事国际经济交往等的重要手段。

我国企业会计准则体系由基本准则、具体准则、会计准则应用指南和解释公告等组成。其中，基本准则是企业会计准则体系的概念基础，类似于国际财务报告准则中“编报财务报表的框架”，在会计准则中起统驭作用。具体准则和应用指南涵盖了目前各类企业各项经济交易或事项的会计处理，与国际财务报告准则的内部结构相同。具体准则分为一般业务准则、特殊业务准则和报告类准则，主要规范了各项具体业务事项的确认、计量和报告。应用指南是对具体准则相关条款的细化和对重点难点内容提供的操作性规定。解释公告是随着企业会计准则的贯彻执行，就实务中遇到的实施问题而对准则作出的具体解释。

基本准则在企业会计准则体系中具有重要地位，其作用主要体现在两个方面。一是统驭具体准则的制定。基本准则主要规范了财务报告目标、会计基础、会计基本假设、会计信息质量要求、会计要素分类及其确认与计量原则、财务报告等基本问题，是制定具体准则的基础，以确保各项具体准则的一致性。二是为会计实务中出现的、具体会计准则尚未规范的新问题提供会计处理依据。

会计记录是在确认和计量的基础上对经济业务事项运用会计科目进行账务处理的方法。新会计准则规定了 156 个会计科目及其主要会计处理，作为准则应用指南的附录。企业在不违反会计准则中确认、计量和报告规定的前提下，可以根据本单位的实际情况增设、分拆、合并会计科目。企业不存在的交易或者事项，可不设置相关会计科目。

第三节　会计基本假设与会计基础

一、会计基本假设

科学来源于假设，假设是科学研究与科学实践的基础。会计假设是会计研究的支柱，也是财务会计的基本前提。

会计基本假设体现了财务会计的基本特征，是指在特定的经济、政治和社会环境下，决定会计运行和发展的基本前提和制约条件。会计作为一个信息系统，其运行需要有一定的空间领域和时间范围，即适当的经济环境。由于在此环境中存在着一些尚未确知以及尚未证实的因素，要想建立会计理论的基本框架，不得不对这些不确定因素做出某些合乎逻辑的假定，即会计假设。

会计假设不是科学定律，只是人为的共同认定，并在会计实践中共同遵守。一旦出现包括经济、政治及法律在内各种因素所造成的环境变迁，基本假设亦必然随之改变。

当今世界各国都规定有本国的会计核算基本前提，我国在《企业会计准则》中规定了四条会计核算基本前提，即会计主体、持续经营、会计分期、货币计量。会计核算对象的确定、会计政策的选择、会计数据的收集等，都要以基本前提为依据。

1．会计主体

准则要求："企业应当对其本身发生的交易或者事项进行会计确认、计量和报告。"

会计主体，又称会计实体、会计个体，指的是会计工作为之服务的特定对象。它规范了企业会计确认、计髯和报告的空间范围。

开展会计工作，首先应解决 ^ 谁工作的问题，即为谁记账、报账、算账。会计所要反映的总是特定主体的经济活动，是该特定主体的财务状况、经营成果和现金流量。只有明确了会计核算的对象，才能将会计所要反映的对象与包括所有者在内的其他经济实体区分开来，才能保证会计核算工作的正常开展。

只有明确了会计主体，才能划定会计所要处理的各项交易或事项的范围。在会计核算过程中只有那些影响核算对象本身经济利益的各项交易或事项才能加以确认和计量，其资产和负债的确认、收入的取得、费用的发生等，都是针对特定的会计主体而言的。反之，对那些不影响核算对象本身经济利益的各项交易或事项也就不能加以确认和计量。

只有明确了会计主体，才能把特定会计主体的经济活动与其他会计主体的经济活动严格分开。如特定主体销售商品时，若不考虑税金，则会形成一笔收入，同时增加一笔资产或减少一笔负债，而不是相反；再如特定主体采购原材料时，会导致现金减少、存货增加，或者存货与债务同时增加，而不是相反。

只有明确了会计主体，才能将会计主体的经济活动与会计主体所有者的经济活动区分开来。对自然人所创办的独资企业或合伙企业，因其不具备法人资格，法律上视企业的资产和负债为业主和合伙人的资产和负债。这样，无论是会计主体的经济活动，还是会计主体所有者的经济活动，最终都会影响所有者的经济利益。但会计核算工作又只涉及会计主体的经济活动，因而这就要求会计核算上必须将企业作为一个会计主体，以便将会计主体的经济活动与会计主体所有者的经济活动区分开来。

会计主体不同于法律主体。一个法律主体通常是一个会计主体，但一个会计主体却不一定是一个法律主体。会计主体的规模无统一标准，可大可小。会计主体可以是一个单独进行生产经营、在经济上独立、具有法人资格的组织；或者是赢利性质的企业，如企业集团、公司、工厂、商场等；或者是非盈利性质的事业单位，如机关、学校、科研所、社会团体等。作为会计主体，它必须能够控制经济资源并对此经济资源负法律责任。一般而言，会计主体都必须进行独立核算。

2．持续经营

准则要求："企业会计确认、计量和报告应当以持续经营为前提。"

企业的存在状况分两种类型：一是持续经营，二是停业清算。持续经营，是指企业或会计主体的生产经营活动在可预见的将来能够按当前的规模和状态继续经营下去，并实现其既定的目标，既不会停业，也不会大规模削减业务。在持续经营前提下，会计核算应当以企业持续、正常的生产经营活动为前提，即企业将按原定的用途去使用现有的资产，也将按现时承诺的条件去清偿各种债务。

会计核算只有以企业持续、正常的生产经营为前提，才能选择和确定合适的原则和会计核算方法，并保持其相对稳定性。例如，对于企业现有的一项固定资产，在企业持续经营前提下，因为固定资产的购置不是为了出售，而是为了提供其使用价值，因此，在账上只反映其取得时的实际（历史）成本，而不考虑其现时市场价值。另外，固定资产的价值得在其有效使用期限内按期计提折旧并摊人成本费用中，也基于持续经营这一前提，否则，固定资产折旧便失去理论基础，再如，对于企业负债，若无持续经营前提.，也就无所谓短期负债与长期负债之分，全变成需要及时清偿的了。因此，只有以持续经营为前提，才能保持会计核算方法的稳定性和一致性，也才能向各投资者、债权人和企业经营管理人员提供客观、真实、可靠的信息。

在激烈的市场竞争中，任何企业都面临经营失败的风险，持续经营带有不确定性。如有迹象表明某一会计主体已不再能履行它所承担的义务而难以持续经营下去，这一假设便不再成立，所有以此假设为基础的会计理论和会计原则将不再适用。在这种情形下，企业应转入停业清算，所有的财产只能按清算价格入账，一切债务也只能以企业全部资产进行清偿。所以，企业需要定期对其持续经营基本前提作出分析和判断。

3．会计分期

准则要求："企业应当划分会计期间，分期结算账目和编制财务会计报告。"

对于持续经营型企业而言，其经济活动在时间上是持续不断的，其财务状况与经营成果也只有在停止营业之时才能准确地确定。但是，企业所有者、债权人、主管部门、税务机关等与企业有利害关系的各种权利主体和利益主体，不仅要按一定的时间段来检查、监督、评价企业的生产经营活动，以便改善企业经营管理，而且要按一定时间段来参与企业的分配，获取正当的收益。另外，国家也要把企业的生产经营活动纳入国民经济计划年度和财政年度。为此，需要划分会计期间，即人为地将持续不断的经济活动划分为较短的期间，以便分段结算会计记录，分段编制会计报表。

会计分期，又称会计期间，是指人为地在时间上将企业持续不断的生产经营活动及其结果用起讫日期加以划分，形成一个个连续的、长短相同的期间。会计期间分为年度和中期。中期，是指短于一个完整的会计年度的报告期间。

会计期间的划分对于确定会计核算程序和方法具有极为重要的作用。会计分期假设是持续经营假设的必要补充，体现了事物发展连续性与阶段性的统一。这两个假设成为一系列会计基本原则与会计处理程序、方法的基础，以便既立足于持续经营，又尽可能分清各个会计期间的经营成果和期初、期末财务状况及其孪动信息。正由于会计分期，才产生了当期与以前期间、以后期间的差别，从而出现权责发生制与收付实现制两种不同的会计处理基础，才使不同类型的会计主体有了记账的基准，进而出现了折旧、摊销等会计处理方法。

4．货币计量

准则要求："企业会计应当以货币计量。"

货币计量，是指会计所提供的信息应以货币作为其计量尺度，即财务报表仅限于呈报那些能够以货币来计量的会计主体的经济活动和经营成果。

编制财务报表的依据是会计记录，会计记录是对经济活动的记载，又以会计计量为其前提。计量必须要有计量单位，在商品经济条件下，最适合作会计计量单位的莫过于货币，这是由货币本身的属性所决定的。货币是商品的一般等价物，是衡量一般商品价值的共同尺度，具有价值尺度、流通手段、储藏手段和支付手段等特点，有着任何其他计量单位无可比拟的优点。这就决定了会计所提供的主要是企业经营活动中可以用货币计量的信息，对于那些不能用货币表现的经济活动，如企业经营战略、研发能力、职工素质、产品质量水平、市场竞争力等，就无法在会计记录与会计报表中反映。

货币作为交换等价物，可以计量一切有价物，但货币本身的币值并不是永恒不变的。为了保证会计记录的稳定性与一致性，排除货币币值变动对会计核算的影响，不得不假定货币币值不变。因而，货币计量假设又以货币本身价值不变为前提，只有在币值变动不大的情况下，会计信息才是准确的。如果货币币值变动较大，如出现持续性通货膨胀，则币值稳定不变前提不复存在，会计信息也就失去了准确性，甚至变得毫无用处。

货币作为计量单位确定以后，还须确定记账本位币。鉴于人民币是我国法定货币，因此，会计核算应以人民币作为记账本位币。对收支业务以外币为主的企业，也可选定某种外币作为记账本位币，但在编制报表时，应折算成人民币反映。在境外设立的中国企业向国内报送财务报告时，也应当折算为人民币。

当然，事物是一分为二的，统一采用货币量度也有不全之处。因为并非所有影响企业财务状况和经营成果的因素都能用货币来计量，如企业的经营战略、在消费者心目中的信誉度、企业的技术开发能力等等。因此，为弥补货币计量的局限性，企业在编制财务报告时，需采用一些非货币性指标作为补充。

会计核算基本前提是对会计活动的空间、时间和计量单位所做出的规定：会汁主体假设规定了会计核算的空间界限，持续经营和会计分期假设规定了会计核算的时间界限，而货币计量假设则规定了会计核算的计量单位。

二、会计基础

准则要求："企业应当以权责发生制为基础进行会计确认、计量和报告。"

权责发生制以收入和费用是否已经发生为标准，判断应属于本期的收入和费用。在权责发生制下，凡是当期已经实现的收入和已经发生或应当负担的费用，不论款项是否支付，都应当作为当期的收入和费用；凡是不属于当期的收入和费用，即使款项已在当期收付，也不应作为当期的收入和费用。权责发生制以权利取得和责任完成作为收入和费用发生的标志，有利于公正、合理地确定一个会计期间的收入与费用，进而正确地计算企业的经营成果。

与权责发生制对应的另一会计处理基础是收付实现制。收付实现制以现金的实际收到或支付为标准，来确定收入和费用的归属期。在收付实现制下，凡是当期实际以现金付出的费用，不论其应否在当期收入中取得补偿，均应作为当期的费用处理；凡在当期实际收到现金的收入，不论其应否归属于当期，都应作为当期的收入处理。

权责发生制与收付实现制是两种不同的会计处理基础。按准则要求，企业单位采用权责发生制，行政单位采用收付实现制，事业单位除经营业务采用权责发生制外·其他业务也采用收付实现制。

第四节　会计信息质量要求与会计要素

一、会计信息质量要求

会计信息质量的具体要求，见表 1-2。

表 1-2　会计信息质量的要求

要求	具体内容
相关性	准则规定："企业提供的会计信息应当与财务会计报告使用者的经济决策需要相关，有助于财务会计报告使用者对企业过去、现在或者未来的情况作出评价或者预测。"提供会计信息的目的完全在于能为会计信息使用者所用，这就要求所提供的会计信息必须与会计信息使用者的要求相关联。会计信息的价值就在于与其决策相关，以有助于提高信息使用者的经济决策能力和预测能力，也只有相关的会计信息才具有使用价值。因此，相关性要求企业在确认、计量和报告会计信息的过程中充分考虑信息使用者的决策模式和信息需求
可靠性	准则规定："企业应当以实际发生的交易或者事项为依据进行会计确认、计量和报告，如实反映符合确认和计量要求的各项会计要素及其他相关信息，保证会计信息真实可靠、内容完整。"可靠性要求企业以实际发生的交易或者事项为依据进行确认、计量和报告，将符合会计要素定义及其确认条件的资产、负债、所有者权益、收入、费用和利润等如实反映在财务报告中，不得根据虚构的、没有发生的或者尚未发生的交易或者事项进行确认、计量和报告。可靠性还要求企业在符合重要性和成本效益原则的前提下，保证会计信息的完整性，其中包括应当编报的报表及其附注内容等应当保持完整，不能随意遗漏或者减少应予披露的信息，即凡与使用者决策相关的有用信息都应当充分披露
可比性	准则规定："企业提供的会计信息应当具有可比性。"可比性的目的在于增强会计信息对决策的有用性，提高会计信息使用的社会化程度。在比较的基础上提供财务报告是会计的主要目标之一，会计信息只有在比较中才能显示它的效用。可比性有两层意思。一是同一企业不同时期可比，即同一企业不同时期发生的相同或者相似的交易或者事项，应当采用一致的会计政策，不得随意变更。确需变更的，应当在附注中说明。二是不同企业相同会计期间可比，即不同企业发生的相同或者相似的交易或事项，应当采用规定的会计政策，确保会计信息口径一致，相互可比，以使不同企业按照一致的确认、计量和报告要求提供有关会计信息
实质重于形式	企业会计制度规定："企业应当按照交易或事项的经济实质进行会计确认、计量和报告，不应仅以交易或者事项的法律形式为依据。"实务中，交易或事项的外在法律形式并不总是能反映其经济实质内容，所以会计信息不能仅仅根据其法律形式进行确认、计量和报告，必须符合交易或事项的经济实质。否则，将会误导会计信息使用者的决策。例如，以融资租赁方式租入的资产，虽然从法律形式上看承租企业并不拥有其所有权，但由于租赁期长，已接近于该资产的使用寿命，承租企业在承租期内有权支配该资产并从中受益，在期满时有优先购买该资产的选择权，因而从经济实质来看；已事实上控制了该资产所创造的未来经济利益。所以，根据实质重于形式原则，会计处理上应将融资租赁资产视为承租企业的资产

续表

要求	具体内容
可理解性	准则规定："企业提供的会计信息应当清晰明了，便于财务会计报告使用者理解和使用。"企业编制财务报告、提供会计信息的目的全在于应用。要能使财务报告阅读者有效使用会计信息，就应当让其了解所提供会计信息的内涵，会计信息的内容能够清晰地反映企业的财务状况、经营成果和现金流量。这就要求会计记录准确、清晰，会计凭证的填制与会计账簿的登记依据合法、账户对应关系清楚、文字摘要完整，报表中项目完整、数字准确、勾稽关系清楚。当然，会计信息毕竟是一种专业性较强的信息产品，作为会计信息使用者应具备一定的有关企业经营活动和会计方面的知识，并愿意付出努力去研究这些信息
重要性	准则规定："企业提供的会计信息应当反映与企业财务状况、经营成果和现金流量等有关的所有重要交易或者事项。"重要性原则强调的是成本－效益关系，坚持重要性原则，就能以较小的核算成本获取会计信息的最大效用。当然，其前提条件是必须坚持全面核算，即必须保证会计信息和财务报告的质量。会计信息重要性程度的判断，在很大程度上取决于会计人员的职业素质，通常可从质和量两方面综合分析。从性质方面考虑，只要该会计事项对财务报告使用者的决策有重大影响，就应属于重要事项；从数量方面考虑，只要该会计事项达到总资产的一定比例时，就应确认为重要事项。两者相权衡，对质的判断应比对量的判断更重要一些
及时性	准则规定："企业对于已经发生的交易或者事项，应当及时进行会计确认、计量和报告，不得提前或延后。"及时性原则要求会计核算及时进行，讲求时效。会计信息与决策的相关性不仅表现在会计信息的真实可靠上，而且还体现在会计信息的时效性上，过时的会计信息如同"明日黄花"，将大大降低其使用价值。因此，及时性要求及时收集会计数据，即在经济业务发生后及时收集整理各种原始单据；及时对会计数据进行加工处理，即在国家统一规定的时限内编制出财务报告；及时传递会计信息，即在国家统一规定的时限内向会计信息使用者报送财务报告
谨慎性	准则规定："企业对交易或者事项进行会计确认、计量和报告应当保持应有的谨慎，不应高估资产或者收益、低估负债或者费用。"谨慎性原则是针对经济生活中的不确定性和风险提出的。企业的经营活动充满着风险和不确定性，这就要求在会计核算中坚持谨慎性原则，在面临风险和不确定因素需要作出职业判断时，应保持必要的谨慎，充分估计到各种风险和损失，既不高估资产和收益，也不低估负债和费用。企业期末对可能发生损失的资产计提资产减值准备就充分体现了谨慎性原则。谨慎性原则是对历史成本原则的修正，其要求体现于会计核算的全过程，包括会计确认、计量与报告，使会计信息所反映的企业财务状况和经营成果建立在稳妥可靠的基础上。值得注意的是，并非任何会计事项都需要谨慎性原则，只有那些不确定性问题出现以后才采用它。另外，谨慎性原则并不意味着可以任意设置秘密准备，否则，将视为对谨慎性厚则的滥用，会导致重大会计差错

二、会计要素

1．资产

企业从事生产经营活动必须具备相应的物质资源，或者说物质条件，如货币资金、厂房场地、机器设备、原材料等。在会计上这些货币资金、厂房场地、机器设备、原材料等等，被称之为资产。在财务会计中，资产是最基本的概念，几乎所有的会计要素都与它有着直接或间接的关系，如负债可视为“负资产”，所有者权益是资产减去负债后的余额，又称为“净资产”，而利润则是所有者权益的净增长。因而，对资产的认识就显得尤为重要。

（1）资产的定义及其特征

资产是指企业过去的交易或者事项形成的、由企业拥有或者控制的、预期会给企业带来经济利益的资源。由资产的定义，可以分析其具有如下特征：

1）资产是因企业过去的交易或事项形成的

资产必须是现实的资产，而不能是预期的资产。因为只有过去发生的交易或事项才能增加或减少企业的资产，如企业通过购买、自行建造等方式形成的某项设备，或因销售产品而形成的一项应收账款等。其他交易或事项也能获取资产，如获得政府的无偿划拨、外单位或个人的捐赠等。而正在谈判中的交易或计划中的经济业务等未来可望发生的经济活动，如购买存货的合同等，因其相关的交易或事项并未发生，不会形成企业的资产。

2）资产目前为企业拥有或控制

这是区别不同主体资产的一个重要特征，即拥有权或控制权是一种排他性的独占权。一项资源是否属于企业所拥有的资产，通常要看其所有权是否属于该企业。但所有权的归属并非绝对标准，根据实质重于形式原则，对那些所有权虽然不属于特定企业，但为该企业所实际控制或支配，也应作为企业的资产。如企业以融资租赁方式租入的固定资产，虽然其所有权不属于企业，但企业拥有实际经营管理权，能够自主地运用它从事生产经营活动，为企业谋求经济利益。相反，企业不能拥有或控制资产所能带来的经济利益，则不能作为企业的资产。如企业以经营租赁方式租入的固定资产，企业既无拥有权，也无控制权，则不能视为企业的资产。

3）资产预期会给企业带来经济利益

所谓经济利益，是指直接或间接地流入企业的现金或现金等价物。资产的本质就是未来经济利益，重视未来经济利益的流入是对资产这一本质属性的突出强调。资产作为企业的一项资源，可以单独或与其他资产相结合，直接或间接地为企业赚取未来的现金净流入作出贡献，并且未来经济利益可以若干方式流向企业。这是确认资产或费用的决定性标准，即某项支出如果具有未来的经济利益，即使是部分利益，它就可以作为企业的资产；否则，则只能作为费用或损失。同样，企业已经取得的某项资产，如果其能力已经耗尽，不再能为企业带来经济利益，就不应再列为资产。事实上，企业对某些已不再能带来未来经济利益的项R，如已毁损报废的实物资产、已无法收回的债权性资产等，都应从账户中核销。另外，对应收款项、存货、投资、固定资产、在建工程、无形资产等提取跌价准备或减值准备，采用账面价值与可收回金额孰低的方法列报，都是这一特征的具体体现。

4）资产的内涵是资源

企业的资产只限定为资源，非资源不能形成企业的资产。企业的资源就其形式来看，可以是有形的，也可以是无形的；可以是货币性的，也可以是非货币性的。但反过来说，企业的资源却并非都是企业的资产。

（2）资产的确认条件

将一项资源确认为资产，除需要符合资产的定义外，还应同时满足以下两个条件：

1）与该资源有关的经济利益很可能流入企业

由于经济环境多变，与资源有关的经济利益能否流入企业、流入多少、何时流入带有一定的不确定性，因而，对资产的确认还应与经济利益流入的不确定性程度的判断相结合。如果根据编制报表时所取得的证据证明，与资源有关的经济利益很可能流入企业，则应将其作为资产予以确认；反之，不能确认为资产。

2）该资源的成本或者价值能够可靠地计量

财务会计系统实质上就是一个确认、计量和报告的系统，其中，计量起着枢纽作用。而可计量性是所有会计要素确认的重要前提，对资产的确认也不例外，即只有当有关资源的成本能可靠计量时，资产才能予以确认。实务中，企业取得的许多资产都是发生了实际成本的，但在某些情况下也存在没有发生实际成本或者发生的实际成本很小的情况，只要其公允价值能可靠计量，也应认为符合资产可计量性的条件。

（3）资产的分类

资产按其流动性可分为流动资产与非流动资产。资产的流动性体现在：①预计可在一个正常营业周期内变现、出售或耗用；②主要为交易目的而持有；③预计在资产负债表日起一年内（含一年）变现；④自资产负债表起一年内，交换其他资产或清偿负债的能力不受限制的现金或现金等价物。凡满足上述条件之一的资产，都可归类为流动资产。流动资产包括库存现金、银行存款、交易性金融资产、应收及预付款项和存货等；非流动资产包括可供出售金融资产、持有至到期投资、长期股权投资、长期应收款、固定资产、无形资产、开发支出、长期待摊费用等。

2. 负债

（1）负债的定义及其特征

负债是指企业过去的交易或者事项形成的、预期会导致经济利益流出企业的现时义务。由负债的定义，可以分析其具有如下特征（见表 1-3）：

表 1-3　负债的特征

特征	具体内容
负债是企业承担的现时义务	负债作为一种现时义务或责任是必须偿还的，而且必须通过支付资产或提供劳务的方式予以偿还。当然，企业也可以通过承诺新的负债或将负债转化为所有者权益的方式来结清一项现时义务。前者只是负债的展期，后者则相当于用增加所有者权益而获得的经济资源来清偿。负债是一种强制性的义务，既可以是法定义务，也可以是推定义务。所谓法定义务是指具有约束力的合同或者法律法规规定的义务，通常必须依法执行，如企业按照法律规定应当交纳的税款、向银行贷入款项形成的借款，因赊购原材料形成的应付账款等。推定义务是指根据企业多年来的习惯做法、公开的承诺或者公开宣布的政策而导致企业将要承担的责任，同时也使有关各方形成了企业将履行义务解脱责任的合理预期，如企业售后保修服务就属于推定义务，也应该确认为一项负债
负债因过去的交易或事项所引起	负债是企业过去已经发生的交易或者事项所产生的结果。企业接受银行贷款形成银行借款，如果不向银行贷款则不会产生银行借款这项负债；企业采用信用方式赊购商品或接受劳务形成应付账款，在赊购商品或接受劳务前，相应的应付账款并不存在。在其他交易或者事项中也会引起负债，如承诺捐赠等。未来经济活动可能引起的经济负担，如企业与其他单位签订的购货意向书，只代表企业未来将要进行的交易，并未具体实现，并不构成会计意义上的负债
负债是能够用货币确切计量或合理估计的经济责任	以货币计量是会计处理的重要特征。大多数负债通常都有一个确定的到期要偿还的金额，有些负债虽然一时无确切的偿付金额，但经过合理地推断或估计后，仍可以确定一个比较客观的金额
负债一般都有确切或合理估计的债权人和到期日	正常情况下，负债都有确切的债权人和到期日，如应付票据、应付账款等。但这不是负债的必要条件，有时只要能对债权人和到期日作出合理的估计，即使在不知道具体的债权人和到期日的情况下，也应该确认为负债，如售出产品质量担保负债，"三包"产品售出以后，何时会发生保修服务，修理金额是多少，债权人会是谁，这些都是未知数，但是在销售成立时，企业就应该根据售出产品销售额和保修期限做出合理的估计
负债的履行预期会导致企业经济利益流出企业	负债的清偿预期会导致经济利益流出企业。负债清偿所导致经济利益流出企业可以有多种形式：用支付现金或转让实物资产的方式偿还；以提供劳务的方式偿还；部分转移资产部分提供劳务偿还；将负债转换为所有者权益.俗称"债转股"。当然，负债还可以其他方式了结，如债权人放弃债权

续表

特征	具体内容
负债是一项强制性义务，不能无条件取消	负债往往是由法律、合同等文件予以规范的，只有当这些合同等文件取消时，负债才会消失。如企业租赁房屋，当租赁房屋的合同取消时，则支付房租的义务也就消失了

由以上特征可以看出，会计意义上的负债，其涵义比法律意义上的负债广泛得多。在会计实践中判断某一经济事项是否会引起负债时，必须以会计意义上负债的基本特征为依据。

（2）负债的确认条件

将一项现时义务确认为负债，除需要符合负债的定义外，还应当同时满足以下两个条件：

1）与该义务有关的经济利益很可能流出企业

实务中，企业履行义务所流出的经济利益也带有不确定性，尤其是与推定义务相关的经济利益通常需要依赖于大量的估计。所以，负债的确认也应与经济利益流出的不确定性程度的判断结合起来，如有确凿证据表明，与现时义务有关的经济利益很可能流出企业，则应将其确认为负债；反之，如果导致经济利益流出企业的可能性不复存在，即使企业承担了现时义务，也不应将其确认为负债。

2）未来流出的经济利益的金额能够可靠地计量

只有当未来流出的经济利益的金额能够可靠地计量时，负债才能予以确认。对于法定义务，可以根据合同或者法律规定的金额确定，考虑到未来期间较长，有关金额的计量需要考虑货币时间价值等因素的影响；对于推定义务，企业应当根据履行相关义务所需支出的最佳估计数进行估计，并综合考虑货币时间价值、风险等因素的影响。

（3）负债的分类

如同资产一样，负债也可按其流动性或偿还期分为流动负债与非流动负债。

凡满足下述条件之一的负债，应当归类为流动负债：①预计可在一个正常营业周期内清偿；②主要为交易目的而持有；③自资产负债表日起一年内到期应予以清偿；④企业无权自主地清偿推迟至资产负债表日后一年以上。流动负债主要包括短期借款、应付票据、应付账款、预收账款、其他应付款、应付职工薪酬、应付股利、应交税费等。非流动负债主要包括长期借款、应付债券、长期应付款等。

3. 所有者权益

（1）所有者权益的定义及其特征

所有者权益是指企业资产扣除负债后由所有者享有的剩余权益。从其定义看，所有者权益在性质上体现为所有者对企业资产的剩余权益，在数量上体现为资产减去负债后的余额。所有者权益具有如下特征：

1）所有者权益所产生的义务不具有法定偿还性

债权人的求偿权通常是依法或依约事先确定的，形成了法定义务，负债一旦到期，必须予以偿还。而所有者权益却不同，它并不代表企业的法定义务，除非发生减资、清算，企业不需要偿还所有者权益。

2）所有者权益不具有对应性

所有者权益由企业所有者投资和企业经营活动积累而成。所有者权益仅在抽象意义上与资产保持数量关系，与特定的、具体的资产并无直接的联系，更无对应的关系。

3）所有者权益不具有优先性

债权人与所有者都是企业资源的提供者，对企业的资产都有相应的求偿权，但按法律规定，债权人对企业资产的求偿权优先于所有者的求偿权。这就是说，当企业因停业或其他原因进行清算时，变现后的资产只有在清偿完所有的负债后才返还给所有者。

4）所有者凭借所有者权益具有参与利润分配的权利

所有者权益是一种权利，这种权利来自于所有者投入的可供企业长期使用的资源。因此，所有者可凭借所有者权益参与企业利润的分配。

（2）所有者权益的来源构成

所有者权益来源包括所有者投入的资本、直接计入所有者权益的利得和损失、留存收益等，通常由实收资本、资本公积、盈余公积和未分配利润组成。

所有者投入的资本指所有者投入企业的资本金额，既包括构成企业注册资本或者股本的部分，也包括投入资本超过注册资本或者股本的部分，前者记入实收资本或者股本，后者作为资本溢价或者股本溢价记人资本公积。

直接计入所有者权益的利得和损失，是指不应计入当期损益、会导致所有者权益发生增减变动的、与所有者投入资本或者向所有者分配利润无关的利得或者损失。其中，利得包括直接计入所有者权益的利得和直接计入当期损益的利得，是指由企业非日常活动所形成的、会导致所有者权益增加的、与所有者投入资本无关的经济利益的流入；损失包括直接计入所有者权益的损失和直接计入当期损益的损失，是指由企业非日常活动所发生的、会导致所有者权益减少的、与向所有者分配利润无关的经济利益的流出。

留存收益是企业历年实现的净利润留存于企业的部分，主要包括累计提取的盈余公积和未分配利润。

（3）所有者权益的确认条件

所有者权益体现的是所有者在企业中的剩余权益，因此，所有者权益的确认主要依赖于其他会计要素，尤其是资产和负债，所有者权益金额的确定也依赖于资产和负债的计量。

4．收入

（1）收入的定义及其特征

收入是指企业在日常活动中形成的、会导致所有者权益增加的、与所有者投入资本无关的经济利益的总流入。收入具有以下特征（见表1–4）：

表1–4 收入的特征

特征	具体内容
收入会导致企业所有者权益增加	收入可能表现为企业资产的增加，如增加银行存款、应收账款等；也可能表现为企业负债的减少，如以商品或劳务抵偿债务等；或二者兼而有之。因此，根据“资产=负债+所有者权益”会计平衡公式，企业取得收入一定能增加所有者权益。但收入扣除相关成本费用后的净额，则可能增加所有者权益，也可能减少所有者权益。这里仅指收入本身导致的所有者权益的增加，而不是指收入扣除相关成本费用后的毛收入对所有者权益的影响。这也是收入定义中强调收入是经济利益的总流入的原因
收入是企业在日常活动中形成的	所谓日常活动，是指企业为完成其经营目标所从事的经常性活动以及与之相关的其他活动。明确界定日常活动，其目的在于将收入与利得区分开。作为会计要素的“收入”仅指企业日常活动所形成的收入，而非日常活动所形成的经济利益的流入不能确认为收入，应计入“利得”
收入是与所有者投入资本无关的经济利益的总流入	收入应当会导致经济利益的流入，从而导致资产的增加或负债的清偿。但经济利益的流入并非一定与收入有关，资产的增加或负债的偿还导致所有者权益的增加并不一定都是企业的收入。企业所有者以货币资金对企业的投资，只是企业资本的增加而不是收入，应直接确认为所有者权益

（2）收入的确认条件

因企业收入来源渠道多种多样，不同的收入来源其特征也有所不同，因而其确认条件往往存在一定的差别。一般而言，收入的确认除符合定义外，至少还应同时满足以下两个条件：①与收入相关的经济利益很可能流入企业，且导致企业资产增加或者负债减少；②经济利益的流入额能够可靠地计量。

5. 费用

（1）费用的定义及其特征

费用是指企业在日常活动中发生的、会导致所有者权益减少的、与向投资者分配利润无关的经济利益的流出。费用具有以下特征：

1）费用是企业在日常活动中发生的

如同收入一样，费用也必须是企业在日常活动中发生的。明确界定日常活动，其目的在于将费用与损失区分开。作为会计要素的“费用”仅指企业日常活动所发生的费用，而非日常活动所发生的经济利益的流出不能确认为费用，应计入“损失”。

2）费用会导致所有者权益的减少

费用可能表现为资产的减少，或负债的增加，或二者兼而有之，最终将减少企业的所有者权益。依据“资产 = 负债 + 所有者权益”会计平衡公式，无论费用增加是导致资产的减少还是引起负债的增加，最终将减少企业的所有者权益。

3）费用是与向投资者分配利润无关的经济利益的总流出

费用应当会导致经济利益的流出，从而导致资产的减少或负债的增加。但经济利益的流出并非一定与费用有关，资产的减少或负债的增加导致所有者权益的减少并不一定都是企业的费用。企业向投资者分配利润所导致经济利益的流出，显然只能属于所有者权益的抵减项目，不应确认为费用。

（2）费用的确认条件

费用的确认除符合定义外，至少还应同时满足以下两个条件：①与费用相关的经济利益很可能流出企业，且导致企业资产减少或者负债增加；②经济利益的流出额能够可靠地计量。

6. 利润

（1）利润的定义及其特征

利润是指企业在一定会计期间的经营成果。利润包括收入减去费用后的净额、直接计入当期利润的利得和损失等。一般而言，如果企业实现了利润，表明企业所有者权益将增加，业绩得到了提升；反之，如果企业发生了亏损，表明企业所有者权益将减少，业绩发生了下滑。利润往往是评价企业管理当局业绩的一项重要财务指标。

（2）利润的来源构成

企业的利润包括收入减去费用后的净额、直接计入当期利润的利得和损失等。

其中收入减去费用后的净额反映的是企业日常活动的经营业绩，直接计入当期利润的利得和损失反映的是企业非日常活动的业绩。直接计入当期利润的利得和损失，是指应当人当期损益、会导致所有者权益发生增减变动的、与所有者投入资本或者向所有者分配利润无关的利得或者损失。

（3）利润的确认条件

利润反映的是收入减去费用、利得减去损失后的净额的概念。因此，利润的确认主要依赖于收入和费用、利得和损失的确认，其金额的确定也主要取决于收入、费用、利得和损失的金额的计量。

第二章　货币资金与应收款项研究

第一节　货币资金

一、货币资金的管理与控制

1．货币资金的管理与控制原则

货币资金的管理与控制原则，见表2–1。

表2–1　货币资金的管理与控制原则

控制原则	具体内容
实行交易分开	为防止将现金收入直接用于现金支出的坐支行为，必须实行交易分开原则，即将现金支出业务与现金收入业务分开处理
实施内部稽核	内部稽核制度也是会计内部控制制度的重要一环，即设置内部稽核单位和人员，建立内部稽核制度，以加强对货币资金管理的监督，及时发现货币资金管理中存在的问题并予以改进
严格职责分工	不相容职务相分离原则是一项严密的内部牵制制度，即将涉及货币资金不相容的职责分由不同的人员担任，以减少和降低货币资金管理上舞弊的可能性
实施定期轮岗制度	指对涉及货币资金管理和控制的业务人员实行定期轮换岗位，以减少货币资金管理与控制中产生舞弊的可能性，及时发现有关人员的舞弊行为

二、现金的管理与控制

1．现金的适用范围

根据国家现金管理制度和结算制度的规定，企业收支的各种款项必须按照国务院颁发的《现金管理暂行条例》规定办理，在规定的范围内使用现金。允许企业使用现金结算的范围是：①职工工资、津贴；②个人劳务报酬；③根据国家制定颁发给个人的科学技术、文化艺术、体育等各种奖金；④各种劳保、福利费用以及国家规定的对个人的其他支出；⑤向个人收购农副产品和其他物资的价款；⑥出差人员必须随身携带的旅差费；⑦结算起点（1000 元）以下的零星支出；⑧中国人民银行确定需要支付现金的其他支出。

对不属于上述规定范围的款项支付应通过银行办理转账结算。

2. 库存现金的限额

库存现金的限额，是指为保证各企业单位日常零星开支的需要，按规定允许留存现金的最高数额。库存现金的限额通常由开户银行根据企业距离银行的远近以及交通是否便利等因素，按 3 ~ 5 天日常零星开支所需的现金核定库存现金限额，作为企业的零用现金。边远地区、交通不便地区可适当放宽，但不得超过 15 天的日常开支需要量。日常零星开支不包括企业每月发放工资和不定期差旅费等大额现金支出。库存现金限额一旦确定，企业必须严格遵守。企业每日结存的现金不得超过核定的库存限额，超过部分应及时送存银行；低于限额的部分，可以签发现金支票从银行提取现金，补足限额。这样，不仅可以减少因保存大量库存现金的成本和风险，而且可以通过签发银行支票加强对现金支出的控制。

3. 现金收支的控制

完整的现金收支控制由现金收入控制、现金支出控制和库存现金控制三个部分所组成。

（1）现金收入的控制

现金收入控制的目的在于保证现金收入全部无遗漏地入账，其控制要点如下：

1）全部现金收入必须当天入账，并尽可能于当天送存银行；当天不能送存银行的，最迟应于次日送存银行，防止以现金收入直接支付现金支出的“坐支”行为。

2）一切现金收入都应开具收款收据。

3）签发现金收款收据与收款由不同的人员经办。一般由销售部门经办销售业务的人员填制销售发票和收款收据，出纳人员据以收款，会计人员据以入账，以相互牵制、相互核对，以防弊端。

4）控制收款收据和销售发票的数量与编号。领用收据时须由领用人签收领用数量和起讫号，收据存根由收据保管人回收与保管，已领用但尚未使用的空白收据要定期查对，已使用过的发票和收据要清点、登记、封存和保管，按规定程序审批后销毁。

5）开出的收据应与已入账的收据联按编号逐张核对金额，核对无误后予以注销，以确保现金收入全部入账。

（2）现金支出的控制

现金支出控制的目的在于保证全部现金支出都必须经有关经办人员授权，其控制要点如下：

1）与付款相关的授权、支票的签发、款项的支付和记账应由不同人员经办，实现职责分工。

2）支票的签发至少要由两人签字或盖章，相互牵制、相互监督。

3）任何款项的支付都必须以原始凭证为据，由经办人员签字证明、主管人员审批、出纳人员据以办理付款。

4）付讫的凭证要加盖“现金付讫”或“银行付讫”章，予以注销，并定期装订成册后由专人保管，以防被重复付款、盗窃或窜改。

（3）库存现金的控制

库存现金控制的目的在于合理确定库存现金限额，并保证库存现金的安全与完整，其控制要点如下：

1）正确合理核定库存现金限额，并按规定限额控制现金，超过限额的现金应及时送存银行。出纳人员必须及时登记现金日记账，做到日清日结，不得以不符合财务制度和会计凭证手续的“白条”和单据充抵库存现金。每日营业终了后必须清点现金，并核对实际库存现金和现金日记账的账面余额，做到账款相符，对现金的溢余或短缺应及时查明原因并予以处理。

2）出纳人员应定期进行轮换，不得一人长期从事出纳工作。

3）企业内部审计人员或稽核人员应定期对库存现金进行核查，也可根据需要临时突：击检查。

4．银行存款管理制度

（1）银行存款开户

企业在银行开立的银行存款账户分为四种：基本存款账户、一般存款账户、临时存款账户和专用存款账户。

基本存款账户是企业办理日常结算和现金收付的账户。企业的工资、奖金等现金的支取，只能通过基本存款账户办理。一般存款账户是企业在基本存款账户以外办理银行借款转存，以及与基本存款账户的企业不在同一地点的附属非独立核算单位的账户，企业可以通过本账户办理转账结算和现金缴存，但不能办理现金支取。临时存款账户是企业因临时经营活动需要开立的账户，企业可以通过本账户办理转账结算和根据国家现金管理的规定办理现金收付。专用存款账户是企业因特定用途需要开立的账户。

一个企业只能选择一家银行的一个营业机构开立一个基本存款账户，不得在多家银行机构开立基本存款账户，也不得在同一家银行的几个分支机构开立一般存款账户。

（2）银行结算纪律

企业通过银行办理支付结算时，应当认真执行国家各项管理办法和结算制度。

在银行开立存款账户的单位和个人办理支付结算，账户内须有足够的资金保证支付，不准签发没有资金保证的票据或远期支票，套取银行信用；不准签发、取得和转让没有真实交易和债权债务的票据，套取银行和他人资金；不准无理拒绝付款，任意占用他人资金；不准违反规定开立和使用账户；必须遵守“恪守信用，履约付款；谁的钱进谁的账，由谁支配；银行不垫款”的支付结算辱则。企业应根据其业务特点，选择合适的结算方式办理各种结算业务。

5. 货币资金内部会计控制

一套有效的货币资金内部控制制度主要包括以下内容（见表2-2）：

表2-2　货币资金内部控制制度

控制制度	具体内容
授权批准程序	企业应明确审批人对货币资金业务的授权批准方式、权限、程序、责任和相关控制措施，规定经办人办理货币资金业务的职责范围和工作要求。货币资金的收入、支出和保管应当由两名或两名以上的授权人批准。重大货币资金收付，应当由企业有权批准的机构或企业负责人批准
定期监督检查	企业应定期由独立于货币资金业务岗位的人员或机构对货币资金内部会计控制制度的执行情况进行监督检查，以发现其薄弱环节，从而进一步修订完善内部控制制度
建立健全岗位责任制	企业应明确相关部门和岗位的职责权限，确保办理货币资金业务的不相容岗位相互分离、制约和监督。货币资金业务的申请、批准、收支和保管岗位相互分离，收支保管岗位与核算、对账岗位相互分离，货币资金收支结算凭证与所需印鉴分开保管。各岗位相互牵制、相互制约。并且，对货币资金业务重要岗位上的人员实行定期轮换，通过轮换时的交接审核，及时发现可能存在的问题
货币资金支付业务办理程序	货币资金支付业务办理程序包括四个环节：申请、批准、复核和办理。首先由货币资金使用机构提出申请，说明资金支付用途、理由、金额、预算、支付方式等；然后由授权人对支付申请和所附说明材料进行审核；若批准，再由专门人员进行复核，复核申请批准程序是否正确、手续及相关单证是否齐备、金额计算是否准确、支付方式是否妥当等；最后，由出纳人员根据审核过的支付申请办理支付手续，并及时予以记录

续表

控制制度	具体内容
会计记录管理制度	企业应及时、正确、完整地记录货币资金业务和货币资金收支情况，确保会计记录的安全和完整，并建立会计记录的录入、修改、保管和查阅程序
加强银行预留印鉴的管理	单位财务专用章应由专人保管，个人名章必须由本人或其授权人员保管。严禁一人保管支付款项所需的全部印章。按规定需要有关负责人签字或盖章的经济业务，必须严格履行签字或盖章手续
对账制度	企业应及时与银行和经济业务往来单位核对账目。对账工作由独立于货币资金经办岗位的人员负责。若发现异常情况，应及时分析原因，并报有关机构进行处理
业务人员的培训	从事货币资金业务岗位的工作人员应是业务和道德品质合格的人员，并应当定期接受职业道德、业务和法制的后续教育和培训

二、现金

1．现金的会计处理

（1）现金的序时核算

企业现金收支业务十分频繁，为能及时掌握企业现金收付动态及库存情况，企业应设置现金日记账，进行序时核算。对有外币现金的企业，其人民币现金与各种外币现金应分别设置现金日记账进行核算。

企业现金日记账应指定专门出纳人员根据审核无误的原始凭证和现金收款凭证、付款凭证，按照业务发生的时间顺序逐日逐笔登记。每日终了，应计算当日的现金收入合计数、现金支出合计数及现金结存数，并将账面结存数与实际库存数进行比较，做到账实相符。月末应将日记账余额与总分类账余额核对相符，做到账账相符，日清月结。

（2）现金的总分类核算

为了总括反映企业库存现金的收入、支出及结存情况，应设置“库存现金”账户。借方登记库存现金的增加数，贷方登记库存现金的减少数，期末余额在借方，反映库存现金的结存数。

“库存现金”账户应由不从事出纳工作的会计人员登记。登记时，既可直接根据现金收付记账凭证和银行存款付款凭证，按照业务发生的先后次序逐笔登记，也可定期汇总有关记账凭证，采用汇总记账凭证或科目汇总表等核算形式进行登记。

1）现金收入的账务处理

企业收入现金的主要途径是：从银行提取现金，收取转账起点以下的小额销售款，职工交回的差旅费剩余款，无法查明原因的现金溢余等。

例：2018 年 1 月 6 日，企业零星销售产品，取得销售收入 820 元。

借：库存现金 820

贷：主营业务收入 820

例：2018 年 1 月 12 日，企业签发现金支票，从银行提取现金 5000 元备用。

借：库存现金 5000

贷：银行存款 5000

2）现金支出的账务处理

企业支付现金必须遵守国家关于现金管理制度的规定，在允许的范围内办理现金支付业务。

例：2018 年 3 月 3 日，企业采购人员出差，预借差旅费 2000 元。

借：其他应收款 2000

贷：库存现金 2000

例：2018 年 3 月 5 日，企业厂部管理人员购买办公用品计 480 元，以现金付讫。

借：管理费用 480

贷：库存现金 480

例：2018 年 3 月 9 日，采购人员出差归来，报销差旅费 1600 元，余额交回现金。

借：管理费用 1600

库存现金 400

贷：其他应收款 2000

（3）现金清查的核算

现金清查，是指对库存现金的盘点与核对。依照现金管理制度的规定和要求，企业库存现金的账面数应随时与实际数保持一致。但由于现金的流动性极强，企业在复杂的经营环境中，出于各种原因，难免会出现现金账面数与实际数的不一致而造成现金溢缺。当实际库存金额大于账面数时，称作长款；当实际库存金额小于账面数时，称作短款。

现金的清查，包括出纳人员的每日清点核对和清查小组的定期或不定期的核查。清杳的方法是实地盘点，将盘点数与账面数进行核对。现金清查主要检查是否存在挪用现金、白条抵库、超限额留存现金等现象，以及账款是否相符。如果发现有未查明原因的现金短缺或现金溢余，应通过“待处理财产损溢——待处理流动资产损溢”账户及时进行相应的会计处理。该账户借方登记现金短缺数，贷方登记现金溢余数。转销时记入相反方向。

对现金短缺，属于应由责任人或保险公司赔偿的部分，记入“其他应收款”

账户；属于无法查明原因的部分，根据管理权限，在报经有关部门批准后，记入“管理费用”账户。

对现金溢余，属于应支付给有关单位或人员的部分，记入“其他应付款”账户；属于无法查明原因的部分，在报经批准后，记入“营业外收入”账户。

例：2018 年 4 月 30 日，企业在现金清查时，发现库存现金短缺 150 元，原因待查。

①发现短缺时

借：待处理财产损溢——待处理流动资产损溢　150

　贷：库存现金　150

②经查明，现金短缺系出纳人员失职所造成，应由其赔偿

借：其他应收款　150

　贷：待处理财产损溢——待处理流动资产损溢　150

例：2018 年 4 月 30 日，企业在现金清查时，发现现金溢余 300 元，无法查明原因。

①发现现金溢余时

借：库存现金　300

　贷：待处理财产损溢——待处理流动资产损溢　300

②经批准转销时

借：待处理财产损溢——待处理流动资产损溢　300

　贷：营业外收入——现金溢余　300

2．零用现金制度

企业的现款，除了由财会部门集中保管的库存现金以外，为方便企业采购人员、办公室人员等业务人员日常零星开支的需要，减少审批、领用、报销等的工作量，按照重要性原则，常提存一笔固定金额的零用现金，交专人保管，以备日常零星开支之用，这部分现金通常称为备用金。等实际报销时，再根据报销凭证获取现金，补充定额的不足。这种现金管理制度通常称为“定额零用现金制度”。

采用定额零用现金制度的企业，一般采取先领后用、定期报销的核算办法。事先由财会部门根据实际需要提出一笔固定的备用金由专人领出，按规定的用途使用，定期或备用金不敷支出时，凭单据向会计部门报销，并补足其原定额。

企业备用金的会计处理，一股通过“其他应收款”账户核算，也可专设“备用金”账户处理。

例：2018 年 6 月 3 日，企业会计部门为方便供应部门日常零星开支的需要，特

设立定额备用金3000元，规定每隔10天报销一次。设立时，会计开出现金支票一张给供应部门。

①设立备用金时

借：备用金——供应部门　　3000

　贷：银行存款　　3000

② 10天后，供应部门凭各种发票报销，发票金额为2560元，会计又开出现金支票2560元补足备用金定额

借：管理费用　　2560

　贷：银行存款　　2560

③ 2007年10月15日，企业因情况变化，决定取消备用金制度，供应部门最后一次报销840元，并将多余款项交还出纳员

借：管理费用　　840

　　库存现金　　2160

　贷：备用金——供应部门　　3000

三、银行存款

1．银行结算方式

根据中国人民银行有关支付结算方法的规定，目前企业发生的货币资金收付业务可以采用以下九种方式，通过银行办理转账结算。

（1）汇兑

汇兑，指汇款人委托银行将其款项支付给收款人的结算方式。汇兑是异地结算的一种，有电汇和信汇两种方式，由汇款人根据需要选择使用。信汇是指汇款人委托银行通过邮寄方式将款项划转给收款人；电汇是指汇款人委托银行通过电报将款项划转给收款人。汇兑结算方式适用于单位、个体经营者和个人之间各种款项的结算，方便汇款人主动付款。

采用汇兑结算方式时，汇款单位应根据银行汇款回执编制付款凭证；收款单位根据收到的银行收账通知编制收款凭证。

（2）委托收款

委托收款，指收款人委托银行向付款人收取款项的结算方式，同城异地均可。既适用于在银行开立账户的单位结算，也适用于水电、邮政、电讯等劳务款项的结算，且不受金额起点的限制。单位或者个人凭已承兑商业汇票、债券、存单等付款人债务证明办理款项的结算，均可以使用委托收款结算方式。委托收款结算款项的

划回方式分邮寄和电报两种，由收款人选用。委托收款提示付款期为 3 天。这种方式方便收款人主动收款。

采用委托收款结算方式时，收款单位委托开户银行收款时，应填写委托收款结算凭证，并提供有关债务证明；在收到银行的收款通知时，据以编制收款凭证。付款单位应在接到委托收款凭证和有关债务证明的次日起 3 天内主动通知银行是否付款。如在付款期满前提前付款的，应于银行通知付款之日编制付款凭证。如拒绝付款，属于全部拒付的，不做账务处理；属于部分拒付的，应在付款期内出具部分拒付理由通知书并退回有关单证，根据银行盖章退回的拒付理由书编制付款凭证。

（3）托收承付

托收承付，指根据购销合同由收款人发货后委托银行向异地付款人收取款项，由付款人审核发货单或验货后向银行承诺付款的结算方式。这种方式适用于买卖双方订有购销合同的商品交易。使用托收承付结算方式的收款单位和付款单位必须是国有企业、供销合作社以及经营管理较好，并经开户银行审查同意的城乡集体所有制工业企业。办理托收承付结算的款项，必须是商品交易，以及因商品交易而产生的劳务供应的款项。代销、寄销、赊销商品的款项不得办理托收承付结算。托收承付结算款项的划回方式分邮寄和电报两种，由收款人选用。

收款人向银行办理托收时，应向银行提供符合《中华人民共和国合同法》的购销合同、商品确已发运的证件或其他证明。托收承付结算每笔的金额起点为 10000 元，新华书店系统每笔金额起点为 1000 元。

承付时，承付货款分验单付款与验货付款两种，由收付双方商量选用，并在合同中明确规定。对验单付款方式，购货企业根据经济合同对银行转来的托收结算凭证、发票账单、托运单及代垫运杂费等单据进行审查无误后，即可承认付款。验单付款方式承付期为 3 天，从付款单位开户银行发出承付通知的次日算起。对验货付款方式，购货企业待货物运达企业，对其进行检验与合同完全相符合才承认付款。验货付款方式的承付期为 10 天，从运输部门向购货企业发出提货通知的次日算起。无论哪一种方式，付款人都应在承付期内通知银行。若付款人在承付期内未向银行表示拒绝付款，银行则认为同意付款，主动划拨款项。倘若付款人发现货物规格、质量、数量与合同不符，可在承付期内向开户银行提出部分拒付或全部拒付，但不得无理拒付。

采用托收承付结算方式时，收款单位根据银行收款通知和其他原始凭证编制收款凭证；付款单位根据托收承付结算凭证的承付通知和有关发票账单等原始凭证编制付款凭证。

（4）支票

支票，指出票人签发的，委托办理支票存款业务的银行在见票时无条件支付确定的金额给收款人或者持票人的票据。

支票分为现金支票、转账支票与普通支票。现金支票只能用于支取现金，转账支票只能用于转账；普通支票既可支取现金，也可用于转账。在普通支票左上角划两条平行线的，为划线支票，划线支票只能用于转账，不得支取现金。

支票的出票人为可以使用支票的存款账户的单位和个人。支票的提示付款期限为自出票日起 10 日内。出票人不得签发空头支票。对空头支票，银行除退票外，还按票面金额处以 5% 但不低于 1000 元的罚款。持票人有权要求出票人赔偿支票金额 2% 的赔偿金。

采用支票结算方式时，收款单位应于收到支票当日填制进账单，并连同支票送交银行，根据银行盖章退回的交款回执和有关原始凭证编制收款凭证；付款单位应根据付款支票存根和有关原始凭证编制付款凭证。

（5）银行本票

银行本票，指银行签发的，承诺自己在见票时无条件支付确定的金额给收款人或者持票人的票据。单位和个人在同一票据交换区域需要支付各种款项时，均可使用银行本票。银行本票可以用于转账，注明“现金”字样的银行本票可以用于支取现金。但申请人或收款人为单位的，不得申请签发现金银行本票。银行本票按其票面额是否固定，分为定额银行本票与不定额银行本票两种。定额银行本票面额为 1 千元、5 千元、1 万元和 5 万元。银行本票一律记名，可以背书转让。银行本票提示付款期为自出票日起最长不得超过 2 个月。

采用银行本票结算方式时，付款单位应填送“银行本票申请书”并将款项交存银行，在收到银行签发的银行本票后，根据申请书存根联编制付款凭证；收款单位应将银行本票连同进账单送交银行办理转账，在收到银行盖章退回的账单和有关原始凭证时编制收款凭证。

（6）银行汇票

银行汇票，指由出票银行签发的，由其在见票时按照实际结算金额无条件支付给收款人或者持票人的票据。单位和个人各种款项的结算均可以使用银行汇票。银行汇票可以用于转账，填明“现金”字样的银行汇票也可以用于支取现金。但申请人或者收款人为单位的，不得在“银行汇票申请书”上填明“现金”字样。银行汇票可以背书转让，其提示付款期为自出票日起 1 个月。

采用银行汇票结算方式时，付款单位应填送“银行汇票申请书”并将款项交存银行，在收到银行签发的银行汇票后，根据申请书存根联编制付款凭证；收款单位根据银行的收款通知和有关原始凭证填制收款凭证。

（7）商业汇票

商业汇票，指出票人签发的，委托付款人在指定日期无条件支付确定的金额给收款人或者持票人的票据。在银行开立存款账户的法人以及其他组织之间，必须具有真实的交易关系或债权债务关系，才能使用商业汇票。采用商业汇票结算方式，可以使企业之间的债权债务关系表现为外在的票据，使商业信用票据化，加强约束力，有利于维护和发展社会主义市场经济。

商业汇票的付款人为承兑人。按承兑人的不同，商业汇票分为商业承兑汇票和银行承兑汇票。商业承兑汇票由银行以外的付款人承兑，可由销货企业或者购货企业签发，但须由购货企业承兑。银行承兑汇票由银行承兑，由在承兑银行开立存款账户的存款人签发，承兑银行将按票面金额向出票人收取万分之五的手续费。所谓承兑，是指汇票付款人承诺在汇票到期日支付汇票金额的票据行为。商业汇票付款期最长不超过 6 个月。商业汇票适用于同城或异地签有购销合同的商品交易。商业汇票一律记名，可以背书转让或贴现。

采用商业承兑汇票结算方式时，收款单位持到期商业承兑汇票送交银行办理收款，在收到银行收款通知时编制收款凭证；付款单位在收到银行的付款通知后编制付款凭证。

采用银行承兑汇票结算方式时，收款单位将到期银行承兑汇票、解讫通知连同进账单送交银行办理转账，在收到银行盖章退回的进账单时编制收款凭证；付款单位在收到银行的付款通知时编制付款凭证。

收款单位凭未到期商业汇票向银行申请贴现时，应按规定填制贴现凭证，并将商业汇票连同解讫通知一并送交银行，根据银行的收款通知编制收款凭证。

（8）信用证

信用证是国际结算的一种主要结算方式。它是进口方银行根据进口方要求，向出口方开立，凭出口方提交的符合信用证条款的单据为前提，在一定期限内支付一定金额的付款承诺。我国从事进出口业务的企业和对外经济合作企业均可采用信用证结算方式。

采用信用证结算方式时，出口方在收到信用证后，即备货装运出口，签发汇票，连同信用证送交出口方银行，根据议付单据和退还信用证等有关凭证填制收款凭证；进口方在接到开证行的备款赎单通知后，根据付款赎回的有关单据编制付款凭证。

(9) 信用卡

信用卡，指商业银行向个人和单位发行的，凭以向特约单位购物、消费和向银行存取现金，具有消费信用的特制载体卡片。信用卡按使用对象分为单位卡和个人卡，按信用等级分为金卡和普通卡。单位卡账户的资金一律从其基本存款账户转账存入，不得交存现金，不得将销货收入的款项存入其账户。持卡人可持信用卡在特约单位购物、消费，但单位卡不得用于10万元以上的商品交易、劳务供应款项的结算，不得支取现金。在规定的期限和范围内，信用卡允许善意透支，但持卡人必须向银行支付透支利息。

采用信用卡结算方式时，收款单位对于当日受理的信用卡签购单，填写汇总计算表和进账单，连同签购单送交银行办理转账，根据银行收款通知填制收款凭证；付款单位根据银行付款通知和有关原始凭证编制付款凭证。

上述各种结算方式的会计处理因结算方式而异。汇兑、委托收款、托收承付和支票结算方式通过“银行存款”账户核算；信用证、信用卡、银行本票和银行汇票结算方式通过“其他货币资金”账户核算；商业汇票结算方式通过“应收票据”账户和“应付票据”账户核算。

2. 银行存款的会计处理

(1) 银行存款的序时核算

企业的银行结算业务十分频繁，为能随时掌握银行存款的收入、支出及结存情况，企业应按开户银行和其他金融机构、存款种类等设置银行存款日记账，进行序时核算。

银行存款日记账由出纳人员根据审核后的银行存款收款凭证、付款凭证和有关的现金付款凭证，按照业务发生的先后次序，逐日逐笔登记。每日终了应结出余额，月末结出本月收入合计数、付出合计数及月末结存数，并且定期与银行对账单核对记录，至少每月一次。

有外币存款的企业，应分别按人民币存款和外币存款进行明细核算。

(2) 银行存款的总分类核算

银行存款的总分类核算，是指由会计人员在银行存款总分类账上总括地反映、监督银行存款的收支及结存情况。为了总括反映企业存入银行或其他金融机构的各种款项，反映银行存款的收支及结存情况，企业应设置“银行存款”账户。借方登记企业存入银行的款项，贷方登记企业提取或支付的款项，期末余额在借方，反映企业存放在银行或其他金融机构的各种款项。我国不允许透支，即不允许出现贷方余额。

“银行存款”总账与“库存现金”总账一样，应由不从事出纳工作的会计人员负责登记。登记时，可直接根据银行存款收款凭证、付款凭证和现金付款凭证，按照业务发生的先后次序逐笔登记，也可定期汇总有关收付款凭证，采用汇总记账凭证或科目汇总表等核算形式登记。

1）银行存款收入的核算

例: 2018 年 7 月 5 日，企业销售甲产品一批，开出的增值税专用发票上注明不含税价款 80000 元，增值税税额 13600 元，货款及增值税款已收存银行。

借：银行存款　　93600

　贷：主营业务收入　　80000

　　　应交税费——应交增值税（销项税额）　　13600

例: 2018 年 7 月 8 日，企业收回 A 公司前欠货款 56000 元，款已存银行。

借：银行存款　　56000

　贷：应收账款——A 公司　　56000

例: 2018 年 7 月 19 日，企业收到 B 公司投资 900000 元，款已存银行。

借：银行存款　　900000

　贷：实收资本　　900000

2）银行存款支出的核算

例: 2018 年 7 月 21 日，企业采购原材料一批，收到的增值税专用发票上注明货款 30000 元，增值税税额 5100 元，款已通过银行付出。

借：原材料　　30000

　　应交税费——应交增值税（进项税额）　　5100

　贷：银行存款　　35100

例: 2018 年 7 月 25 日，企业以银行存款 1000000 元购入 C 公司三年期企业债券，并划分为可供出售金融资产，款已付出。

借：可供出售金融资产——成本　　1000000

　贷：银行存款　　1000000

例: 2018 年 7 月 31 日，企业以银行存款向税务部门缴纳所得税 250000 元。

借：应交税费——应交所得税　　250000

　贷：银行存款　　250000

3．银行存款清查的核算

企业与外界交易，大多通过银行进行结算，因而企业在银行开设的往来账户，进出极为频繁，企业和银行都难免发生漏账和错账的情况。为了灵活调度企业资金，确保企业信誉，做到有效经营，企业必须随时保证存款余额正确；同时，为了及时监督银行存款的收支结存情况，查明银行存款的实际余额，企业的出纳人员应定期对银行存款进行清查。银行存款的清查方法与现金不同，是通过对账进行的。银行存款的对账包括三个方面：一是银行存款日记账与银行存款收、付款凭证进行核对，做到账证相符；二是银行存款日记账与银行存款总账相互核对，做到账账相符；三是在账账相符的基础上，银行存款日记账与银行提供的银行存款对账单逐笔核对。如果二者记录不一致，则可能由下列两个原因造成：①企业和银行任一方或双方记录错误；②出现正常未达账项。对第一种原因，经过核对会计记录与原始凭证，可以找出错误，予以更正。

所谓未达账项，是指企业与银行一方已经入账，而另一方由于未收到结算凭证尚未入账的款项。产生未达账项的原因主要在于双方记账存在时空差异。未达账项一般有以下四种情况（见表 2–3）：

表2–3 未达账项的情况

情况	内容
一	企业已付款入账，而银行尚未付款入账的款项，如银行代企业支付公用事业费用和向企业收取的借款利息等
二	银行已付款入账，而企业尚未付款入账的款项，如企业开出的转账支票，而对方尚未到银行办理转账手续的款项等
三	银行已收款入账，而企业尚未收款入账的款项，如企业存入其他单位开来的转账支票等
四	企业已收款入账，而银行尚未收款入账的款项，如托收货款和银行支付给企业的存款利息等

会计实务中，当发生记账错误或发生未达账项，引起企业银行存款账面余额与银行对账单余额不符时，应逐笔核对，查明原因，并通过编制“银行存款余额调节表”进行调节。调节表格式见表 2–4，调节公式如下：

银行存款日记账余额 + 银行已收、企业未收的款项 – 银行已付、企业未付的款项 = 银行对账单余额 + 企业已收、银行未收的款项 – 企业已付、银行未付的款项

调节后，银行存款日记账余额应与银行对账单余额相同。调节后的银行存款余额，是企业可以动用的银行存款实有数。

需要注意的是，银行存款余额调节表只是用来核对企业与银行的记账有无错误，不能作为记账的依据。对于银行已经入账而企业尚未入账的未达账项，不可在编制调节表时任意增减，一定要等结算凭证到达后才能进行账务处理。

例：企业 2018 年 9 月 30 日，银行存款日记账余额为 15640 元，同日银行对账单余额为 16200 元，经逐笔核对，发现如下未达账项：① 9 月 29 日企业委托银行代收的一笔款项 5200 元，银行已入账，尚未通知企业；② 9 月 28 日银行代划企业本月电话费 640 元，银行已入账，企业未接通知；③ 9 月 28 日企业出售产品收取转账支票一张，金额 4800 元，企业已入账，银行尚未入账；④ 9 月 29 日企业开出转账支票一张购买办公用品，金额 800 元，企业已入账，银行尚未入账。调整结果见表 2–1。

表 2–4　银行存款余额调节表

2018 年 9 月 30 日　　单位：元

项目	余额	项目	余额
银行存款日记账余额	15640	银行对账单余额	16200
加：银行已收、企业未收	5200	加：企业已收、银行未收	4800
减：银行已付、企业未付	640	减：企业已付、银行未付	800
调整后余额	20200	调整后余额	20200

四、其他货币资金

1. 外埠存款

外埠存款是指企业到外地进行临时或零星采购时，汇往采购地银行并以汇款单位名义开立采购专户的存款。

采购员赴外地采购货物时，一则为了结算方便，二则为了保证货币资金安全，常采用在采购地开设采购专户的方法，将企业资金汇往采购地点，方便采购业务的开展。采购资金存款不计利息，除采购员差旅费可以支取少量现金外，一律转账结算。采购专户只付不收，付完结束账户。

例：2018 年 8 月 15 日，企业委托开户银行将 50000 元存款汇往采购地银行开设采购专户。

①收到银行汇款回单时

借：其他货币资金——外埠存款　　50000

　贷：银行存款　　50000

②收到采购员交来供货单位发票账单等报销凭证，货款 40000 元，增值税 6800 元

借：原材料　　40000

　　应交税费——应交增值税（进项税额）　　6800

　贷：其他货币资金——外埠存款　　46800

③企业收到汇回的多余外埠存款 3200 元，并接到银行收款通知

借：银行存款　　3200

　贷：其他货币资金——外埠存款　　3200

2．银行汇票和银行本票存款

银行汇票存款和银行本票存款是指企业为取得银行汇票和银行本票，按规定存入银行的款项。二者核算程序与核算方法大体相同，所不同的是银行汇票适用于异地结算，银行本票适用于本地结算；银行汇票的多余款项可由银行自动退交汇款人，而银行本票只办理全额结算，结算后的多余款项须用支票、现金等其他方式退回付款人。现以银行汇票为例说明其账务处理方法。

例：2018 年 9 月 5 日，企业填制“银行汇票委托书”将 100000 元存入银行。

①取得银行汇票时

借：其他货币资金——银行汇票　　100000

　贷：银行存款　　100000

②企业用上述银行汇票支付设备价款 82000 元，增值税 13940 元

借：固定资产　　95940

　贷：其他货币资金——银行汇票　　95940

③企业收到开户银行转来银行汇票存款余额 4060 元

借：银行存款　　4060

　贷：其他货币资金——银行汇票　　4060

如果上述银行汇票因超过付款期限或其他原因未使用而被退回时。

借：银行存款　　100000

　贷：其他货币资金——银行汇票　　100000

3．信用证保证金存款

信用证保证金存款是指企业存入银行作为信用证保证金专户的存款。

例：2018 年 11 月 25 日，企业拟购进原材料一批，向银行申请开立信用证，并存入保证金 600000 元。

①办理信用证手续时

借：其他货币资金——信用证保证金　　600000

　贷：银行存款　　600000

②企业收到供货单位信用证结算凭证及发票账单，所购钢材货款 598000 元，拟用于厂房修建

借：工程物资　　598000

贷：其他货币资金——信用证保证金　　598000

③企业收到未曾用完信用证保证金余额 2000 元

借：银行存款　　2000

贷：其他货币资金——信用证保证金　　2000

4．信用卡存款

信用卡存款是指企业为取得信用卡按规定存入银行的款项。

例：企业向银行申领信用卡，并存入保证金 80000 元。

①办理信用卡手续时

借：其他货币资金——信用卡　　80000

贷：银行存款　　80000

②企业以信用卡购置电脑一台，价税合计 12000 元

借：固定资产　　12000

贷：其他货币资金——信用卡　　12000

5．存出投资款

存出投资款的核算主要包括资金划出和使用两部分。

例：企业向某证券公司划出资金 200000 元准备进行股票投资。

①划出资金准备投资时

借：其他货币资金——存出投资款　　200000

贷：银行存款　　200000

①购入 D 公司普通股共计 195000 元，作为交易性金融资产

借：交易性金融资产——成本　　195000

贷：其他货币资金——存出投资款　　195000

第二节　应收款项

一、应收票据

1．应收票据概述

（1）应收票据的特点

应收票据是应收款项的主要形式之一。票据是具有一定格式的书面债据，是由出票人签发的在到期日向债权人或被背书人无条件支付一定款项的书面承诺，包括汇票、本票和支票。企业所持有的尚未兑现或尚未到期的各种票据称为应收票据。

在我国，除商业汇票以外，大部分票据都是即期票据，可以即刻收款或存入银行成为货币资金，不需要作为应收票据核算。因此，在我国应收票据仅指企业持有的未到期或未兑现的商业汇票。

应收票据与应收账款相比，具有以下两个明显的特点。

1）应收票据是代表债权债务的书面证明，比应收账款具有更强的偿还特征。应收账款是建立在商业信用基础上的赊账，无法律约束；应收票据则有债务人的签字承诺，偿付条件以书面形式作了明确规定，受到国家票据法规的保护，有法律保证。

2）应收票据比应收账款具有更强的流通性。. 应收票据是一种流通有价证券，在票据到期前，如持票人需用现金，经债权人背书后可以自由转让，或向银行申请贴现，具有很强的变现能力。应收票据在资产负债表中位于应收账款之前，是仅次于现金和银行存款的货币性流动资产。

（2）应收票据的分类

1）按是否计息分类

商业汇票按其是否计息可分为不带息商业汇票和带息商业汇票。

不带息商业汇票是指票面上没有标明利率，到期时承兑人只须按票面金额（即面值）向收款人或被背书人支付款项的汇票，其到期价值等于其面值。

带息商业汇票是指票面上注明利率和付息日期，到期时承兑人必须按票面金额加上按票据规定的利率计算的应计利息向收款人或被背书人支付款项的汇票，其到期价值等于票面金额加上按票面利率计算的到期利息。

2）按承兑人分类

商业汇票按承兑人的不同可分为银行承兑汇票和商业承兑汇票。承兑，指汇票的付款人按照票据法的规定，在汇票上记载一定的事项，以表示其愿意支付汇票金额的票据行为。经过承兑的汇票称为承兑汇票。汇票必须承兑，以保障票据的债权请求。

银行承兑汇票是指由收款人或承兑申请人签发，并由承兑申请人向开户银行申请，经银行审查同意承兑的票据。银行根据有关政策规定对表兑申请人所持汇票和购销合同进行审查，符合承兑条件的，即与承兑申请人签订承兑协议，在汇票上签章，并按票面金额向出票人收取万分之五的承兑手续费。汇票到期时，无论承兑申请人是否将票款足额缴存其开户银行，承兑银行都应向收款人或贴现银行无条件履行付款责任。

商业承兑汇票是指由收款人或付款人签发，并经付款人承兑的汇票。商业承兑汇票必须由付款人承兑，且承兑不得附有条件，否则视为拒绝承兑。付款人对其承兑的汇票负有到期无条件支付票款的责任。银行只负责在汇票到期日凭票将款项从付款入账户划转给收款人或贴现银行，如果付款人银行存款余额不足以支付票款，银行则退票，不再承担付款责任，后果由双方自行处理。

3）按是否带有追索权分类

商业汇票按是否带有追索权可分为带追索权的商业汇票和不带追索权的商业汇票。追索权是指企业在转让商业汇票情况下，接收商业汇票转让方在商业汇票遭拒或逾期时，向该商业汇票转让方索取应收金额的权利。企业在转让商业汇票时可以背书转让，也可在必要时向银行申请贴现。商业汇票在转让他人时，须由企业或个人在票据背面签章，并注明签章日期，这种行为称为背书。票据法规定，持票人转让票据时必须背书，单纯交付不产生票据法上的效力。背书生效后，背书人即成为票据上的债务人，即票据背书人负有一定法律责任，除非背书时注明“无追索权”，否则票据到期时，如出票人或付款人不能如数兑付，收款人有向背书人追索之权，此时，背书人负有连带付款责任。

2．应收票据的确认与计价

应收票据的确认，主要解决如何确定其入账价值。理论上有两种处理方法：一种是按票据的面值确认，另一种是按票据未来现金流量的现值确认。由于后者考虑了货币的时间价值，理论上更为可取。但由于我国目前允许使用的商业汇票最长期限为6个月，利息金额相对不大，采用现值记账不仅计算麻烦，而且还需对其溢价或折价逐期进行摊销，增加了核算的工作量，不符合成本效益原则。因而会计实务中一般按面值确认其入账价值。对带息应收票据，还应于中期期末和年度终了，按该应收票据的票面价值和确定的票面利率计提利息。所以，不带息票据的到期价值即为票据面值，带息票据的到期价值应是票据的面值与其利息之和。带息票据的到期值可由下式计算：

带息票据到期值 = 票面价值 ×（1+ 票面利率 × 时间）

如票据票面价值为80000元，票面年利率6%，承兑期限为3个月，则

票据到期值 =80000元 ×（1＋6% × 3/12）=81200元

上式中的利率是指票面规定的利率，一般以年利率表示。如需换算成月利率或日利率，则每月统一按30天计算，全年按360天计算。

上式中的时间为从出票日起至票据到期日止的时间长度，通常有两种表示方法。一是以月数表示，按月计息。计算时以次月同一日为一个月，如一张3个月到期的商业汇票，出票日为6月3日，则其到期日应为9月3日。二是以日数表示，按日计息。计算时以实际日历天数计算到期日，通常采用“算头不算尾”或“算尾不算

头”的方法，即到期日或出票日不计。如一张 90 天到期的商业汇票，出票日为 6 月 3 日，则到期日应为 9 月 1 日。

3．应收票据基本业务的会计处理

票据一经确立，原来的商品赊销关系就转化为票据的权利和义务，即商品交易关系转变为债权债务关系，商业信用票据化。企业有关应收票据的核算，应通过专门设置的“应收票据”账户进行。借方登记企业因销售商品、产品等而收到的商业汇票的票面价值，以及带息票据期末计提的利息；贷方登记应收票据到期收回时的票面余额，或者转让给他人及未到期向银行申请贴现的贴现票据的票面余额，期末余额在借方，表示企业持有的商业汇票的票面价值和应计利息。另外，企业还应设置“应收票据备查簿”，逐一记录每笔应收票据的种类、号数和出票日期、票面金额、票面利率、交易合同号和付款人、承兑人、背书人的姓名或单位名称、背书转让日、到期日、贴现日、贴现率和贴现金额、未计提的利息，以及收款日期和收回金额、退票情况等资料；应收票据到期结清票款或退票后，再在备查簿中逐笔注销。

企业应在收到开出、承兑的商业汇票时，按应收票据的票面价值入账，借记“应收票据”账户，并同时反映营业收入，贷记“主营业务收入”等账户。带息应收票据如果在中期期末或年末尚未到期，按权责发生制原则，应在期末计提利息，记入“应收利息”账户，同时冲减“财务费用”。商业承兑汇票到期时，若承兑人无力承兑票款而退票，且付款人不再签发新票据时，应将票据面值与应计未收利息之和一并转为应收账款。

例：A 公司为增值税一般纳税人，2018 年 7 月 8 日销售产品一批给 B 公司，开具的增值税专用发票上注明货款 100000 元与增值税税款 17000 元均未收到，已办妥托收手续。8 天后，A 公司收到 B 公司一张 3 个月到期的不带息商业承兑汇票，面值 117000 元，充抵产品货款。

① 2018 年 7 月 8 日销售成立时

借：应收账款——B 公司　　117000

　贷：主营业务收入　　100000

应交税费——应交增值税（销项税额）　17000

② 2018 年 7 月 16 日（8 天后）收到票据时

借：应收票据——B 公司　　117000

　贷：应收账款——B 公司　　117000

③ 2018 年 10 月 16 日票据到期时

借：银行存款　　117000

贷：应收票据——B 公司 117000

④如票据到期时，B 公司无力付款

借：应收账款——B 公司 117000

贷：应收票据——B 公司 117000

例：C 公司为增值税一般纳税人，2018 年 11 月 11 日销售一批产品给 D 公司，货已发出，开具的增值税专用发票上注明货款为 500000 元，增值税税额 85000 元。收到同日 D 公司签发并承兑、90 天到期的商业承兑汇票一张，面值 585000 元，票面年利率 6%。

该票据到期时应计利息为：585000 元 × 6% × 90/360=8775 元

该票据到期值为：（585000+8775）元 =593775 元

①收到票据时

借：应收票据——D 公司 585000

贷：主营业务收入 500000

应交税费——应交增值税（销项税额） 85000

②年末计提票据利息时（2006 年 11 月 11 日至 12 月 31 日止共 50 天）

借：应收利息 4875

贷：财务费用 4875

③票据到期兑现时（2007 年内 40 天计提的票据利息为 3900 元）

借：银行存款（或应收账款） 593775

贷：应收票据——D 公司 585000

应收利息 4875

财务费用 3900

到期不能收回的带息应收票据，转入“应收账款”账户核算后，期末不再计提利息，其所包含的利息，在有关备查账簿中进行登记，待实际收到时再冲减收到当期的财务费用。

4. 应收票据的贴现

持有应收票据的企业，在应收票据到期之前，如欲提前取得货币资金，可将票据经过背书后向银行通融资金，这种用票据向银行通融资金的方式称作贴现。银行按一定的利率从票据价值中扣除贴现日至票据到期前一日的利息（承兑人在异地的，贴现利息的计算应另加 3 天的划款日期），将余额兑付给企业。计算时所使用的利率称作贴现率，被扣减的利息称作贴现息，按贴现率计算的贴现息相当于企业付给银行的利息费用（含手续费）。票据到期值扣除贴现息以后的余额，即为企业在贴现业务中可得到的收入，简称为贴现收入或贴现净额。

对应收票据的贴现，一般会计处理方法是：不带息票据贴现时，计入财务费用的金额即为贴现息；带息票据贴现时，计入财务费用的金额为贴现息与未确认票据息之差，前者大于后者作为财务费用列支，后者大于前者冲减财务费用。

贴现天数 = 贴现日至票据到期日实际天数 -1（承兑人在异地的再加 3 天）

贴现息 = 票据到期价值 × 贴现率 × 贴现天数 ÷360

贴现净额 = 票据到期价值 - 贴现息

例：E 公司收到购货单位 F 公司交来 2018 年 5 月 21 日签发的商业承兑汇票一张，金额 60000 元，承兑期限 6 个月。7 月 24 日企业持该汇票向银行申请贴现，年贴现率 8%。假设 2018 年 6 月 30 日未计提利息。

①设该票据为不带息票据

到期值 =60000 元（不带息票据的到期值即为面值）

贴现天数 =8+31+30+31+21−1=120

贴现息 =60000 元 ×8%×120÷360=1600 元

贴现净额 =（60000−1600）元 =58400 元

借：银行存款　58400

　　财务费用　1600

　贷：应收票据——F 公司　60000

②假设该票据为带息票据，票面利率为 6%

2018 年 6 月 30 日对票据计息 60000 元 ×6%×40÷360=400 元

借：应收票据　400

　贷：财务费用　400

2018 年 7 月 24 日贴现时

到期值 =60000 元 /（1+6%×6/12）=61800 元

贴现息 =61800 元 ×8%×120÷360=1648 元

贴现净额 =（61800−1648）=60152 元

未确认票据利息 =（60000×6%×6/12—400）元 =1400 元

未确认票据利息 1400 元小于贴现息 1648 元，差额 248 元作财务费用列支。

借：银行存款　60152

　　财务费用　248

　贷：应收票据——F 公司　60400

带息票据贴现对财务费用的整体影响是票据息与贴现息的差额，即（1800−

1648）元 =152 元。

应收票据贴现时，该票据必须背书。在“无追索权”方式下，背书人，即持有应收票据的企业，在向被背书人（一般为银行）转移票据所有权利益的同时，也向对方转嫁了票据的全部风险，经过贴现以后的票据在到期时如果付款人因故不能偿还，背书人无须承担连带偿付责任，应收票据贴现后即从账簿记录中注销。但在多数情况下，银行都会要求应收票据贴现采用“有追索权”方式。这样，经过贴现的票据，若到期时付款人无力偿付，背书人则要承担连带偿付责任，即背书企业承担了潜在的、或有的债务，称为“或有负债”。发生这种情况时，银行会立即向贴现申请企业寄发“拒付通知书”说明票据被拒付，并按规定将票据退回给贴现申请企业，从贴现申请企业账户中收取已贴现的票款和其他财务费用，这时企业应按向银行支付本息金额数借记“应收账款”账户，贷记“银行存款”账户，并在当期资产负债表的附注中披露该项或有负债。如果贴现申请企业的“银行存款”账户余额不足以支付已贴现的票款和相关财务费用，银行则作逾期贷款处理。此时，企业应借记“应收账款”账户，贷记“短期借款”账户。

例：G 公司于 2018 年 7 月 1 日取得 H 公司一张面值 30000 元，利率 6%，承兑期限 3 个月的带息商业承兑汇票。9 月 1 日，G 公司持票向银行申请贴现，贴现率 8%。

到期值 =30000 元 ×（1+6% × 3/12）=30450 元

贴现息 =30450 元 × 8% × 30/360=203 元

贴现净额 =（30450−203）元 =30247 元

①票据贴现并收到银行盖章退回的贴现凭证第四联收账通知时

借：银行存款　　30247

　贷：应收票据——H 公司　　30000

　　　财务费用　　247

② 10 月 1 日票据到期，如果付款人无力偿付，G 公司收到银行退回的应收票据、支款通知和拒绝付款理由书或付款人未付票款通知书时

借：应收账款——H 公司　　30450

　贷：银行存款　　30450

如果 G 公司“银行存款”账户余额不足，不能完全支付这笔款项，则转作逾期贷款。

借：应收账款——H 公司　　30450

　贷：短期借款　　30450

企业持有的应收票据不得计提坏账准备，待到期不能收回的应收票据转入应收账款后，再按规定计提坏账准备。但是，如果有确凿证据表明企业所持有的未到期应收票据不能够收回或收回的可能性不大时，应将其账面余额转至应收账款，并计提相应的坏账准备。

5．应收票据转让

企业可以将所持有的商业汇票背书转让。应收票据转让是指持票人因偿还前欠货款等原因，将未到期的商业汇票背书后转让给其他单位或个人的业务活动。

企业将持有的应收票据背书转让，以取得所需物资时，按应计入取得物资成本的价值，借记“材料采购”或“原材料”、“库存商品”等账户，按取得的增值税专用发票上注明的增值税税额借记“应交税费——应交增值税（进项税额）”账户，按应收票据的账面余额贷记“应收票据”账户，如有差额，借记或贷记“银行存款”等账户。

二、应收账款

1．应收账款的确认

企业生产经营的目的是为了向社会销售商品、产品或提供劳务，并通过商品、产品的销售或劳务的提供取得货币资金，以弥补生产经营过程的资金耗费，从而实现企业经营成果。但由于结算方式的不同，主要由于赊销（分期付款销售也属于赊销），企业在销售商品、产品或提供劳务过程中，必然有一部分价款不能随着销售收入的实现而立即取得，从而形成应收账款，也称应收销货款。

应收账款的确认与销售收入的确认有密切的联系。企业的销售收入，按照准则的规定，应在满足以下四个必要条件时予以确认：①企业将商品所有权上的主要风险和报酬转移给购货方；②企业既没有保留通常与所有权相联系的继续管理权，也没有对已售出商品实施控制；③与交易相关的经济利益能够流入企业；④相关的收入和成本能够可靠地计量。这就意味着在销售成立时，既确认了销售收入，又同时确认了应收账款。虽未取得现金，但已取得未来收取现金的权利，即表明商品、产品销售或劳务提供过程已经完成，债权债务关系已经形成的书面文件，如购销合同、发票和发货单等确认应收账款的依据已经取得。

以上所述只是说明一般行业和一般条件下确认销售收入的原则，对于某些特殊行业或特殊条件下的销售业务，如分期付款销售和长期工程合同，其销售收入和相应的应收账款的确认还应遵循一些特定的规则。

2. 应收账款的计价

在通常情况下，企业应按实际发生的交易价格确认应收账款的入账金额，包括发票价款和代购货单位垫付的包装费、运杂费两个部分。但在实际经营过程中，由于某些原因，应收账款的收回数会与其发生数不一致，这些原因涉及商业折扣、现金折扣、销货退回和销售折让。因此，在实际计价时必须合理地确定应收账款的入账金额。

（1）商业折扣

在存在赊销和商业信用的情况下，为了推销商品或产品，及早收回货款，企业往往愿意给予客户一定的销售折扣。销售折扣有两种形式：商业折扣和现金折扣。

商业折扣，是指在实际销售商品、产品或提供劳务时，从价目单的报价中给予的折扣。商业折扣基于多方面的原因，是企业常用的一种促销手段，一般以百分数表示，如5%、10%等。

商业折扣一般在交易时即已确定，不需要在交易双方任何一方的账上反映，商业折扣对应收账款的入账价值没有任何影响。因此，在提供商业折扣的情况下，企业应按扣除商业折扣后的实际售价确认为应收账款的入账金额，而对折扣额不作单独反映。

（2）现金折扣

现金折扣，是指销货企业为了尽早回笼资金鼓励客户在一定期限内及早偿还赊欠货款而给予客户的一种优惠，这一期限称为信用期限。如果客户能在短于信用期限的折扣期限内付款，允诺对销售货款给予一定比例的扣减。现金折扣使得销货企业应收账款的实收金额，随着客户付款时间的不同而有所差异。现金折扣的条件通常用一定形式的术语来表示，如（2/10、1/20、N/30）或（2/10、N/EOM）。

2/10：表示客户在10天内付款可享受2%的比例折扣。

1/20：表示客户在11～20天内付款可享受1%的比例折扣。

N/30：表示客户在21～30天内付款不享受折扣优惠，应按原价全额付款。

EOM意思是End of Month。

就销货企业而言，提供现金折扣有利于早日回笼资金，促使购货企业及早偿还赊欠货款，以加速资金周转；而对购货企业来说，接受现金折扣无异于得到一笔可观的理财收益。以“2/10，N/30”的折扣条件为例，客户在10天内付款即相当于得到36.5%的年收益［0.02÷（20/365）］，足以补偿因提前付款而发生的利息成本。因此，只要资金能周转过来，客户一般都会接受现金折扣。

现金折扣与商业折扣有所不同。第一，目的不同。前者是债务扣除，后者为价格扣除。第二，发生的时间不同。前者发生于销售之后、客户付款之时，后者发生于销售之时。第三，对纳税影响不同，前者在销售之时尚难确定是否发生，确认流转税时一般不予考虑，后者因属价格扣除，税款应按实际成交价格征收。

在现金折扣条件下，对应收账款的入账金额有两种不同的确认方法，即总价法与净价法。

总价法又称全价法，即按扣除现金折扣前的总金额确认销售收入和应收款项。如果客户在折扣期间付款而获得现金折扣，则以实际收到的价款连同给予客户的现金折扣一起作为应收账款的减少。在编制利润表时，给予客户的现金折扣视为加速资金周转的理财费用，作为财务费用处理。总价法操作简便，较好地反映了企业销售的全过程。

净价法，即按扣除现金折扣后的净额确认销售收入和应收款项。净价法假定客户一般都会得到现金折扣，自动放弃只是例外情况。对于客户丧失的现金折扣可视为提供信贷而获得的收入冲减财务费用，同时增加应收账款。

从理论上分析，净价法比总价法更为合理.，因为在市场经济条件下，客户得到现金折扣是一种正常的经济现象。净价法正是基于这一点，按预期可实现的净值确认应收账款，销售收入则按不包括现金折扣的现款交易价格计量，从而能较为客观地反映企业的财务状况和经营成果。但当客户已过折扣期限付款时，由于账上是以净额反映的，必须再查对原销售总额，并调整会计分录，手续较麻烦，加大了工作量。在会计实务中，我国现行会计制度规定采用总价法。

（3）销货退回与销售折让

企业已经销售出去的商品或产品，常会因品种、规格、质量不符合客户的要求而遭全部或部分退回，称为“销货退回”；或购销双方通过协商后对这部分商品不作退回处理，而在赊欠的销货金额上给予一定数额的扣减，称为“销售折让”。销售退回是已销商品或产品的全部或部分取消，是商品或产品销售收入的减少；销售折让是应收账款的部分减少。不论销货退回或销售折让，都是在已经确认销售收入和应收账款之后发生的，不会影响应收账款金额的确认，但会使企业减少未收回的应收账款。因此，在会计实务中，对销货退回和销售折让可合并设置“销货退回与折让”账户核算。会计实务中，应注意发生销货退回和折让的情况可能在货款支付之前，也可能在货款支付之后。

3．应收账款的会计处理

为了核算应收账款的增减变动情况，企业应设置“应收账款”账户。该账户属资产类，借方登记企业因销售商品、产品和提供劳务而应向购货单位或接受劳务的单位收取的款项，代购货单位垫付的包装费、运杂费，商业承兑汇票到期时对方企业无力支付的款项，以及已冲减坏账准备的坏账损失收回；贷方登记企业收到的货款和代垫的费用，企业应收账款改用商业承兑汇票结算并收到商业承兑汇票，以及已被确认为坏账损失的应收账款，已转销的坏账损失又收回的货款。

期末余额一般在借方，表示企业尚未收回的赊销账款；如果发生贷方余额，则反映企业溢收的货款。该账户应按不同的购货单位或接受劳务的单位设立明细账，进行明细分类核算，以反映这些单位赊销货款的发生、收回和结存情况。

企业因销售业务发生应收账款时，应借记"应收账款"账户，贷记"主营业务收入"、"其他业务收入"等账户；收到货款时，应借记"银行存款"等账户，贷记"应收账款"账户。

企业代购货单位垫付包装费、运杂费时，应借记"应收账款"账户，贷记"银行存款"等账户；收回代垫费用时，应借记"银行存款"等账户，贷记"应收账款"账户。

企业应收账款改用商业汇票结算，在收到承兑的商业汇票时，应借记"应收票据"账户，贷记"应收账款"账户。

（1）在没有商业折扣的情况下，应收账款按应收的全部金额入账

例：A 公司为增值税一般纳税人，2018 年 10 月 8 日向东方百货商场供应一批床上用品，开具的增值税专用发票上注明货款 100000 元，增值税税额 17000 元，同时还代垫运杂费 500 元，现已办妥委托银行收款手续。

①销售实现时

借：应收账款　117500

　贷：主营业务收入　100000

　　应交税费——应交增值税（销项税额）　17000

　　银行存款　500

②企业收到东方百货商场货款及代垫运杂费，已存入银行

借：银行存款　117500

　贷：应收账款　117500

③如果东方百货商场改用商业承兑汇票方式结算货款及运杂费，企业收到承兑期 3 个月的商业承兑汇票

借：应收票据　117500

　贷：应收账款　117500

例：B 公司前月份收到 C 公司的一张票面金额为 50000 元的商业承兑汇票已到期，

但付款单位无款支付，银行已退回商业承兑汇票。

借：应收账款——C：公司　　50000

贷：应收票据——C 公司　　50000

经与付款单位协商，决定仍采用商业承兑汇票方式结算。企业重新收到该单位期限 3 个月、票面金额 50000 元的商业承兑汇票。

借：应收票据——C 公司　　50000

贷：应收账款——C 公司　　50000

（2）在有商业折扣的情况下，应收账款按扣除商业折扣后的金额入账

例：D 公司为增值税一般纳税人，2007 年 6 月 15 日向实验中学出售学生用课桌 1000 张，价目单上定价为每张 200 元，成交时给予 10% 的商业折扣。适用增值税税率 17%。

实际成交价格 =1000×200×（1–10%）元 =180000 元

借：应收账款　　210600

贷：主营业务收入　　180000

应交税费——应交增值税（销项税额）　　30600

（3）在有现金折扣的情况下，按扣除现金折扣前的金额确认应收账款和销售收入

例：E 公司为增值税一般纳税人，2018 年 8 月 4 日赊销产品一批，开具的增值税专用发票上注明价款 10000 元，增值税税额 1700 元，现金折扣条件为“2/10，N/30”（仅对价款给予现金折扣）。产品已交付并办妥手续。

第一种方法：总价法

①确认销售收入和应收账款

借：应收账款　　11700

贷：主营业务收入　　10000

应交税费——应交增值税（销项税额）　　1700

②如客户在折扣期内付款

借：银行存款　　11500

财务费用　　200

贷：应收账款　　11700

③如客户在折扣期后付款

借：银行存款　　11700

贷：应收账款　　11700

第二种方法：净价法

①确认销售收入和应收账款

借：应收账款 11500

贷：主营业务收入 9800

应交税费——应交增值税（销项税额） 1700

②如客户在折扣期内付款

借：银行存款 11500

贷：应收账款 11500

③如客户在折扣期后付款

借：银行存款 11700

贷：应收账款 11500

财务费用 200

（4）发生销货退回或折让

例：上个例子中，若购货单位收到货物后，经检验发现有10%的货物不合规格，要求退货。该公司调查后认为属实，决定削减客户所付货款的10%。（假设不考虑税）

借：销货退回与折让 1000

贷：应收账款 1000

若购货单位已按折扣期限规定全部付款，并得到2%现金折扣。

借：销货退回与折让 980

贷：银行存款（库存现金） 980

值得注意的是，所退10%货款应按实收货款9800元，即扣除现金折扣后的价格计算，而不应按发票价格10000元计算。

“销货退回与销货折让”是商品或产品销售收入的抵减项目，在利润表中，与“销售折扣”一样应列为销售收入的减项。

4．坏账

（1）坏账损失的会计处理

对于坏账损失，会计上有两种基本的处理方法。

1）直接转销法

采用直接转销法时，日常核算中对应收款项可能发生的坏账损失不予考虑，只是在特定应收账款被确认为坏账时，才将该笔坏账作为损失计入期间费用并同时予以注销。即借记“管理费用”账户，贷记“应收账款”账户。

直接转销法虽然在会计处理上较为简便，但却忽视了坏账损失与赊销业务间的联系，未考虑在发生赊销业务的同时就蕴含着发生坏账损失的可能性，而只是.等到坏账业已发生后才将该笔坏账损失确认为当期费用。这样，收入和与之相关的坏账费用不是在同一会计期确认，显然既不符合权责发生制原则，也不符合收入与费用相互配比的原则。一方面会导致各期收益的不实，无法真实反映各期的资源经营责任；另一方面，在资产负债表上，由于应收账款按其账面金额反映，从而在一定程度上也歪曲了期末的财务状况，致使企业发生大量陈账、呆账、长年挂账，得不到处理。因而，企业一般不采用直接转销法处理坏账损失。

例：A 公司应收 B 公司的货款 35100 元，因该公司破产而无法收回，现确认为坏账。

借：资产减值损失　　35100

　贷：应收账款——B 公司　　35100

若已被企业确认为坏账的应收账款又重新收回，则

借：应收账款——B 公司　　35100

　贷：资产减值损失　　35100

同时，

借：银行存款　　35100

　贷：应收账款——B 公司　　35100

2）备抵法

备抵法，指根据收入与费用配比原则，通过设立坏账准备账户，事先按期估计坏账损失，记入管理费用，形成一笔坏账准备金；待坏账实际发生时，再冲减坏账准备和相应应收账款的方法。

计提坏账准备是谨慎性原则在会计实务中的运用。销售收入和与之相关的坏账损失计入同一期间的损益，在时间上保持了一致，符合配比原则的要求；同时在资产负债表上，应收账款既按其期末账面余额又按其扣除坏账后的可实现价值反映，与最终实际可收到的应收账款相接近，较为真实地反映企业的财务状况。因而，备抵法具有下述优点：①预计不能收回的应收账款作为坏账损失及时计入费用，避免企业虚增利润；②在报表上列示应收账款净额，使报表阅读者更能了解企业真实的财务状况；③使应收账款实际占用资金接近实际，消除了虚列的应收账款，有利于加快企业资金周转，提高企业经济效益。

在备抵法下，其会计处理主要通过设置“坏账准备”账户来进行，该账户核算企业提取的坏账准备，贷方登记估计的坏账损失数，借方登记实际发生的坏账损失数，年末贷方余额为已经计提但尚未冲销完的坏账准备数。

运用备抵法，必须事先估计坏账损失。由于企业应收账款发生坏账损失的可能性带有极大的不确定性，因此，对坏账损失的估计是否切合实际，便成为备抵法运用是否得当的关键。对坏账损失的估计有销货百分比法、余额百分比法、账龄分析法和个别认定法等四种。

①销货百分比法

销售业务分现销和赊销两种，现销不会产生坏账，所以，销货百分比法以赊销金额的一定百分比作为估计坏账损失的金额。一个经营多年的企业可以对历史上赊销金额中坏账所占百分比作出计算，然后以此百分比来估计将来赊销的坏账损失。

例：A 公司 2006 年度全年赊销净额为 500000 元，根据历史经验并参照当前有关资料测算坏账损失约占赊销金额的百分比为 2%。

则：年末估计坏账损失 =500000 元 ×2%=10000 元

借：资产减值损失　　10000

　贷：坏账准备　　10000

销货百分比法的出发点是，坏账损失的产生与赊销业务紧密相关，当期赊销业务越多，产生坏账损失的机会就越大。在赊销总额中，应将已发生的折扣、折让或退回从中扣减，以赊销净额作为估计坏账损失的基础，因为已经折扣、折让或退回部分不会再产生坏账。坏账损失占赊销金额的百分比可用下式计算：

估计坏账百分比 =（估计坏账损失 – 估计坏账收回）/ 估计赊销

赊销净额是一期间数，即一定期间的累计发生数，而与其相关的坏账损失也是一期间数，且全部作为期间费用，在确定期间损益时与当期销售收入相配比，因此，销货百分比法着眼于利润表的正确性，强调收入与费用的正确配比，故常称为“利润表法”。

②余额百分比法

应收账款余额百分比法根据会计期末应收账款的余额乘以估计坏账率来估计坏账损失数额。估计坏账率可以按照以往的数据资料加以确定，也可根据规定的百分率计算。理论上讲，这一比率应按坏账占应收账款的概率计算。企业发生的坏账越多，相应的比例就应高些；反之则低些。一般而言，应收账款在本期末的余额愈大，下期将发生坏账损失的风险就愈大。

这种方法的出发点是，坏账损失发生数额的多少与应收账款的期末余额相关联，其期末余额愈大，发生坏账损失的风险就愈高。根据应收账款期末余额的一定百分比来估计坏账损失，显然它是一时点数。可以看出，该方法着眼于资产负债表的正确性，强调反映应收账款的可实现净额，所以又称为“资产负债表法”。

例：B 公司 2018 年 12 月 31 日应收账款账户余额为 500000 元，估计坏账损失占应收账款余额的比例为 1%。

应计提的坏账准备 =500000 元 ×1%=5000 元

③账龄分析法

客户欠款的时间有长有短，账龄分析法是根据应收账款拖欠时间的长短来分析确定坏账可能发生的比率，从而估计坏账损失数额的方法。一般而言，客户所欠账款超过结算期的时间，即账龄越长，收回账款的可能性就越小，需要有较大的坏账备抵比率。

账龄分析法的出发点是，可能发生的坏账损失数额与账龄长短相关联，账龄越短，收回账款的可能性就越大，发生坏账的可能性就越小；相反，账龄越长，收回账款的可能性就越小，发生坏账的可能性就越大。运用账龄分析法，关键在于对不同账龄的应收账款可能发生的坏账百分比须进行正确的估计。这种方法有助于企业及时了解各客户的信用状况和对应收账款的控制，但计算繁琐，工作量较大。

采用账龄分析法计提坏账准备时，在收到债务单位当期偿还的部分债务后，剩余的应收账款不应改变其账龄，仍应按原账龄加上本期应增加的账龄确定。如果对同一债务单位存在多笔应收账款，且各笔应收账款账龄不同，在收到该债务单位偿还的部分债务时，应逐笔确认收到的是哪一笔应收账款。如果无法确认，则按照先发生先收回的原则确定。

④个别认定法

个别认定法是指根据每一应收账款的具体情况来估计坏账损失的方法。

需要说明的是，在采用余额百分比法、账龄分析法等方法的同时，能否采用个别认定法，应当视具体情况而定。如果某项应收账款的可收回性与其他各项应收账款存在明显差别，导致该项应收账款如果按与其他应收账款同样的方法计提坏账准备，将无法真实反映其可收回金额的，可考虑对其采用个别认定法。

企业在编制计提坏账准备的会计分录时应注意：如果期末估计坏账，即按上述方法计算金额数与估计坏账前“坏账准备”账户的余额不符时，应予以调整，冲回多提或补提少提的坏账准备，使调整后“坏账准备”账户的贷方余额与本期所估计的坏账数额一致。具体可按下述公式计算：

当期应提取的坏账准备 = 当期按应收款项计算应提取坏账准备金 –
坏账准备科目的贷方余额额

如果当期按应收款项计算应提取坏账准备金额大于坏账准备账户的贷方余额，应按其差额提取坏账准备；如果当期按应收款项计算应提取坏账准备金额小于坏账准备账户的贷方余额，应按其差额冲减已计提的坏账准备；如果当期按应收款项计算应提取坏账准备金额为零，应将坏账准备账户余额全部冲回。

企业应根据应收账款的实际可收回情况合理计提坏账准备，不得多提或少提，否则应视为滥用会计估计，须按照重大会计差错更正的方法进行会计处理。

例：D 公司 2018 年末“应收账款”账户余额 300000 元，按估计比率 0.5% 应计提坏账准备 3000000 元 ×0.5%=1500 元。

借：资产减值损失　　1500

　贷：坏账准备　　1500

公司 2007 年经批准核销坏账损失 1600 元。

借：坏账准备　　1600

　贷：应收账款　　1600

例：E 公司 2018 年末“应收账款”账户余额 280000 元，按估计比率 0.5% 应计提坏账准备 280000 元 ×0.5%=1400 元。

A. 若 2006 年末“坏账准备”账户贷方余额 800 元

[企业应提取的坏账准备 1400 元大于“坏账准备”账户贷方余额 800 元，按差额（1400–800）元 =600 元提取]

借：资产减值损失　　600

　贷：坏账准备　　600

B. 若 2018 年末“坏账准备”账户贷方余额为 1600 元

[企业应提取的坏账准备 1400 元小于“坏账准备”账户贷方余额 1600 元，按差额（1400–1600）元 =–200 元冲回]

借：坏账准备　　200

　贷：资产减值损失　　200

C. 若 2018 年末“坏账准备”账户为借方余额 200 元

[企业应提取坏账准备 1400 元大于“坏账准备”账户借方余额 200 元，按差额 1400 元 –（–200 元）=1600 元提取]

借：资产减值损失　　1600

　贷：坏账准备　　1600

计提坏账准备的方法由企业自行确定，企业应当列出目录，具体注明计提坏账准备的范围、提取方法、账龄的划分和提取比例等。除有确凿证明表明该项应收账款不能收回，或收回的可能不大外（如债务单位已撤销、破产、资不抵债、现金流量严重不足、发生严重的自然灾害等导致停产而在短时间内无法偿付债务，以及 3

年以上的应收账款)，下列各种情况一般不能全额计提坏账准备：当年发生的应收款项；计划对应收款项进行重组；与关联方发生的应收款项；其他已逾期，但无确凿证据证明不能收回的应收款项。

（2）坏账收回

作为坏账已被注销的应收账款，有可能全部或部分重新收回，与同坏账的发生具有不确定性一样，坏账的收回亦具有不确定性。坏账得以回收，在某种程度上可以说是企业先前判断的失误，已冲销的应收账款与事实不符，应予以更正。对此，备抵法与直接转销法所作的会计处理不尽相同。

备抵法下，首先应恢复已冲销的应收账款和坏账准备，即借记“应收账款”账户，贷记“坏账准备”账户；同时，还应反映坏账的收回，即借记“银行存款”或“库存现金”账户，贷记“应收账款”账户。直接转销法下，首先应按收回的金额重新确认应收账款的增加，并冲减已入账的坏账费用，即借记“应收账款”账户，贷记“资产减值损失”账户；同时，也应反映收回的账款，借记“银行存款”或“库存现金”账户，贷记“应收账款”账户。

这种首先转回原来的冲销分录，冲减坏账损失，然后按正常收款手续办理的会计处理方法，一则是为了使“应收账款”账户能全面、连续、如实地提供债务人财务状况和信用状况的信息，反映债务人企图重新建立其信誉的愿望和事实；二则是为了使坏账的收回如同转销一样，都通过“坏账准备”账户（备抵法），从而不影响当期损益的确定，避免损益的不正常波动。如此，则“坏账准备”账户集中反映了坏账准备的提取、坏账损失的核销、已作为坏账核销又重新收回的应收账款的情况，使坏账准备的提取、核销、收回、结余反映得更为清楚，便于分析利用。

例：E公司以前年度已确认并已转销为坏账损失的应收B公司货款30000元，本期又重新收回，款已存入银行。

借：应收账款——B公司　　30000

　贷：坏账准备　　30000

同时，

借：银行存款　　30000

　贷：应收账款——B公司　　30000

5. 应收账款的融通

在广泛采用商业信用的市场经济中，赊销占较大比重的企业，往往利用应收账款融通资金，一则规避坏账带来的风险，二则弥补现金或营运资金的不足。虽然这项业务在西方国家颇为盛行，但在我国目前尚未开展。常见的应收账款融通业务有两种：应收账款抵借和应收账款让售。

（1）应收账款抵借

应收账款抵借是指应收账款持有者（承借人）以应收账款作抵押，向银行或其他金融机构（出借人）取得借款的行为。应收账款抵借需由抵借双方签订协议，规定可借款金额占用作抵押的应收账款的最高比例，一般为80%，具体视企业财务状况而定。实际借款时，企业还应出具应付票据。出借人对作为抵押的应收账款享有追索权，即一旦应收账款无法收回或收回的数额不足以偿还借款本息，出借人有向承借人索赔的权利。因而，抵押应收账款对承借人来说是一项或有负债，在财务报告中应以报表附注的形式予以披露。

按照抵押的方式，应收账款抵借可分为总额抵借和特定抵借两种。

1）总额抵借

总额抵借是指以全部应收账款总额作为抵押物取得借款。当旧的应收账款收回后，新的应收账款继续充当抵押。由于这种抵借方式未具体指定作为抵押的应收账款项目，因而对应收账款无需作专门的会计处理，只需作现金和应付票据的会计分录。

2）特定抵借

特定抵借是指以特定的一项或多项应收账款作为借款抵押物取得借款。当承借人取得应收账款抵押借款时，意味着普通的应收账款已转为特定的应收账款。通常在应收账款抵借双方签订的协议中须注明以下内容：①由谁负责收回应收账款，一般为承借人；②融资费用如何确定，通常按应收账款的一定比例计算；③哪些是作为抵押的应收账款；④是否通知欠款顾客，一般不通知。

例：2018年5月1日，M公司以应收账款500000元作为抵押，开具一张400000元、期限2个月的票据向银行借款。借款契约规定，已抵押的应收账款仍由该公司负责收回，并如数交给银行，银行按1%的比例收取融资费用，抵押借款按年利率9%计息。

① 2018年5月1日，以应收账款作为抵押开具票据借款

借：银行存款	395000	
财务费用	5000	
贷：应付票据		400000
借：抵借应收账款	500000	
贷：应收账款		500000

② 5月份共收回300000元抵借应收账款，扣减现金折扣10000元

借：银行存款　　290000
　　财务费用　　10000
　贷：抵借应收账款　　300000

③6月1日，将5月份收款连同5月份利息付给银行

借：应付票据　　290000
　　财务费用　　3000
　贷：银行存款　　293000

④6月份，未收回的应收账款中有2000元确认为坏账，其余全部收回

借：银行存款　　198000
　　坏账准备　　2000
　贷：抵借应收账款　　200000

⑤7月1日，将剩余借款及6月份利息全部归还银行

［利息：（400000–290000）元 ×9%×1/12=825元］

借：应付票据　　110000
　　财务费用　　825
　贷：银行存款　　110825

（2）应收账款让售

1）无追索权让售

在无追索权让售方式下，代理商承担应收账款的坏账损失，出让方承担销售折扣、折让和退回等损失。因而，代理商在购买应收账款时，通常要按一定比例预留一部分款项，备抵出让方应承担的销售折扣、折让和退回等损失，待实际发生销售折扣、折让和退回时\再予以冲销。

例：2018年3月1日，N公司将其150000元应收账款以无追索权方式让售给银行，银行按应收账款总额的6%预留余款，并按3%收取手续费。

①3月1日让售应收账款时

借：银行存款　　136500
　　其他应收款　　9000
　　财务费用　　4500
　贷：应收账款　　150000

②至4月底，银行共收回应收账款143200元，发生现金折扣800元，销售折让1000元，销售退回2000元，坏账损失3000元

借：销货退回与折让　　3000

财务费用　800

贷：其他应收款 3800

③5 月 1 日，公司与银行最后结算收回余款存入银行

借：银行存款　5200

贷：其他应收款　5200

2）有追索权让售

在有追索权让售方式下，如果应收账款的债务人到期无法偿付，出让方应承担向代理商偿付的责任。已让售应收账款所发生坏账损失也因而由出让方承担。对有追索权让售业务的会计处理有两种方法：

①按销售业务处理，即在交易发生时注销应收账款，同时将代理商收取的手续费确认为当期费用。其核算与无追索权让售基本相同，只是还应确认坏账损失。

②按借款业务处理，即在交易发生时不注销应收账款，而是贷记一个负债账户，代理商所收取的手续费则作为融资成本，在应收账款持有期内摊销。当然，也应确认坏账损失。

例：接上例，如果 N 公司将应收账款以有追索权方式让售，并按销售业务处理。

A．3 月 1 日让售应收账款时

借：银行存款　136500

其他应收款　9000

财务费用　4500

贷：应收账款　150000

B．假设公司为该类其他应收计提坏账准备 1000 元，并直接冲减其他应收款

借：资产减值损失　1000

贷：其他应收款　1000

C．至 4 月底，银行共收回应收账款 143200 元，发生现金折扣 800 元，销售折让 1000 元，销售退回 2000 元，坏账损失 3000 元

借：资产减值损失　2000

销货退回与折让　3000

财务费用　800

贷：其他应收款　5800

D．5 月 1 日，公司与银行最后结算收回余款 2200 元存入银行

借：银行存款　2200

贷：其他应收款　2200

例：接上例，如果N公司将应收账款以有追索权方式让售，并按借款业务处理。

A．3月1日让售应收账款时

借：银行存款　136500

　　其他应收款　9000

　　待摊费用　4500

　贷：已让售应收账款　150000

B．计提坏账准备1000元

借：资产减值损失　1000

　贷：坏账准备　1000

C．至4月底，银行共收回应收账款143200元，发生现金折扣800元，销售折让1000元，销售退回2000元，坏账损失3000元

借：资产减值损失　2000

　　销货退回与折让　3000

　　财务费用　800

　　坏账准备　1000

　贷：其他应收款　6800

D．在应收账款持有期内摊销代理商收取的手续费（每月）

借：财务费用　2250

　贷：待摊费用　2250

E．5月1日，公司与银行最后结算收回余款2200元存入银行

借：银行存款　2200

　贷：其他应收款　2200

借：已让售应收账款　150000

　贷：应收账款　150000

第三章　存货与投资研究

第一节　存货

一、存货教量的确定方法

1. 定期盘存制

定期盘存制，又称实地盘存制，是指期末通过现场实物的盘点来确定存货的数量，并据以计算出期末存货成本和销货（耗用）成本的一种存货盘存方法。在实际工作中，这种方法用于工业企业，称之为“以存计耗”；用于商品流通企业，称之为“以存计销”。

采用实地盘存制方法，平时对存货只记购入或收进，不记发出，期末通过实地盘点确定存货数量，据以计算出期末存货成本和当期销货或耗用成本。其计算公式如下：

期末存货成本 = 库存数量 × 进货单价

本期发出存货成本 = 期初存货成本 + 本期增加存货成本 − 期末存货成本

实地盘点的方法视存货性质而异。盘点时间一般选择在一轮营业或生产活动以后，下轮营业或生产活动之前。对盘存结果应编制盘存表，表中列明各种存货的盘点数量，以便计算存货成本。盘点过程不仅涉及存放在企业内部的各种存货，而且还应包括存放于外界货栈或委托在外单位加工的物资等。当然，若某项存货的所有权不属于本企业，如受托加工物资，虽应盘点，但不应计入本企业盘点表。

定期盘存制的最大优点是简化了日常对存货的核算工作，平时对销货（耗用）成本或结存数量不作明细记录。因此，有关存货账户可按大类或全部库存品设置，不设具体明细品种账户，每一明细品种的单价可直接根据进货凭证获得。这种方法的主要缺点是不能正确地反映存货销货（耗用）成本。由于平时对发出存货不作记录，无法随时反映存货的收入、发出和结存动态，存货的账面（期初、期末）数只是定期实物盘点的结果，缺乏存货管理所得的信息，因而容易放松对存货的控制和监督作用，对存货品种繁多、数量巨大的企业尤其如此。更由于盘存难以做到精确，而且费时费力，弄不好甚至会影响企业的正常生产和经营。按照定期盘存制，期末存货成本是经过实物盘点计算而得出的，通过上述公式以存计销（耗），倒算出销货成本或耗用成本，这样，凡未计入期末结存的部分都视为已售出或耗用，甚至包括无论何种原因造成的非销售非耗用的库存品损耗，如被盗、责任损失、自然损耗等，全部挤人销货成本或耗用成本，不仅人为地掩盖了存货管理中出现的自然和人为损耗因素，而且更重要的是造成存货成本的不真实，不能准确地反映当期的生产经营状况。

由于定期盘存制存在上述缺点，一般只适用于一些价值低、品种杂、交易频繁的存货和一些损耗大、数量不稳的鲜活商品。

2. 永续盘存制

永续盘存制，又称账面盘存制，是指对存货设置明细账，逐日逐笔登记其收入数、发出数，并随时记列其结存数的一种存货盘存方法。这种方法要求存货明细账按每一品种规格设置，以保持对各项存货的记录。在明细账中，要随时登记收入、发出、结存数量与金额。存货购进增加时，随时借记各有关存货账户；存货销售或耗用减少时，也随时贷记各有关存货账户。这样，通过存货账簿资料，可以完整地、系统地反映存货的收入、发出和结存情况。有了存货明细账，一方面可据以同存货总分类账相互核对，即账账核对，以保证它们之间在数量上和金额上的勾稽关系，增强存货核算的正确性；另一方面也便于存货计划的管理与控制。正常情况下，存货账户的贷方发生额合计数便是本期存货的销货成本或耗用成本，而借方余额则是期末库存存货的实际成本。

在永续盘存制下，为验证存货明细账记录的正确性，仍须对存货定期或不定期地进行实地盘点，核对账面数和实有数是否相符。若不相符合，应根据具体情况作相应会计处理。

永续盘存制的最大优点是有利于加强对存货的管理。由于设置存货明细账，能随时反映出各个品种规格存货的收入、发出和结存情况，因而可同时在数量与成本两个方面进行监督与控制，具有内在的检查作用。存货明细账的账面结存数还可通过定期或不定期的盘点与实有数进行核对，当发生库存溢余或短缺时便于查明原因，及时处理。另外，存货的账面结存数可以随时与预定的最高和最低库存限额数进行比较，以反映存货是否过多或不足的资料，便于及时组织存货的增购或泄减，加速资金周转。采用永续盘存制，企业平时每月可以不进行实物盘点即可编制利润表，只是在1年或半年进行一次实物盘点以检验永续盘存制记录的准确性。该方法的最大缺点是存货日常核对工作量大，尤其是存货品种规格繁多的企业，如果采用月末一次结转销售（耗用）成本的方法，则库存存货成本和销售（耗用）成本的计算工作更是比较集中，需要花费更多的人力和费用。

永续盘存制虽能克服定期盘存制的某些不足，但由于核算工作量太大，发生记账错误在所难免；再者，存货在收发过程中人为原因造成的损失也间或有之。事实上，常见的做法是把两种盘存制结合起来，使之优势互补。在永续盘存制的基础上，定期或不定期进行实地盘点。通过实地盘点，若发现账实不符，即可在查明原因后将其账面记录调整为实有数，以保证二者一致。

3．两种盘存制的会计处理

定期盘存制和永续盘存制的会计处理方法不尽相同。在账户设置上，如采用定期盘存制，除“存货”账户外，还须设置“材料采购”等账户，以反映存货的购入业务；如采用永续盘存制，则直接通过“存货”账户或“原材料”等账户反映存货的收入、发出及结存情况。表3-1说明两种盘存方法对同一组经济业务的不同会计处理方法。

表3-1　两种盘存制下存货的会计处理

经济业务	定期盘存制	永续盘存制
1. 以银行存款购入商品500元	借：购货500 贷：银行存款500	借：存货500 贷：银行存款500
2. 售出该商品一批，成本400元，收到货款600元	借：银行存款600 贷：营业收入600（存货发出不作会计处理）	借：银行存款600 贷：营业收入600 借：营业成本400 贷：存货400
3. 期末盘存，该商品库存余额为50元，并结转成本	借：营业成本500 贷：购货500 借：存货50 贷：营业成本50	借：待处理财产损溢50 贷：存货50
毛利	600-（500-50）=150	600-400=200

由表3-1可知，在永续盘存制下，通过“存货”账户的核算，本期存货收入、发出及结存信息可在总账或有关明细账上直接得到，其期末余额也可由下式计算得出：

期末存货余额 = 期初存货余额 + 本期购入 − 本期发出

=（200+500—400）元 =300 元

在定期盘存制下，存货增加时虽有相应账户反映其变化，但销售或耗用时却不能像永续盘存制那样立即结转销货或耗用成本，须待期末对存货盘点后才能作出存货的增减变动及销货或耗用成本的结转，其销货或耗用成本计算公式如下：

销货（耗用）成本 = 期初存货 + 本期购入 – 期末存货盘存金额

两种盘存制度除会计处理方法有所不同外，由表 3–1 可以发现，其毛利亦各不相同。定期盘存制下的毛利比永续盘存制下的毛利少 50 元。其原因在于定期盘存制将非销售（耗用）的存货成本 50 元挤进了营业成本，而永续盘存制则将非销售（耗用）损失，即盘亏数先行记入“待处理财产损溢”账户，待查明原因后再作处理。

二、取得存货的计量

1. 外购存货的成本

企业外购存货主要包括原材料和商品。外购存货的成本即存货的米购成本，包括购买价款、相关税费、运输费、装卸费、保险费以及其他可归属于存货采购成本的费用。

（1）购买价款

作为存货价值主要组成部分的购买价款，是指企业购入的材料或商品的发票账单上列明的价款，不包括按规定可以抵扣的增值税额。在发生购货折扣的情况下，购货价格指已扣除商业折扣但包括现金折扣的金额。

（2）相关税费

相关税费是指企业购买、自制或委托加工存货发生的进口关税、消费税、资源税和不能从销项税额中抵扣的增值税进项税额等。与存货相关的流转税金，其征收方法包括价内税和价外税两种。消费税、资源税等属于价内税，其税金已经包含在企业所购进存货的购货价格中，所以理应作为存货的成本。目前我国只有增值税执行价外征收方法，包括以下几种情况：

1）对一般纳税人企业，凡取得增值税专用发票或海关完税证明的，所采购物资支付的增值税不计入所购物资的采购成本，而作为进项税额单独核算；用于非应交增值税项目或免交增值税项目的，以及未能取得增值税专用发票或海关完税证明的，其支付的增值税计入所购物资的采购成本。

2）对小规模纳税人企业，无论是否取得增值税专用发票或海关完税证明，其所购物资所支付的增值税一律计入所购物资的采购成本。

3）对一般纳税人企业所采购的农产品，允许按照买价 13% 的扣除率计算进项税额，单独核算并准予抵扣。企业应按扣除这部分进项税额后的价款计入所购物资的采购成本。

4）对一般纳税人企业收购废旧物资不能取得增值税专用发票的，根据经税务机关批准使用的收购凭证上注明的收购金额，允许按其10%的扣除率计算进项税额，单独核算并准予抵扣。企业应按扣除这部分进项税额后的价款计入所购物资的采购成本。

按现行税法规定，购进货物和销售货物所付运输费，允许按照运输费金额和7%的扣除率计算进项税额，单独核算并准予抵扣。在购进存货过程中所发生的运输费，其不能抵扣的部分作为存货的采购成本。

（3）其他可归属于存货采购成本的费用

指采购成本中除上述各项以外可直接归属于存货采购成本的费用，如在存货采购过程中发生的仓储费、包装费、运输途中的合理损耗、入库前的挑选整理费用等。其中入库前的挑选整理费用，包括挑选整理人员的工资及有关费用支出，以及挑选整理过程中的在扣除残料价值后的合理损耗。上述这些费用能分清负担对象的，直接计入该存货的采购成本；不能分清负担对象的，应选择合理的分配方法，如按所购存货的重量比例或采购价格比例等，分配计入有关存货的采购成本。

对于采购过程中所发生的物资毁损、短缺等，除运输途中的合理损耗（指企业与供应单位、外部运输机构事先签订协议，规定货物在运输途中允许发生的损耗）应当作为存货的其他可归属于存货采购的费用计入采购成本外，应区别以下不同的情况进行处理：①向供应单位、外部运输机构等收回的物资短缺或其他赔偿，应冲减所购物资的采购成本；②因遭受意外灾害发生的损失和尚待查明原因的途中损耗，不得增加物资的采购成本，应暂作为待处理财产损溢进行核算，查明原因后再作处理。

至于采购人员的旅差费、专设采购机构的经费、非大宗材料的市内运费、企业内物资供应部门和仓库的经费，除另有规定外，一般不包括在存货的采购成本内。

商品流通企业在采购商品过程中发生的运输费、装卸费、保险费以及其他可归属于存货采购成本的费用等进货费用，应计入所购商品成本。会计实务中，企业也可以将上述进货费用先行归集，期末再按照所购商品的销售情况予以分摊P对于已售商品所分摊的进货费用，计入主营业务成本；对于未售商品所分摊的进货费用，计入期末存货成本。商品流通企业采购商品的进货费用金额较小的，也可在发生时直接计入当期销售费用。

2. 加工取得存货的成本

企业加工取得存货主要包括产成品、在产品、半成品、委托加工物资等。其成本主要由采购成本和加工成本所构成，某些存货还包括使存货达到目前场所和状态所发生的其他成本，如可直接认定的产品设计费用等。

加工取得存货的采购成本是指所加工存货使用或消耗的原材料的采购成本。加工成本是指将原材料形式的存货转化为产成品形式的存货过程中所追加发生的生产成本，由直接人工以及按照一定方法分配的制造费用两部分构成，不包括直接由原材料存货转移过来的价值。直接人工是指企业在产品生产过程中，直接从事产品生产的工人的职工薪酬；制造费用是指企业为生产产品和提供劳务而发生的各项间接费用。

在同一生产过程中，同时生产两种或两种以上的产品，并且每种产品的加工成本不能直接区分的，其加工成本应当按照合理的方法在各种产品之间进分配。

3. 其他方式取得存货的成本

其他方式主要包括接受投资者投资、非货币性资产交换、债务重组、企业合并等。

（1）投资者投入存货的成本

对于投资者投入的存货，如果投资合同或协议约定的价值是公允的，则按其确定的金额计价；如果投资合同或协议约定价值不公允，则按照该项存货的公允价值作为入账价值。

（2）通过非货币性资产交换、债务重组、企业合并等取得存货的成本

通过非货币性资产交换、债务重组、企业合并等取得的存货，其取得成本在其他章节或高级财务会计课程中介绍。

（3）盘盈存货的成本

盘盈存货的成本应按其重置成本作为入账价值，并通过“待处理财产损溢”账户进行会计处理，按管理权限报经批准后冲减当期管理费用。

4. 不计入存货成本的相关费用

需要注意的是，在确定存货成本的过程中，下列费用不应当包括在存货成本中，而应当在发生时确认为当期费用。①非正常消耗的直接材料、直接人工及制造费用，如因自然灾害而发生的直接材料、直接人工及制造费用，因为这些费用的发生无助于使该存货达到目前场所和状态。②仓储费用，指企业在采购入库后发生的仓储费用，通常应计入当期损益。但在生产过程中为达到下一个生产阶段所必需的仓储费用则应计入存货成本，如某种酒类产品生产企业为使其生产的酒达到规定的产品质

量标准而必须发生的仓储费用。③不能归属于使存货达到目前场所和状态的其他支出因不符合存货的定义和确认条件，不得计入存货成本。

三、存货发出的计量

1．发出存货的计价方法

（1）个别计价法

个别计价法，又称个别认定法、具体辨认法、分批计价法，是以某种存货或某批存货收入时的实际成本作为该种存货或该批存货发出时的实际成本的一种方法。这种方法注重存货成本流转与实物流转之间的联系，即按每一种或每一批存货的原始实际成本直接作为计算发出存货成本和期末存货成本的基础。

采用个别计价法必须具备两个条件：一是库存和发出存货所依据的收货单据或批别，必须是可以具体辨别认定的；二是必须为每一存货设置详细的记录，以反映每一个别或每一批别存货的具体情况。这种方法看似理想，计算结果也精确，无论在定期盘存制还是在永续盘存制下均可适用，且计算结果相同，但实际操作复杂、困难较大。而且，由于各批存货入库单价不一致，这种方法极易被利用来操纵利润，如高价售出低成本物品。另外，这种方法太过于注重强调存货成本流动与其实物流动的一致性，而会计的重心则在于反映存货的价值流动。

个别计价法适用于一般不能替代使用的存货，以及为特定项目专门购入或制造的存货，如珠宝、名画等贵重物品。

（2）月末一次加权平均法

月末一次加权平均法，是指以当月全部进货数量和月初存货数量之和作权数，去除当月全部进货成本和月初存货成本之和，以平均计算单位存货成本的一种方法。其计算公式如下：

$$存货加权平均单价=\frac{月初库存存货的实际成本+本月收入存货的实际成本}{月初库存存货的数量+本月收入存货的数量}$$

按表 3–2 资料，采用月末一次加权平均法确定该项存货的加权平均单价为：

$$加权平均单价=\frac{2000+8400+6600+4600}{10+40+30+20}元=216元$$

采用月末一次加权平均法，月内发出的存货平时只登记数量不登记金额，待月末计算出加权平均单价后再填列发出存货的金额合计数。在将其与存货现行成本比较时，两者间有一定差额，当物价上涨时加权平均成本将会低于现行成本，当物价下降时加权平均成本将会超过现行成本，因而对物价上涨或下跌有一定的抑制作用。

这种方法计算简单，应用方便，但日常不能提供发出和结存存货的单价及金额，不利于加强对存货的管理，适用于定期盘存制。

表3-2　先进先出法

年		收入			发出			结存		
月	日	数量/千克	单价/（元/千克）	金额/元	数量/千克	单价/（元/千克）	金额/元	数量/千克	单价/（元/千克）	金额/元
8	1							10	200	2000
	5	40	210	8400				10 40	200 210	2000 8400
	8				10 20	200 210	2000 4200	20	210	4200
	16	30	220	6600				20 30	210 220	4200 6600
	24				20 20	210 220	4200 4400	10	220	2200
	31	20	230	4600				10	220	2200
								20	230	4600

（3）移动加权平均法

移动加权平均法是在每收入一次存货后，就根据库存存货数量和总成本计算出新的平均单位成本的一种方法。其计算公式如下：

$$存货移动加权平均单价=\frac{本次进货前库存存货总成本+本次收入存货实际成本}{本次进货前库存存货数量+本次收入存货数量}$$

本次发出存货实际成本 = 本次发出存货数量 × 存货移动加权平均单价

前例按移动加权平均法计算的结果如表3-3所示。

采用移动加权平均法时，每次进货后都要计算一次平均单价，虽然工作量加大，但能及时从账面上反映出存货最新的平均单位成本。该方法具有与月末一次加权平均法同样的缺陷，但没有那么明显，适用于永续盘存制。

上述两种“平均法”通过加权平均单价来确定存货的发出成本和库存成本，既与月末购货成本有关，也与月初库存成本和本月早些时候的购货成本有关。因此，在市场价格上涨时，加权平均价格低于市场同类存货的单位现价；在市场价格下跌时，它反过来又高于市场同类存货的单位现价。这对于企业损益计算和存货价值的揭示是比较客观的，不失为一种较好的备选方法。这种方法对进货批次较多、数量较大而批次单价差异不大的企业较为适用。

表3–3　移动加权平均法

年		收入			发出			结存		
月	日	数量/千克	单价/（元/千克）	金额/元	数量/千克	单价/（元/千克）	金额/元	数量/千克	单价/（元/千克）	金额/元
8	1							10	200	2000
	5	40	210	8400				50	208	10400
	8				30	208	6240	20	208	4160
	16	30	220	6600				50	215.20	10760
	24				40	215.20	8608	10	215.20	2152
	31	20	230	4600				10	220	2200
								30	225.07	6752

（4）先进先出法

先进先出法是依据先收到的存货先发出（销售或耗用）这种假定的存货实物流转顺序对发出存货成本和期末结存存货成本计价的一种方法，即存货的成本流转顺序与其实物流转顺序相一致，先收到的存货的成本在后收到的存货的成本之前转出，并据以计算发出存货成本和结存存货成本。

采用先进先出法，在收到存货时，应逐笔登记每批存货的数量、单价和金额；在发出存货时，按照先进先出的原则计价，并逐笔登记发出存货的数量、单价和金额，以及结存存货的数量、单价和金额。举例见表 4–2 所示。

表 3–2 是以永续盘存制为基础编制的，若以定期盘存制为基础，求得的期末结存存货成本也是一样的。

在先进先出法下，存货成本流转较为接近存货的实物流转。这种计价方法的特点是使企业无法任意挑选存货单价来操纵当期利润。从资产计价角度来看，由于期末库存存货按后期进货单价计价，其实际成本与该种存货的现行成本较为接近，因而资产负债表中的存货成本能较好地反映存货的实际价值。但从利润确定角度来看，由于反映在利润表上的毛利是以较早的存货成本与当前营业收入相配比，不能正确反映当期利润。在物价持续上涨情况下，因期末库存存货按后期进货单价计算，而本期发出存货按早期进货单价计算，必然会压低发出存货成本，高估库存存货价值，虚增当期利润，不利于资本的保全。

（5）后进先出法

后进先出法的假定与先进先出法恰好相反，它是依据后收到的存货先发出（销售或耗用）这种假定的存货实物流转顺序对发出存货成本和期末结存存货成本计价的一种方法，即存货的成本流转顺序与其实物流转顺序完全相反，后收到的存货的成本在先收到的存货的成本之前转出，并据此计算发出存货的成本和期末库存存货成本。

采用后进先出法，发出的存货按最近进货的那批存货的单价计价。如果发出存货的数量大于存货中最近一批进货的数量，其超过的部分依次按前一批进货的单价计价。举例如表 3–4 所示。

表3–4　后进先出法（永续盘存制）

年		收入			发出			结存		
月	日	数量/千克	单价/（元/千克）	金额/元	数量/千克	单价/（元/千克）	金额/元	数量/千克	单价/（元/千克）	金额/元
8	1							10	200	2000
	5	40	210	8400				10 40	200 210	2000 8400
	8				30	210	6300	10 10	200 210	2000 2100
	16	30	220	6600				10 10 30	200 210 220	2000 2100 6600
	24				30 10	220 240	6600 2100	10	200	2000
	31	20	230	4600				10 20	200 230	2000 4600

表 3–4 是以永续盘存制为基础编制的。若以定期盘存制为基础，求得的发出存货成本与期末库存存货成本如表 3–5 所示。

在后进先出法下，难以找到与其成本流转顺序假设相似的实物流转顺序，这种计价方法的特点同样是使企业无法任意挑选存货单价来操纵当期利润。从资产计价角度来看，由于期末库存存货都按早期进货单价计价，其实际成本与该种存货的现行成本差距较大，反映在资产负债表上的存货是较早的进价，缺乏现实意义，也使财务分析受到相当大的影响。但从利润确定角度来看，由于以最近的进货成本与最近的营业收入相配比，从而能正确地反映当期利润。在物价持续上涨情况下，因期末库存存货成本按早期进货单价计算，而本期发出存货按最近进货单价计算，必然会抬高发出存货成本，低估期末库存存货价值，压低当期税前利润，减少当期应纳所得税，这在一定程度上也起到了资本保全的作用，符合谨慎性原则的要求。鉴于后进先出法理论上的缺陷，会计实务中不允许采用后进先出法。

表3–5　后进先出法（定期盘存制）

年		收入			发出			结存		
月	日	数量/千克	单价/（元/千克）	金额/元	数量/千克	单价/（元/千克）	金额/元	数量/千克	单价/（元/千克）	金额/元
8	1							10	200	2000
	5	40	210	8400				50		
	8				20 10	230 220	4600 2200	20		
	16	30	220	6600				50		
	24				20 20	220 240	4400 4200	10		
	31	20	230	4600				10 20	200 210	2000 4200

值得注意的是，采用何种存货计价方法是企业的重要会计政策，不同的存货计价方法对企业经营绩效会产生不同的影响。通常对于性质和用途相同的存货，应当采用相同的成本计算方法确定发出存货的成本。发出存货计价方法一经确定，不得任意修改。因情况变化需要更改发出存货计价方法时，须在财务情况说明书中阐明变更原因以及变动后对财务报表的影响。

3．存货的简化核算方法

（1）计划成本法

在采用加权平均法计价时，按加权平均单价或移动加权平均单价计算库存存货成本；在采用先进先出法计价时，库存存货按临近结存时所收入的各批存货的单位成本计价，库存存货成本接近期末存货价格水平；在采用后进先出法计价时，库存存货按期初所收入的各批存货的单位成本计价，库存存货成本接近期初存货价格水平。

上述按照存货的实际成本计价核算存货的收发动态与结存价值，能够如实地反映存货资金的动态和占用情况，并能较准确地计算存货的销售（耗用）成本。但是，如果企业存货品种规格繁多，收发业务频繁，存货购入成本又经常变动，按实际成本计价无疑使计算工作量加大，尤其是计算工作集中于会计期末，难免会影响核算与提供信息的及时性。为简化会计处理手续，加强存货管理，提高会计信息的质量，对这类企业可采用计划成本计价。存货计划成本计价构成的内容应与存货实际成本计价保持范围相同。

计划成本法，是指存货的收入、发出和结存都按企业事先制定的计划成本计算，同时将其实际成本与计划成本的差额另行设置差异账户来反映，待期末再将发出存货和期末结存存货的计划成本调整为实际成本的方法。其调整公式为：

$$实际成本 = 计划成本 \pm 成本差异$$

1）制定存货单位成本

企业采用计划成本法核算存货时，首先应当制定科学合理的计划单位成本。企业存货计划成本所包含的内容应与存货实际成本的内容相一致。企业应根据正常的供需条件，结合各种存货近期的市场价格水平和技术状况，以及供应单位所在地的远近等因素确定可直接归属于存货采购的运杂费和合理的途中损耗率，制定计划成本，并列入存货目录中。所制定的存货计划成本应尽可能地接近其实际成本。

2）取得存货时计算其成本差异

企业取得存货时，将其实际成本与计划成本进行比较，计算出成本差异。存货实际成本与计划成本之间的差异称为材料成本差异。如果该批存货的实际成本大于计划成本，称为不利差异或超支差异；如果该批存货的实际成本小于计划成本，称为有利差异或节约差异。材料成本差异的计算公式如下：

$$材料成本差异 = 该批存货的实际成本 - 计划成本$$

在会计实务中，该材料成本差异通常在存货验收入库时记录。

3）存货发出时，按计划成本确定其成本

材料成本差异因存货入库而形成，也应随存货的发出而转出，并随存货计划成本转入有关账户。期初库存存货的材料成本差异和当期形成的材料成本差异，应当在当期发出存货和期末库存存货之间加以分摊。属于发出存货应负担的成本差异，应随其计划成本从“材料成本差异”账户转入有关账户；属于期末库存存货应负担的成本差异，仍在“材料成本差异”账户中予以保留，作为存货的调整项目。库存存货的计划成本加上不利差异或减去有利差异后，即为期末库存存货的实际成本。

4）结转成本差异

成本调整一般在月末进行，首先计算全月材料成本差异额和成本差异率，然后根据成本差异率调整发出存货和库存存货的计划成本。差异率计算公式如下：

$$本月材料成本差异率=\frac{月初结存存货的成本差异+本月收入存货的成本差异}{月初结存存货的计划成本+本月收入存货的计划成本}\times 100\%$$

公式分子中，不利差异用正号（“+”）表示，有利差异用负号（“-”）表示，并且本月收入存货的计划成本中不包括暂估入账存货的计划成本。

本月发出存货应负担的成本差异可计算如下：

发出存货应负担的成本差异额 = 本月发出存货的计划成本 × 材料成本差异率

企业必须按月分摊材料成本差异，将已发出存货的计划成本调整为实际成本，不得在季末或年末一次计算。本月发出存货应负担成本差异理所当然应以本月材料成本差异率计算，所调整结果也比较准确。但遗憾的是，本月材料成本差异率必须等到月末才能计算，无法在月内调整差异，以随时了解材料的发出成本。因此，如果各月材料成本差异率变化不大，实务中也可采用上月材料成本差异率调整发出存货计划成本应负担的成本差异。其计算公式如下：

$$上月材料成本差异率=\frac{月初库存存货的成本差异}{月初库存存货的计划成本}\times 100\%$$

按上月材料成本差异率计算，虽然结果不太符合实际，但可提高核算的及时性。为了正确计算存货的成本差异，必须严格按规定计算差异分配率和进行差异的分配，不能有意增大或减小成本差异，多摊或少摊成本差异。材料成本差异率的计算方法一经确定，不得随意变更，以免影响产品成本计算的正确性。如需变更，应在会计报表附注中予以说明。

企业应按照存货的类别或品种，如原材料、包装物、低值易耗品等，对材料成本差异进行明细核算，不能使用一个综合差异率来分摊发出存货和库存存货应负担的材料成本差异。

（2）毛利率法

在永续盘存制下，通常在会计年度终了时须对存货实物进行盘点清查，以验证会计记录的正确性，做到账实相符。但在某些情况下，不可能或不必要对存货进行全面盘点清查，这时就需要通过估计的方法来确定期末存货成本。常用的存货成本的估计方法有毛利率法和零售价法两种。值得注意的是，存货成本的估计方法只是对存货价值的近似估计，其估计结果不能用以替代对存货实物盘点和实际成本计价。因此，估计的结果不能用于财务报告。

毛利率法是指运用以前年度或估计的毛利率估计本期销售成本和期末存货的一种存货估计方法。毛利率是指销售毛利占销售净额的比率，其公式可表示为

$$毛利率=\frac{销售毛利}{销售净额}=\frac{销售净额-销售成本}{销售净额}$$

由上式可推导出销售成本：

销售成本 = 销售净额 – 销售毛利 = 销售净额 ×（1– 毛利率）

因而，有期末存货成本 = 期初存货成本 + 本期增加存货成本—销售成本 = 期初存货成本 + 本期增加存货成本—销售净额 ×（1– 毛利率）

上式中，期初存货成本和本期增加存货成本在账簿资料中已作记录，因而只要确定了毛利率，就很容易推算本期销售成本和期末存货了。

例：扬子江批发商场 2018 年一季度 A 类商品的销售毛利率为 25%，假定该商场 4 月初 A 类商品结存成本为 210(8)元，本月购进 A 类商品成本为 40000 元，销售收入净额为 65000 元。

本期已销 A 类商品成本为

销售成本 =［65000×（1–25%）］元 =48750 元

期末结存 A 类商品成本为

期末存货成本 =（21000+40000–48750）元 =12250 元

运用毛利率法估计本期销售成本和期末存货成本，关键在于正确估计毛利率。通常情况下可采用上一期的实际毛利率作为估算的基础。倘若以前各期的毛利率波动较大，也可采用平均毛利率估算。同时，应考虑本期影响毛利率变动的因素拟作适当的调整。

毛利率法主要适用于那些无法及时计算出实际成本资料，而又需要对存货情况作出恰当估计的企业。如：①实行定期盘存制的商品流通企业，在提供中期财务报告时，因无法及时进行存货实物盘点，可以采用毛利率法估计；②企业会计资料如会计凭证、会计账簿、会计报表等发生毁损或遗失时，在补齐期初存货和本期增加的存货资料后，运用毛利率法估算期末存货和本期销售的存货；③审计人员在执行审计时，可以通过毛利率法估算分析期末存货和本期销售成本，并与企业会计报表中相应数据核对，检验其合理性；④企业在遭受自然灾害、意外事故造成财产损失时，可以运用毛利率法估算受灾损失程度，作为向保险公司索赔的依据。

（3）零售价法

零售价法是指利用期末存货的零售价格与购货成本之间的比例推算出期末存货成本的一种存货估计方法。具体操作步骤如下：

1）期初存货和本期购货同时按成本和零售价记录，以便计算可供销售的存货成本和售价总额。

2）本期销货只按售价记录，从本期可供销售的存货售价总额中减去本期销售的售价总额，计算出期末存货的售价总额。

3）计算存货成本占零售价的百分比，即售价成本率。

$$售价成本率=\frac{期初存货成本+本期购货成本}{期初存货售价+本期购货售价}\times 100\%$$

4）计算期末存货成本：

期末存货成本＝期末存货售价总额 × 售价成本率

5）计算本期存货销售成本：

本期销货成本＝期初存货成本＋本期购货成本－期末存货成本

例：汉桥百货大楼甲商品 2018 年 10 月份的期初存货成本为 100000 元，售价总额为 125000 元；本月份购货成本为 450000 元，售价总额为 675000 元；本期销售收入为 640000 元。

项目	成本	售价
期初存货	100000	125000
本期购货	450000	675000
可以销售商品	550000	800000

售价成本率 =550000/800000=68.75%

减：销售收入		640000
期末存货售价		160000

期末存货成本 =160000 × 68.75%=110000

本期销售成本　　　440000

零售价法适用于商品品种多、规格复杂、进销十分频繁的大型零售商店和超级市场。由于企业为便于顾客选购，各种商品均标有零售价格，因而可以先计算出按零售价表示的期初存货价值，然后根据售价成本率估算期末存货成本。零售价法的运用范围与毛利率法大致相同。

（4）售价金额法

售价金额法，是指以售价金额反映商品增减变动及结存情况的核算方法。它将商品核算方法与商品管理制度结合起来，故亦称为“售价记账，实务负责制”。

售价金额法下，“库存商品”总分类账及明细分类账一律按商品售价记账，另设置“商品进销差价”账户，单独反映商品售价与成本之间的差额，期末计算进销差价率和本期已销商品应分摊的进销差价，据以调整本期的商品销售成本。

$$进销差价率=\frac{期初库存商品进销差价+本期购入商品进销差价}{期初库存商品售价+本期购入商品售价}\times100\%$$

本期已售商品应分摊的进销差价 = 本期商品销售收入 × 进销差价率

本期销售商品实际成本 = 本期商品销售收入 – 本期已售商品应分摊的进销差价

售价金额法实质上是零售价法在会计实务中的具体运用，一般适用于商品零售企业。

例：接上例，要求采用售价金额法进行会计处理（假设不考虑增值税）。

①购进商品，结转入库商品成本时

借：库存商品　675000

　贷：商品采购　450000

　　商品进销差价　225000

②本期销售商品时

借：银行存款　640000

　贷：主营业务收入　640000

③结转已销商品成本

借：主营业务成本　640000

　贷：库存商品　640000

④计算进销差价率

（25000+225000）÷（125000+675000）=31.25%

本期已售商品应分摊进销差价 =640000 元 ×31.25%=200000 元

⑤冲转销售成本

借：商品进销差价　200000

　贷：主营业务成本　200000

本期销售商品实际成本 =（640000–200000）元 =440000 元

四、期末存货的计量

1．可变现净值的确定

成本与可变现净值孰低法中的可变现净值，不是存货的售价或者合同价格，而是存货的预计未来净现金流量，是指在日常活动中，存货的估计售价减去至完工时估计将要发生的成本、估计的销售费用以及相关税费后的金额。

（1）确定可变现净值应考虑的主要因素

企业在确定存货的可变现净值时，应当以取得的确凿证据为基础，并且考虑持有存货的目的、资产负债表日后事项的影响等因素。

1）确凿证据

“确凿证据”是指对确定存货成本和存货的可变现净值有直接影响的客观证明，前者如外来原始凭证、生产成本账簿记录等；后者如产成品或商品的市场销售价格、与产成品或商品相同或类似商品的市场销售价格、销售方提供的有关资料、生产成本资料等。

2）持有存货的目的

由于企业持有存货的目的不同，确定存货可变现净值的计算方法也不相同，如用于出售的存货和用于继续加工的存货，可变现净值的计算就不一样。①对持有以备出售的存货，如产成品、商品或可直接用于出售的材料，其可变现净值是指在正常生产经营过程中，以存货的估计售价减去估计的销售费用和相关税费后的金额确定。对有合同约定的存货，其估计售价按合同价格确定；对没有合同约定的存货，其估计售价按一般市场销售价确定。②将在生产过程或提供劳务过程中耗用的存货，如材料、在产品和自制半成品，其可变现净值是指在正常生产经营过程中，以存货的估计售价减去至完工时估计将要发生的成本、估计的销售费用以及相关税费后的金额。对有合同约定的存货，其估计售价按完工产品合同价格确定；对没有合同约定的存货，其估计售价按完工产品一般市场销售价确定。

3）资产负债表日后事项的影响

这些事项应能够确定资产负债表日存货的存在状况，即在确定资产负债表日存货的可变现净值时，不仅限于财务会计报告批准报出日之前发生的相关价格与成本波动，还应考虑以后期间发生的相关事项。

（2）可变现净值中估计售价的确定

企业在确定存货的估计售价时，应以资产负债表日为基准。但如果当月存货价格变动较大时，则应当以当月该存货平均销售价格或资产负债表日最近几次销售价格的平均数，作为其估计售价的基础。此外，还应区分下述情况确定其估计售价。

1）为执行销售合同或者劳务合同而持有的存货，通常应当以产成品或商品的合同价格作为其可变现净值的计量基础。

例：2017 年 9 月 5 日，企业与某公司签订了一份不可撤销的销售合同，约定于 2018 年 2 月 5 日以每台 240000 元的价格向该公司提供 F 型机器 10 台。2017 年 12 月 31 日该企业 F 型机器的账面价值（成本）为 1600000 元，数量 8 台，单位成本

200000 元。2017 年 12 月 31 日 F 型机器的市场销售价格为每台 230000 元。

分析：根据销售合同规定，该批 F 型机器的销售价格已由合同约定，并且其库存量小于销售合同约定的数量。因而，应以销售合同约定的价格 1920000（240000X8）元作为计量基础，即估计售价为 1920000 元。

例：2018 年 12 月 25 日，企业与某公司签订了一份不可撤销的销售合同，约定于 2019 年 3 月 25 日以每台 240000 元的价格向该公司提供 F 型机器 10 台。2018 年 12 月 31 日该企业还没有生产该批 F 型机器，但持有库存原材料——E 材料专门用于生产该批 F 型机器 10 台，其账面价值为 1160000 元，市场销售价格总额为 1000000 元。

分析：根据销售合同规定，该批 F 型机器的销售价格已由合同约定，该企业还未生产，但持有专门用于生产该批 F 型机器的原材料——E 材料，且可生产 F 型机器的数量不大于合同订购数量。因此，应以销售合同约定的 F 型机器的售价总额 2400000（240000 × 10）元作为计价基础，即估计售价 2400000 元。

2）如果企业持有存货的数量多于销售合同订购数量，超出部分存货的可变现净值应当以产成品或商品的一般销售价格（即市场销售价格）作为计量基础。

例：2016 年 9 月 5 日，企业与某公司签订了一份不可撤销的销售合同，约定于 2017 年 2 月 5 日以每台 240000 元的价格向该公司提供 F 型机器 10 台。2016 年 12 月日该企业 F 型机器的账面价值（成本）为 2880000 元，数量 12 台，单位成本 240000 元。2016 年 12 月 31 日 F 型机器的市场销售价格为每台 250000 元。

分析：根据销售合同规定，该批 F 型机器的销售价格已由合同约定，但其库存数量大于销售合同约定的数量。因而，对于销售合同约定数量（10 台）的 F 型机器的可变现净值应以销售合同约定的价格总额 2400000（240000 × 10）元作为计量基础，即估计售价为 2400000 元；对于超出部分（2 台）的 F 型机器的可变现净值应以一般销售价格总额 500000（250000 × 2）元作为计量基础，即估计售价为 500000 元。

3）如果企业持有存货的数量少于销售合同订购数量，实际持有与该销售合同相关的存货应以销售合同所规定的价格作为可变现净值的计量基础。如果该合同为亏损合同，则将其确认为预计负债。

4）没有销售合同约定的存货，但不包括用于出售的材料，其可变现净值应当以产成品或商品一般销售价格（即市场销售价格）作为计量基础。

例：2016 年 9 月 5 日，某企业 F 型机器的账面价值为 2000000 元，数量 10 台，单位成本 200000 元。2016 年 12 月 31 日，F 型机器的市场销售价格为每台 220000 元。企业没有签订与 F 型机器有关的销售合同。

分析：由于企业没有签订与F型机器有关的销售合同，因而F型机器的可变现净值应以一般销售价格总额2200000（220000×10）元作为计量基础，即估计售价为2200000元。

5）用于出售的材料等，应当以市场价格作为其可变现净值的计量基础。这里的市场价格是指材料等的市场销售价格。如果用于出售的材料存在销售合同约定，则按合同价格作为可变现净值的计量基础。

例：2017年，企业根据市场需求变化，决定停止生产F型机器。为减少不必要的损失，决定将专门用于生产F型机器的原材料——E材料全部出售。2016年12月31其账面价值（成本）为1800000元，数量10吨。据市场调查，E材料的市场销售价格为每吨120000元，同时可能发生销售费用及税金4000元。

分析：因企业已决定不再生产F型机器，因而该批E材料的可变现净值不能再以F型机器的销售价格作为其计量基础，而应按其出售的市场销售价格作为计量基础，即该批E材料的可变现净值为1196000（120000×10–4000）元。

2．材料存货的期末计量

对于材料存货应当区分以下两种情况确定其期末价值。这里的“材料”指原材料、在产品、委托加工材料等。

对于为生产而持有的材料等，如果用其生产的产成品的可变现净值高于成本，则该材料仍然应当按照成本计量。

例：2016年12月31日，某企业库存A材料的账面价值（成本）为2800000元，市场购买价格为2600000元，假设不发生其他购买费用；用A材料生产的B产品的可变现净值高于其成本。

分析：根据上述资料可知，2016年该企业A材料的账面价值高于其市场价格，而用其生产的B产品的可变现净值高于成本，即用A材料生产的最终产品此时并未发生价值减损。因而，即使A材料账面价值高于市场价格，也不应计提存货跌价准备，仍应按其成本2800000元列示于该企业2016年12月31日的资产负债表的存货项目中。

如果材料价格的下降表明产成品的可变现净值低于成本，则该材料应当按照可变现净值计量。

例：2016年12月31日，某企业库存C材料的账面价值（成本）为1500000元，市场购买价格为1400000元，假设不发生其他购买费用；由于C材料市场价格下降，市场上用C材料生产的D产品的销售价格也相应下降了10%。由此造成该企业生产的D产品的售价总额由3600000元降为3240000元，但生产成本仍为3300000元，将 C 材料加工成 D 产品尚需投入 1800000 元，估计销售费用及税金为 100000 元。

分析：根据上述资料，按下述步骤确定 C 材料的价值。

①计算用 C 材料所生产的 D 产品的可变现净值

D 产品的可变现净值 =D 产品估计售价 – 估计销售费用及税金

=（3240000–100000）元 =3140000 元

②将用 C 材料所生产的 D 产品的可变现净值与其成本比较

D 产品的可变现净值为 3140000 元，成本 3300000 元，即 C 材料价格下降，并且表明 D 产品的可变现净值低于成本，因此，C 材料应当按可变现净值计量。

③计算 C 材料的可变现净值，并确定其期末价值

C 材料的可变现净值 =D 产品的售价总额 – 将 C 材料加工成 D 产品尚需投入的成本 – 估计销售费用及税金 =（3240000–1800000–100000）元 =1340000 元

C 材料的可变现净值为 1340000 元，成本 1500000 元，因此，C 材料的期末价值应为其可变现净值 1340000 元，即 C 材料应以 1340000 元列示于该企业 2006 年 12 月 31 日的资产负债表的存货项目中。

3. 计提存货跌价准备的方法

（1）企业通常应当按照单个存货项目计提存货跌价准备。企业在计提存货跌价准备时一般应以单个存货项目为基础，即将每个存货项目的成本与其可变现净值逐一进行比较，取其低者确定该项存货的价值，如果成本高于可变现净值，则按其差额计提存货跌价准备。这就要求企业根据管理要求和存货的特点，明确规定存货项目的确定标准。这种方法尤其适合于会计电算化情况下采用。

（2）对于数量繁多、单价较低的存货，可以按照存货类别计提存货跌价准备。如果某一类存货数量繁多并且单价较低，企业可以按照存货类别计量成本与可变现净值，即按存货类别的成本总额与其可变现净值总额进行比较，取其低者确定该类存货的价值。

（3）与在同一地区生产和销售的产品系列相关，具有相同或类似最终用途或目的，且难以与其他项目分开计量的存货，可以合并计提存货跌价准备。存货具有相同或类似最终用途或目的，并在同一地区生产和销售，意味着存货所处的经济环境、法律环境、市场环境等相同，具有相同的风险和报酬，因而可以对该存货进行合并计提存货跌价准备。

表 3–6 分别列示在三种方法下存货价值的确定。

表3-6　存货的期末计量　　单位：元

存货项目	成本	可变现净值	存货计价的选择		
			逐项比较	分类比较	总额比较
A类存货					
甲	2400	2000	2000		
乙	1200	1800	1200		
合计	3600	3800		3600	
B类存货					
丙	5600	6800	5600		
丁	9800	8000	8000		
合计	15400	14800		14800	
总计	19000	18600	16800	18400	18600

4．成本与可变现净值孰低法的会计处理

（1）存货跌价准备的提取要求

资产负债表日，企业应当确定存货的可变现净值。对出现下列情形之一的，应考虑计提存货跌价准备：①该存货的市场价格持续下跌，并且在可预见的未来无回升的希望；②企业使用该项原材料所生产的产品的成本大于产品的销售价格；③企业因产品更新换代，原有库存原材料已不适应新产品的需要，而该原材料市场价格又低于其账面成本；④因企业所提供的商品或劳务过时或消费者爱好改变而使市场的需求发生变化，导致市场价格逐渐下跌；⑤其他足以证明该项存货实质上已经发生减值的情形。

存货存在下列情形之一者，通常表明存货的可变现净值为零：①已霉烂变质的存货；②已过期且无转让价值的存货；③生产中已不再需要，并且已无使用价值和转让价值的存货；④其他足以证明已无使用价值和转让价值的存货。

（2）存货跌价准备的账务处理

采用成本与市价孰低法时，如果期末存货成本低于其可变现净值，账上无须作任何调整，资产负债表中存货仍按期末账面价值反映；如果可变现净值低于成本，则需作相应的会计处理：一方面在资产负债表上将存货价值减至可变现净值；另一方面在利润表上确认存货跌价损失。会计实务中，对于期末存货可变现净值低于成本而形成的存货跌价损失有两种处理方法：直接转销法和备抵法。

直接转销法，指将存货跌价的损失直接从期末存货的价值中扣减，直接冲销“存货”账户，将期末存货成本调整为可变现净值，并将损失记入当期损益。这种方法要求在存货明细账中也要将单位成本调整为可变现净值，工作量较大，而且资产负债表也无法表述市价下跌对存货计价的影响。

备抵法，指将存货跌价损失不直接冲销“存货”账户，而另设“存货跌价准备”账户，以抵减存货价值，即在资产负债表中列为存货项目的减项予以反映的方法。这种方法的优点在于：一是不改变存货明细账记录，工作量小；二是资产负债表上可以揭示存货的成本和可变现净值两方面信息。

（3）存货跌价准备转回的处理

资产负债表日企业确定存货的可变现净值时，如果以前减记存货价值的影响因素已经消失，则减记的金额应当予以恢复，并在原已计提存货跌价准备的金额内转回，转回的金额计入当期损益。需要注意的是，上述“影响因素”不是指在当期造成存货可变现净值高于成本的其他影响因素。

例：A 公司按照“成本与可变现净值孰低”对期末存货计价。假设 20：16 年 12 月 31 日 S 材料的账面成本为 200000 元，由于市场价格下跌，预计可变现净值为 180000 元。

借：资产减值损失　　20000

　贷：存货跌价准备　　20000

2017 年 3 月 31 日，由于市场价格有所回升，使得该材料的预计可变现净值升为 192000 元，即可变现净值恢复了 12000 元，则应转回存货跌价准备 12000 元，即

借：存货跌价准备　　12000

　贷：资产减值损失　　12000

2017 年 6 月 30 日，由于市场价格进一步回升，使得该材料的预计可变现净值升为 5000 元，即可变现净值高于成本 15000 元，则应冲减存货跌价准备 15000 元，但该材料已提的存货跌价准备为 8000 元，所以只能冲减 8000 元，使其余额为零为限。

借：存货跌价准备　　8000

　贷：资产减值损失　　8000

期末对存货进行计量时，还应注意：①资产负债表日，如果同一项存货中一部分有合同价格约定、其他部分不存在合同价格的，应当分别确定其可变现净值，并与其相对应的成本进行比较，分别确定存货跌价准备的计提或转回的金额，由此计提的存货跌价准备不得相互抵消；②对于已售存货，应当将其成本结，转为当期损益，相应的存货跌价准备也应当予以结转。

期末编制财务报告时，应将“存货跌价准备”列示于资产负债表中，作为存货的抵减项目，以调整存货的账面价值。

虽然成本与可变现净值孰低法符合谨慎性要求，具有实际（历史）成本无可比拟的优点，但其局限性也是很明显的。首先，它与会计一致性要求是矛盾的，因为它既允许按成本计价，同时又允许按可变现净值计价。多种计量属性并存的结果，将导致企业利润建立在不同的计量属性上，歪曲了企业利润的确定。其次，该方法虽然使本期利润达到了“稳健”的目的，但无法使后期利润同样“稳健”。再次，存货可变现净值的确定也较为困难。

五、存货清查

1．存货清查方法

存货清查是企业财产清查的一项重要内容。企业或因管理不善，或因收发计量差错，或因记录登记错误等原因，往往出现账面记录和实物结存不一致的情况。因此，对于各种存货需要经常进行清查，确定存货数量，查明发生账物不符的原因，明确经济责任，以便作出适当的处理，改进管理，保证存货的安全和完整。存货应当定期盘点，每年至少盘点一次。

存货清查工作涉及面广、工作量大，应有领导、有组织地进行。盘点前应将各项存货收发业务全部登记入账并结出余额，使账账相符。清查时对库存存货一般采用定期盘存法，对于大堆、廉价和笨重的存货，也可采用技术测量方法，逐一清点各项存货的实有数量。盘点后，将实际盘存数与账面记录进行核对。发现实有数与账存数不符时，要确定盘盈或盘亏数额，在期末前查明原因，分清责任，并编制“存货盘点盈亏报告表”，全面反映存货盘盈、盘亏和毁损的数量与金额，按规定程序报送股东大会或董事会、经理（厂长）会议或类似机构审批。

2．存货清查结果的处理程序

存货清查结果的会计处理分为两个步骤：

一，在报经有关部门批准前，根据“存货盘点盈亏报告表”，按盘盈或盘亏、毁损存货的实际成本调整存货的账面价值，使存货账实相符，不处理盈亏资金；同时，将其计入“待处理财产损溢——待处理流动资产损溢”账户，报送有关部门批示。

二，经有关部门批示后，根据存货盘盈或盘亏、毁损的不同原因及处理结果，将待处理财产损溢分别结转到不同账户，以落实经济责任。

3．存货清查结果的会计处理

为了核算存货清查过程中查明的各项存货盘盈或盘亏、毁损等情况，企业应设置“待处理财产损溢”总账账户及“待处理流动资产损溢”明细账户。该账户具有双重性质。借方登记发生的各种财产物资的盘亏金额和批准转销的盘盈金额，贷方登记发生的各种财产物资的盘盈金额和批准转销的盘亏金额。该账户处理前的借方余额反映企业尚未处理的各种财产净损失；处理前的贷方余额反映企业尚未处理的各种财产的净溢余。期末，该账户处理后没有余额。

存货的盘盈或盘亏、毁损，应区分不同情况进行账务处理。

（1）存货盘盈的核算

企业盘盈的存货，多因企业日常收发计量或计算差错而引起，应及时办理存货入库手续，调整增加存货的实存数。同时，按同类或类似存货的市场价格作为实际成本记入“待处理财产损溢——待处理流动资产损溢”账户。在报经批准后转销待处理财产盘盈，冲减管理费用。

例：C 公司年终进行全面存货清查，盘盈材料 2000 元。

①盘盈时，根据“存货盘点盈亏报告表”

借：原材料　　2000

　贷：待处理财产损溢——待处理流动资产损溢　　2000

②报经上级批准后，冲减当期管理费用

借：待处理财产损溢——待处理流动资产损溢　　2000

　贷：管理费用　　2000

（2）存货盘亏或毁损的核算

企业盘亏的存货，应根据“存货盘点盈亏报告表”及时办理存货销账手续，调整减少存货的实存数。同时，按盘亏或毁损存货的实际成本记入“待处理财产损溢待处理流动资产损溢”账户。

对于购进的货物、在产品、产成品发生非正常损失引起盘亏存货应负担的增值税，也应一并转入“待处理财产损溢——待处理流动资产损溢”账户。另外，若存货按计划成本法核算，还须计算其成本差异，使待处理财产损溢账户反映其实际损溢。

在报经批准后，对不同原因造成存货的盘亏，作不同的会计处理：

1）属于计量收发差错和管理不善等原因造成的存货短缺，应先扣除残料价值、可以收回的保险赔偿和过失人赔偿，将净损失计入管理费用；

2）属于自然灾害或意外事故造成的存货毁损，应先扣除处置收入（如残料价值）、可以收回的保险赔款和过失人赔偿，将净损失计入营业外支出。

例：D 公司年终存货清查结果盘亏材料 3000 元，应向责任人索赔 400 元，应由保险公司赔偿 1200 元，自然灾害损失 600 元。

①盘亏时，根据“存货盘点盈亏报告表”

借：待处理财产损溢待处理流动资产损溢　　3000

　贷：原材料　　3000

②报经上级批准后

借：其他应收款　　1600

　　营业外支出　　600

　　管理费用　　800

　贷：待处理财产损溢——待处理流动资产损溢　　3000

4．存货信息的披露

企业应当在附注中披露与存货有关的下列信息：

（1）各类存货的期初和期末账面价值；

（2）确定发出存货成本所采用的方法；

（3）存货可变现净值的确定依据，存货跌价准备的计提方法，当期计提的存货跌价准备的金额，当期转回的存货跌价准备的金额，以及计提和转回的有关情况；用于债务担保的存货账面价值。

第二节　投资

一、投资的性质与分类

1．投资的特点

投资作为一项资产，有着其他资产所不具备的特点：

（1）投资是以让渡其他资产而换取的另一项资产。投资是一种资产交换结果的特殊表现形式，是企业在生产经营过程之外所持有的资产，如企业支付现金购买债券、股票，以固定资产、无形资产向其他单位投资以换取其他单位的股权等，即企业将所拥有的现金、固定资产、无形资产等让渡给其他单位使用，以换取对其他企业的债权或股权。与其他资产一样，被让渡的资产同样能为企业带来未来经济利益，即直接或间接地增加流入企业的现金或现金等价物的能力。

（2）投资所获得的经济利益非企业直接生产经营所产生。投资所获得的经济利益与其他资产为企业带来的经济利益在形式上有所不同。企业所拥有或控制的除投资以外的其他资产，为企业所带来的经济利益系自身生产经营活动直接产生。如商品流通企业的库存商品是为了转售而储备的，对其出售可直接为企业带来经济利益；再如工业企业所拥有的为生产产品而持有的固定资产，是为企业生产产品不可或缺的一部分，其为企业带来的经济利益可通过所生产产品创造的经济利益得以体现，虽然这种经济利益不是直接的。而投资性资产，一般需通过其他单位使用投资者投入的资产创造效益后分配取得，或通过投资改善贸易关系等达到获取利益的目的。

（3）某些投资，如在证券市场上进行的短期性质的股票或债券的买卖，是将现金投入证券交易所或其代理机构，通过证券买卖获取价差收益，这种收益实际上通过对购买证券的投资者投入的所有现金进行再次分配而获得的资本增值。

2. 投资的分类

（1）按投资性质分类

投资按投资性质分类，见表 3–7。

表 3–7　按投资性质分类

类别	主要内容
权益性投资	权益性投资，指为获取其他企业的权益或净资产所作的投资。其投资目的在于取得对其他企业的控制权或影响力。如对其他企业的普通股股票投资、为获取其他企业股权的联营投资等，即属于权益性投资。股票投资，指企业以购买股票的方式对其他企业的投资。股票是股份有限公司发给股东的股份凭证，并作为分配利润和剩余财产依据的一种有价证券。企业以投资者身份认购股票，从而成为股份有限公司的股东，有权按所认购股份的比例参与利润分配，获得相应股利
混合性投资	混合性投资，指既有权益性质又有债权性质的投资，常表现为混合性证券投资。如购买其他企业发行的优先股股票、可转换公司债券等，即属于混合性投资
债权性投资	债权性投资，指为取得对其他企业的债权所作的投资。其投资目的不是为了获取其他企业的剩余资产，而在于取得高于银行存款利率的利息，并保证按期收回本息。如购买公司债券、购买国库券等，即属于债权性投资。债券投资，指企业以购买债券的方式对其他企业的投资。债券是债务人向债权人出具的一种债务证明，它也是一种有价证券。企业购入债券，不仅可以到期收回本金，还可以按期获取规定的利息。企业所购人的债券，按发行者划分，可分为国家债券、金融债券和企业（公司）债券等。债券投资具有风险小、收益固定的特点

（2）按投资目的和企业风险管理要求分类

1）交易性金融资产

交易性金融资产，顾名思义，是指企业准备在近期内出售的金融资产。

2）持有至到期投资

持有至到期投资，指到期日固定，回收金额固定或可确定，且企业有明确意图和能动力准备持有至到期的非衍生金融资产。

3）可供出售金融资产

可供出售金融资产是指初始确认时即被指定为可供出售的非衍生金融资产。

4）长期股权投资

长期股权投资是指通过投出各种资产取得被投资企业股权且不准备随时出售的一种投资，其目的着眼于长远利益，欲控制其他在业务上相关联的企业。

交易性金融资产、持有至到期投资和可供出售金融资产属于企业的金融资产。在资产负债表中，“交易性金融资产”项目列示于流动资产内，“持有至到期投资”、“可供出售金融资产”和“长期股权投资”列示于非流动资产中。

二、交易性金融资产

1．交易性金融资产的取得

交易性金融资产的取得有多种方式，如购入的、投资者投入的、债务重组取得的、非货币性资产交换取得的等。本章仅以交易性股票、债券购入为主讨论其会计处理。

为了反映交易性金融资产的现值及其预计带来的收益情况，交易性金融资产应以公允价值反映，并详细记录每一交易性金融资产的成本及其价值变动。

交易性金融资产初始确认时，应按其公允价值计量，即交易性金融资产购入时，其入账成本就是该交易性金融资产的购买价格。相关交易费用直接计入当期损益。交易费用是指可直接归属于购买、发行或处置金融工具新增的外部费用。新增的外部费用是指企业不购买、发行或处置金融工具就不会发生的费用。交易费用包括支付给代理机构、咨询公司、券商等的手续费用和佣金及其他必要支出，不包括债券溢价、折价、融资费用、内部管理成本及其他与交易不直接相关的费用。

企业取得交易性金融资产所支付的价款中，如果包含已宣告但尚未发放的现金股利（不包括股票股利）或已到付息期但尚未领取的债券利息，则应单独作为应收股利或应收利息债权处理，记入“应收股利”或“应收利息”账户。

企业应设置“交易性金融资产”账户，核算企业为交易目的所持有的债券投资、股票投资、基金投资等交易性金融资产的公允价值。该账户可按交易性金融资产的类别和品种，设置“成本”、“公允价值变动”等明细账户进行明细分类核算。借方登记取得交易性金融资产的公允价值，贷方登记处置交易性金融资产时所结转的账面余额，期末借方余额反映企业期末持有的交易性金融资产的公允价值。

为了总括核算和监督企业购入分期付息、一次还本债券应收利息的增减变动和结存情况，应设置“应收利息”账户。借方登记应收利息的增加额，贷方登记实际收到的利息，期末借方余额表示已到期而尚未收回的债权性投资的利息。

为了总括核算和监督企业因权益性投资应收取的现金股利和应收取的其他单位分来的利润的增减变动和结存情况，应设置“应收股利”账户，借方登记应收股利或利润的增加额，贷方登记实际收到的现金股利或利润，期末借方余额表示尚未收回的权益性投资的现金股利或利润。

例：M 公司于 2017 年 1 月 1 日以银行存款 1020000 元（含已到付息期但尚未领取的利息 20000 元）从二级市场上购入 A 公司发行的债券，面值 100 万元，剩余期限为 2 年，票面年利率 4%，每半年付息一次，本金最后一次支付。另支付交易费用 30000 元。M 公司将其划分为交易性金融资产。

借：交易性金融资产——成本	1000000
应收利息——A 公司	20000
投资收益	30000
贷：银行存款	1050000

例：N 公司于 2016 年 7 月 9 日以银行存款 800000 元从二级市场上购入 B 公司发行的股票 100000 股，每股价格 8.5 元（含已宣告但尚未发放的现金股利 0.5 元），另支付交易费用 800 元。N 公司将其划分为交易性金融资产，且持有 B 公司股权后对 B 公司无重大影响。

借：交易性金融资产——成本	800000
应收股利——B 公司	50000
投资收益	800
贷：银行存款	850800

2．交易性金融资产持有期间现金股利和利息的处理

企业购入的有价证券，其收益通常由三部分构成：一部分是有价证券持有期间的收益，包括股票投资的股利收益和债券投资的利息收入；另一部分是有价证券持有期间因公允价值变动形成的利得或损失；还有一部分是处置时的收益或损失，即出售时转让价格与账面价值的差额。

准则规定，交易性金融资产持有期间被投资单位宣告发放的现金股利，或在资产负债表日按分期付息、一次还本债券投资的票面利率计算的利息，除取得时已记入应收项目的现金股利或利息外，应作为交易性金融资产持有期间所获得的投资收益，借记“应收股利”或“应收利息”账户，贷记“投资收益”账户。

交易性金融资产取得时实际支付的价款中包含的已宣告但尚未发放的现金股利，或已到付息期但尚未领取的债券利息，因属于在购买时暂时垫付的资金，是在投资

时所取得的一项债权，因此，在实际收到时冲减已记录的应收股利或应收利息。

例：M公司购入的债券A，于2017年1月10日收到A公司派发的债券利息20000元。

借：银行存款 20000

贷：应收利息——A公司 20000

上述例子中，N公司购入的股票B，于2016年7月18日收到B公司发放的现金股利50000元。

借：银行存款 50000

贷：应收股利——B公司 50000

上述例子中，M公司购入的债券A，于2017年6月30日确认该债券上半年利息20000元。

借：应收利息 A公司 20000

贷：投资收益 20000

3．交易性金融资产的期末计价

交易性金融资产以赚取差价为投资目的。为了使交易性金融资产能够如实反映预期给企业带来的经济利益以及交易性金融资产预期赚取价差的能力，在资产负债表日，应当按照当日各项交易性金融资产的公允价值对其账面价值进行调整。

资产负债表日，交易性金融资产公允价值高于其账面价值的差额应增加交易性金融资产的账面价值，同时确认公允价值变动收益，即借记“交易性金融资产——公允价值变动”账户，贷记“公允价值变动损益”账户；交易性金融资产公允价值低于其账面价值的差额应减少交易性金融资产的账面价值，同时确认公允价值变动损失，即借记“公允价值变动损益”账户，贷记“交易性金融资产——公允价值变动”账户。“公允价值变动损益”期末转入本年利润后无余额。

例：2017年6月30日，该债券的公允价值为1120000元。

借：交易性金融资产——公允价值变动 120000

贷：公允价值变动损益 120000

2016年12月31日该股票当日收盘价为每股7.6元。

借：公允价值变动损益 40000

贷：交易性金融资产——公允价值变动 40000

4．交易性金融资产的处置

企业因生产经营上的需要或决定投资于更有利的项目时，可以随时将所持有的有价证券在证券市场上转让或出售，以收回投资。交易性金融资产处置所实现的损益由前述后两部分组成，一是处置该交易性金融资产的转让价格与其账面价值的差额，二是原已作为公允价值变动损益入账的金额。上述两部分均应作为投资收益入账，以集中反映该交易性金融资产处置所实现的损益。

交易性金融资产处置时，按实际收到的金额借记“银行存款”等账户，按该交易性金融资产的成本贷记“交易性金融资产——成本”账户，按该交易性金融资产的公允价值变动借记或贷记“交易性金融资产——公允价值变动”账户，按转让价格与该交易性金融资产的账面价值的差额借记或贷记“投资收益”账户。同时，还应将该交易性金融资产的公允价值变动转出，借记或贷记“公允价值变动损益”账户，贷记或借记“投资收益”账户。

部分处置交易性金融资产时，其账面价值以及原已计入公允价值变动损益的金额，均应按处置部分交易性金融资产占该交易性金融资产的比例计算。

例：M公司2017年9月30日转让所购入A公司全部债券，取得价款1150000元（含一季度利息10000元）。假定不考虑其他因素。

借：银行存款　　1150000
　　公允价值变动损益　　120000
　　贷：交易性金融资产——成本　　1000000
　　　　　　　　　　——公允价值变动　　120000
　　　　投资收益　　150000

例：N公司于2017年2月8日出售：B公司60%的股份，每股售价8.20元。假设不考虑其他因素。

借：银行存款 492000
　　交易性金融资产——公允价值变动　　24000
　　贷：交易性金融资产——成本　　480000
　　　　公允价值变动损益　　24000
　　　　投资收益　　12000

三、持有至到期投资

1. 持有至到期投资的初始计量

持有至到期投资初始确认时，应按取得时的公允价值和相关交易费用之和，即实际支付的价款作为初始确认金额。支付的价款中所包含的已到付息期但尚未领取的债券利息，应作为一项短期债权，通过“应收利息”账户单独核算，不构成债券的初始投资成本。

对一次还本付息债券，如果实际支付的价款中包含尚未到期的债券利息，则构成持有至到期投资的初始投资成本，应在“持有至到期投资——应计利息”明细账户单独核算；对分期付息、一次还本债券，如果实际支付的价款中包含尚未到期的债券利息，同样构成持有至到期的初始投资成本，也在“持有至到期投资应计利息”明细账户中单独核算，待该项利息实质上形成一项债权时，再转入“应收利息”账户。

上述“已到付息期但尚未领取的利息”是指购人分期付息、一次还本债券时实际支付的价款中包含的自发行日或付息日起至购买日之间分期付息的利息；“尚未到期的债券利息”是指购人到期一次还本付息债券时实际支付的价款中包含的自发行日起至购买日止的利息，以及购人分期付息、一次还本债券时实际支付的价款中包含的自购买日前一个付息日起至购买日止的利息。

为了总括核算和监督企业持有至到期投资的摊余成本，企业应设置“持有至到期投资”账户，并按持有至到期投资的类别和品种，下设“成本”、“利息调整”和“应计利息”明细账户进行明细分类核算。“成本”明细账户核算持有至到期投资的面值；“利息调整”明细账户核算持有至到期投资各期对利息调整的金额；“应计利息”明细账户核算未到付息期的债券利息。

2. 持有至到期投资的后续计量

（1）持有至到期投资溢折价的确认

投资者投资债券时有三种购买方式：面值购入、溢价购入和折价购入。

对按票面价值购入债券，即购入价格等于票面价值，称为按面值购入或平价购入。

对按溢价购入债券，即购入价格高于票面价值，称为溢价购人。所谓溢价，是指当债券的票面利率高于市场利率时，由于债券发行公司每期实际支付给投资者的利息高于按市场利率应付的利息，因此公司必然按高于债券面值的价格出售债券，于是发生溢价。债券溢价对债券发行公司而言，是为以后各期多付利息而预先收取的补偿；对投资者而言，则是为以后各期多得利息而预先付出的代价。

对按折价购入债券，即购入价格低于票面价值，称为折价购入。所谓折价，是指当债券的票面利率低于市场利率时，由于债券发行公司每期实际支付给投资者的利息低于按市场利率应付的利息，因此公司必然按低于债券面值的价格出售债券，于是发生折价。债券折价对债券发行公司而言，是为以后各期少付利息而预先付出的代价；对投资者而言，则是对以后各期少得利息而预先求得的补偿。

（2）实际利率法

企业应当采用实际利率法，按摊余成本对持有至到期投资进行后续计量。实际利率法，是指按照金融资产或金融负债（含一组金融资产或金融负债）的实际利率计算其摊余成本及各期利息收入或利息费用的方法。这里所说实际利率，是指将金融资产或金融负债在预期存续期间或适用的更短期间内的未来现金流量，折现为该金融资产或金融负债当前账面价值用的利率。在确定实际利率时，应当在考虑金融资产或金融负债所有合同条款的基础上预计未来现金流量，但不应当考虑未来信用损失。金融资产或金融负债合同各方之间支付或收取的、属于实际利率组成部分的各项收费、交易费用及溢价或折价等，应当在确定实际利率时予以考虑。金融资产或金融负债的未来现金流量或存续期间无法可靠预计时，应当采用该金融资产或金融负债在整个合同期内的合同现金流量。

金融资产或金融负债的摊余成本，是指该金融资产或金融负债的初始确认金额经下列调整后的结果：①扣除已偿还的本金；②加上或减去采用实际利率法将该初始确认金额与到期日金额之间的差额进行摊销形成的累计摊销额；③对金融资产，扣除已发生的减值损失。

（3）持有至到期投资收益与摊余成本

持有至到期投资收益的主要来源是利息收入。利息收入与应计利息是两个不同的概念。"应计利息"是一法律观念，即到期名义上所取得的利息，必须按债券面值与票面利率二者的乘积予以计算；"利息收入"是一经济观念，即到期实际上所取得的利息，须对名义上的"应计利息"经过溢折价的调整而得。对债券溢折价的调整有两种方法，即直线法与实际利率法。

1）直线法摊销溢折价

直线法是指将持有至到期投资的溢价或折价在债券购买日至到期前的期间内平均摊销的一种方法。采用直线法摊销，在债券的各个计息或付息期以相等的金额转销债券的溢价或折价，并同时冲减或增加利息收入，以对利息收入进行调整。

对溢价：每期利息收入 = 每期应计利息 – 每期应摊销溢价

对折价：每期利息收入 = 每期应计利息 + 每期应摊销折价

直线法的特点是各期溢折价摊销额相同，因而各期利息收入相等。但由于随着溢折价的摊销，债券投资成本在不断变化，因而各期的投资收益率也在改变。虽然直线法能够简化计算工作，但在一项投资业务中各期投资收益率不同，难以客观反映各期的经营业绩。

2）实际利率法摊销溢折价

实际利率法是指先以实际利率乘以各期期初债券投资的摊余成本求得各期的利息收入，再按各期应计利息与利息收入的差额作为各期应摊销的溢价或折价的一种摊销方法。其计算公式如下：

各期溢价摊销额 = 该期应计利息 – 该期利息收入

各期折价摊销额 = 该期利息收入 – 该期应计利息

上述公式中：

各期应计利息 = 债券面值 × 票面利率

各期利息收入 = 该期期初债券摊余成本 × 实际利率

公式中实际利率可以根据下列关系式，采用"插值法"计算确定。

对分期付息、到期还本债券，可用下列关系式测定：

债券 + 债券溢价 = 债券到期复利现 ^ 各期债券年金现面值 –
债券折价应收本金值系数应计利息值系数

对一次还本付息债券，可用下列关系式测定：

债券面值 ± 债券溢价债券折价 = 债券到期应收本金和利息 × 复利现值系数

使上式成立时的贴现率即为实际利率。

实际利率法的特点是各期的投资收益率保持不变，使得一项投资业务各期投资收益率相同，能客观地反映各期的经营业绩。但由于债券投资额在不断变化，因而各期的利息收入也在改变，各期的溢折价摊销额也在不断变化。

企业应在持有至到期投资持有期间按照摊余成本和实际利率计算确认利息收入，计入投资收益。实际利率应当在取得持有至到期投资时确定，在该持有至到期投资预期存续期间或适用的更短期间内保持不变。实际利率与票面利率差别较小的，也可按票面利率计算利息收入，计入投资收益。

持有至到期投资期末按摊余成本计价。摊余成本一般指投资成本经过债券溢、折价摊销以及计提应计利息（一次还本付息债券）调整后的账面余额。但如果投资发生价值减损，则应按账面价值反映。账面价值是指摊余成本扣除该项投资所提减值准备后的余额。

3. 持有至到期投资到期兑现

持有至到期投资的到期兑现分两种情况。对一次还本付息债券，到期时企业不仅可以收回债券面值，而且还可以收回全部利息。账务处理时，企业应按所收到的本息借记"银行存款"等账户，按债券面值贷记"持有至到期投资——成本"账户，按应收取利息贷记"持有至到期投资——应计利息"账户。对分期付息、一次还本债券，因债券溢折价已在持有期间全部摊销完毕，到期时企业仅收回债券面值。账务处理时，企业应按所收到的本金借记“银行存款”等账户，按债券面值贷记“持有至到期投资——成本”账户。

4. 持有至到期投资的处置

（1）出售持有至到期投资

出售持有至到期投资，应按实际收到的金额，借记“银行存款”等账户，按、其账面余额，贷记“持有至到期投资——成本、利息调整、应计利息”账户，按其差额，贷记或借记“投资收益”账户。已经计提减值准备的，还应同时结转减值准备。

（2）将持有至到期投资重分类为可供出售金融资产

将持有至到期投资重分类为可供出售金融资产的，应在重分类日按其公允价值，借记“可供出售金融资产”账户，按其账面余额，贷记“持有至到期投资——成本、利息调整、应计利息”账户，按其差额，贷记或借记“资本公积 -- 其他资本公积”账户。已经计提减值准备的，还应同时结转减值准备。

5. 持有至到期投资的会计处理

（1）一次还本付息债券

持有至到期投资为一次还本付息债券投资的，应于资产负债表日按票面金额和票面利率计算确定的应收未收利息增加投资的账面价值，借记“持有至到期投资——应计利息”账户，按持有至到期投资摊余成本和实际利率计算确定的利息收入，贷记“投资收益”账户，按其差额，借记或贷记“持有至到期投资——利息调整”账户。

1）按面值购入

例：A 公司 2016 年 1 月 1 日以 100000 元的价格购入 M 公司当日发行的 2 年期一次还本付息债券作为持有至到期投资，债券票面价值 100000 元，票面利率 6%，未发生交易费用。

① 2016 年 1 月 1 日购入债券时确定其实际利率

到期价值 =100000 元 ×（1+6% × 2）=112000 元

实际利率 =（112000 ÷ 100000）$^{1/2}$−1=5.83%

借：持有至到期投资成本　　100000

　贷：银行存款　　100000

② 2016 年 12 月 31 日确认投资收益

利息收入 =100000 元 × 5.83%=5830 元

摊余成本 =（100000+5830）元 =105830 元

借：持有至到期投资应计利息 5830

贷：投资收益 5830

③ 2017 年 12 月 31 日确认投资收益

利息收入 =105830 元 ×5.83%=6170 元（含尾差调整）

摊余成本 =（105830+6170）元 =112000 元

借：持有至到期投资——应计利息 6170

贷：投资收益 6170

2）溢价购入

例：B 公司 2016 年 1 月 1 日以 205000 元的价格购入 N 公司当日发行的 2 年期一次还本付息债券作为持有至到期投资，债券票面价值 200000 元，票面利率 6%，未发生交易费用。

① 2016 年 1 月 1 日购入债券时确定其实际利率

到期价值 =200000 元 ×（1+6%×2）=224000 元

实际利率 =$（224000 \div 205000）^{1/2}-1$=4.5315%

借：持有至到期投资——成本 200000

——利息调整 5000

贷：银行存款 205000

② 2016 年 12 月 31 日确认投资收益

应计利息 =200000 元 ×6%=12000 元

利息收入 =205000 元 ×4.5315%=9290 元

溢价摊销 =（12000−9290）元 =2710

摊余成本 =（205000+9290）元 =214290 元

借：持有至到期投资——应计利息 12000

贷：持有至到期投资——利息调整 2710

投资收益 9290

③ 2017 年 12 月 31 日确认投资收益

应计利息 =200000 元 ×6%=12000 元

利息收入 =214290 元 ×4.5315%=9710 元

溢价摊销 =（12000−9710）元 =2290 元

摊余成本 =（214290+9710）元 =224000 元

借：持有至到期投资——应计利息 12000

贷：持有至到期投资——利息调整　2290

投资收益　9710

3）折价购入

例：C 公司 2016 年 1 月 1 日以 196000 元的价格购入 P 公司当日发行的 2 年期一次还本付息债券作为持有至到期投资，债券票面价值 200000 元，票面利率 6%，未发生交易费用。

① 2016 年 1 月 1 日购入债券时确定其实际利率

到期价值 =200000 元 ×（1+6%×2）=224000 元

实际利率 =（224000 ÷ 196000）$^{1/2}$−1=6.905%

借：持有至到期投资 – 成本　200000

贷：持有至到期投资 – 利息调整　4000

银行存款　196000

② 2016 年 12 月 31 日确认投资收益

应计利息 =200000 元 ×6%=12000 元

利息收入 =196000 元 ×6.905%=13533 元

折价摊销 =（13533−12000）元 =1533 元

摊余成本 =（19.6000+13533）元 =209533 元

借：持有至到期投资——应计利息　12000

——利息调整　1533

贷：投资收益　13533

③ 2007 年 12 月 31 日确认投资收益

应计利息 =200000 元 ×6%=12000 元

利息收入 =209533 元 ×6.905%=14467 元（含尾差调整）

折价摊销 =（14467−12000）元 =2467 元

摊余成本 =（209533+14467）元 =224000 元

借：持有至到期投资——应计利息　12000

——利息调整　2467

贷：投资收益　14467

（2）分期付息、一次还本债券

1）溢价购入

例：D 公司于 2014 年 1 月 1 日以 84000 元的价格购入 . 公司当日发行的 5 年期分期付息、一次还本债券作为持有至到期投资，债券票面价值 80000 元，票面利率

8%，未发生交易费用。该债券每年1月1日为付息日，到期偿还本金和最后一年利息。

① 2004年1月1日购入债券时

借：持有至到期投资——成本　80000

——利息调整　4000

贷：银行存款　84000

② 2014年12月31日计算利息并摊销溢价

按7%测试：80000×0.71299+6400×4.10020=83280.48<840000

按6%测试：80000×0.74726+6400×4.21236=86789.90>840000

$$实际利率=6\%+(7\%-6\%)\times\frac{86789.90-840000}{86789.90-83280.48}\approx 6.790\%$$

借：应收利息　6400

贷：持有至到期投资——利息调整　696

投资收益　5704

③ 2015年1月1日收到利息时

借：银行存款　6400

贷：应收利息　6400

④到期还本并收到最后一年利息

借：银行存款　86400

贷：持有至到期投资－成本　80000

应收利息　6400

由表3-8可以看出，债券持有期间各期的投资收益（即实际利息收入）为各期应收利息与溢价摊销额之差，债券的面值与未摊销溢价之和随着各期溢价的摊销而随之减少，最后一期溢价摊销完毕后正好调整为其面值。

2）折价购入

例：E公司于2004年1月1日以77600元的价格购入S公司当日发行的5年期分期付息、一次还本债券作为持有至到期投资，债券票面价值80000元，票面利率6%，未发生交易费用。该债券每年1月1日为付息日，到期偿还本金和最后一年利息。

① 2004年1月1日购入债券时

借：持有至到期投资——成本　80000

贷：持有至到期投资——利息调整　2400

银行存款　77600

表3–8　分期付息、一次还本债券投资溢价摊销表　　单位：元

计息日期	票面利息	利息收入	溢价摊销	持有至到期投资账面余额
	借：应收利息	贷：投资收益	贷：持有至到期投资 --- 利息调整	
	①	②	③ = ①—②	④ = 期初价值—③
2004.01.01				84000
2004.12.31	6400	5704	696	83304
2005.12.31	6400	5656	744	82560
2006.12.31	6400	5605	795	81765
2007.12.31	6400	5551	849	80916
2008.12.31	6400	5484	916	80000
合计	32000	28000	4000	

② 2004 年 12 月 31 日计算利息并摊销折价

按 6% 测试：80000 × 0.74726+4800 × 4.21236=80000.12>776000

按 7% 测试：80000 × 0.71299+4800 × 4.10020=76720.16<776000

$$实际利率=6\%+\left(7\%-6\%\right)\times\frac{80000.12-776000}{80000.12-76720.16}\approx 6.73\%$$

借：应收利息　　4800

　　持有至到期投资——利息调整　　421

　贷：投资收益　　5221

③ 2005 年 1 月 1 日收到利息时

借：银订存款　　4800

　贷：应收利息　　4800

④到期还本并收到最后一期利息

借：银行存款　　84800

　贷：持有至到期投资——成本　　80000

　　　应收利息　　4800

由表 3–9 可以看出，债券持有期间各期的投资收益（即实际利息收入）为各期应收利息与折价摊销额之和，债券的面值与未摊销折价之差随着各期折价的摊销而随之增加，最后一期折价摊销完毕后正好调整为其面值。

（3）持有至到期投资的处置

例：F 公司持有 T 公司债券并划分为持有至到期投资，该债券账面余额（成本）为 1000000 元。2017 年 5 月，由于贷款基准利率的变动和其他市场因素的影响，F

公司持有的该债券价格持续下跌。为此，F 公司于 6 月 1 日按其公允价值对外出售该持有至到期债券投资 30%，收取价款 360000 元。假定不考虑其他因素的影响。

表3–9 分期付息、一次还本债券投资折价摊销表 单位：元

计息日期	票面利息	利息收入	溢价摊销	持有至到期投资账面余额
	借：应收利息	贷：投资收益	贷：持有至到期投资——利息调整	
	①	②	③ = ① – ②	④ = 期初价值 + ③
2004.01.01				77600
2004.12.31	4800	5221	421	78021
2005.12.31	4800	5249	449	78470
2006.12.31	4800	5280	480	78950
2007.12.31	4800	5312	521	79462
2008.12.31	4800	5338	538	80000
合计	24000	26400	2400	

① 2007 年 6 月 1 日出售该债券 30% 时

借：银行存款 360000

贷：持有至到期投资——成本 300000

投资收益 60000

借：可供出售金融资产——成本 840000

贷：持有至到期投资——成本 700000

资本公积——其他资本公积 140000

②假定 6 月 28 日 F 公司将该剩余债券全部出售，收取价款 850000 元

借：银行存款 850000

贷：可供出售金融资产——成本 840000

投资收益 10000

同时，

借：资本公积其他资本公积 60000

贷：投资收益 60000

6．持有至到期投资的减值

准则规定，企业应当在资产负债表日对持有至到期投资的账面价值进行检查，有客观证据表明该持有至到期投资价值发生减损的，应当计提减值准备。

持有至到期投资属于金融资产。表明金融资产发生减值的客观证据，是指金融

资产初始确认后实际发生的、对该金融资产的预计未来现金流量有影响，且企业能够对该影响进行可靠计量的事项。金融资产发生减值的客观证据包括下列各项：

（1）发行方或债务人发生严重财务困难；

（2）债务人违反了合同条款，如偿付利息或本金发生违约或逾期等；

（3）债权人出于经济或法律等方面因素的考虑，对发生财务困难的债务人作出让步；

（4）债务人很可能倒闭或进行其他债务重组；

（5）因发行方发生重大财务困难，该金融资产无法在活跃市场继续交易；

（6）无法辨认一组金融资产中的某项资产的现金流量是否已经减少，但根据公开的数据对其进行总体评价后发现，该组金融资产自初始确认以来的预计未来现金流量确已减少且可计量，如该组金融资产的债务人支付能力逐步恶化，或债务人所在国家或地区失业率提高、担保物在其所在地区的价格明显下降、所处行业不景气等；

（7）债务人经营所处的技术、市场、经济或法律环境等发生重大不利变化，使权益工具投资人可能无法收回投资成本；

（8）权益工具投资的公允价值发生严重或非暂时性下跌；其他表明金融资产发生减值的客观证据。

持有至到期投资发生减值时，应将该持有至到期投资的账面价值减记至预计未来现金流量现值，其账面价值与预计未来现金流量现值之间的差额确认为减值损失，计入当期损益。预计未来现金流量现值可以按照该持有至到期投资初始确定的实际利率折现计算，也可以采用合同规定的现行实际利率计算。账务处理时，借记“资产减值损失”账户，贷记“持有至到期投资减值准备”账户。

持有至到期投资确认减值损失后，若有客观证据表明该持有至到期投资价值得以恢复，且客观上与确认该损失后发生的事项有关（如债务人的评级已提高等），原确认的减值损失应当予以转回，计入当期损益。但是，该转回后的账面价值不应当超过假定不计提减值准备情况下该持有至到期投资在转回日的摊余成本。

四、可供出售金融资产

1. 可供出售金融资产概述

可供出售金融资产，是指初始确认时即被定为可供出售的非衍生金融资产，以及除下列各类资产以外的金融性资产：①贷款和应收款项；②持有至到期投资；③以公允价值计量且其变动计入当期损益的金融资产。通常情况下，在活跃市场上有报价的金融资产都可以划分为此类，如企业从二级市场上购入的有报价的股票、债券、基金等，以及未划分为持有至到期投资和以公允价值计量且其变动计入当期损益的金融资产，可以划分为可供出售金融资产。具体某项金融资产应划分为哪一类，主要取决于企业管理层的风险管理、投资决策等因素。可以说，企金融资产的分类是其管理层意图的真实表达。

2．可供出售金融资产的会计处理

（1）可供出售金融资产的初始计量

可供出售金融资产应当按照取得该金融资产的公允价值和相关交易费用之和作为初始确认金额。支付的价款中所包含的已到付息期但尚未领取的债券利息或已宣告但尚未发放的现金股利，应单独确认为短期债权，通过“应收利息”或“应收股利”账户核算。

为了总括核算和监督企业持有的可供出售金融资产，企业应设置“可供出售金融资产”账户，并按其类别和品种，下设“成本”、“利息调整”、“应计利息”和“公允价值变动”等明细账户进行明细分类核算。

1）股票投资

企业取得的可供出售金融资产为股票投资的，应按其公允价值与交易费用之和，借记“可供出售金融资产”，所支付价款中包含的已宣告但尚未发放的现金股利，借记“应收股利”账户，按实际支付的金额，贷记“银行存款”等账户。

2）债券投资

企业取得的可供出售金融资产为债券投资的，应按债券的面值，借记“可供出售金融资产——成本”账户，按支付的价款中所包含的已到付息期但尚未领取的利息，借记“应收利息账户”，按实际支付的金额，贷记“银行存款”等账户，按其差额，借记或贷记“可供出售金融资产——利息调整”账户。

（2）可供出售金融资产持有期间现金股利和利息的处理

可供出售金融资产持有期间取得的利息或现金股利，应当计入投资收益。

资产负债表日，若可供出售债券为一次还本付息债券投资，应按票面金额和票面利率计算确定的应收未收利息，借记“可供出售金融资产——应计利息”账户，按可供出售债券的摊余成本和实际利率计算确定的利息收入，贷记“投资收益”账户，按其差额，借记或贷记“可供出售金融资产利息调整”账户。

资产负债表日，若可供出售债券为分期付息、一次还本债券投资，应按票面金额和票面利率计算确定的应收未收利息，借记“应收利息”账户，按可供出售债券的摊余成本和实际利率计算确定的利息收入，贷记“投资收益”账户，按其差额，借记或贷记“可供出售金融资产——利息调整”账户。

（3）可供出售金融资产期末计价

准则规定，在资产负债表日，可供出售金融资产应当以公允价值计量，且公允价值变动计入资本公积。待出售该项金融资产时，表明该公允价值变动已经实现，应从资本公积转入当期损益。

若可供出售金融资产的公允价值高于其账面余额，则按其差额，借记“可供出售金融资产——公允价值变动”账户，贷记“资本公积——其他资本公积”账户；若可供出售金融资产的公允价值低于其账面余额，则做相反的会计分录。

（4）可供出售金融资产的处置

1）出售可供出售金融资产

处置可供出售金融资产时，应将取得的价款与该金融资产账面价值之间的差额计入投资损益。同时，将原直接计入所有者权益的公允价值变动累计额对应处置部分的金额转出，计入投资损益。账务处理时，按实际收到的金额，借记“银行存款”等账户，按其账面余额，贷记“可供出售金融资产——成本、公允价值变动、利息调整、应计利息”账户，按应从所有者权益中转出的公允价值累计变动额，借记或贷记“资本公积——其他资本公积”账户，按其差额，贷记或借记“投资收益”账户。

2）将持有至到期投资重分类为可供出售金融资产

将持有至到期投资重分类为可供出售金融资产的，应在重分类日按其公允价值，借记“可供出售金融资产”账户，按其账面余额，贷记“持有至到期投资”

账户，按其差额，贷记或借记“资本公积其他资本公积”账户。已经计提减值准备的，还应同时结转减值准备。

（5）可供出售金融资产减值

准则规定，企业应当在资产负债表日对可供出售金融资产的账面价值进行检查，有客观证据表明该可供出售金融资产价值发生减损的，应当计提减值准备。账务处理时，按应减记的金额，借记“资产减值损失”账户，按应从所有者权益中转出原计入资本公积的累计损失金额，贷记“资本公积－一－其他资本公积”账户，按其差额，贷记“可供出售金融资产——公允价值变动”账户。

对于已确认减值损失的可供出售金融资产，在随后会计期间内公允价值已上升且客观上与确认原减值损失事项有关的，应按原确认的减值损失，借记“可供出售金融资产——公允价值变动”账户，贷记“资产减值损失”账户。但可供出售金融资产为股票等权益工具的（不含在活跃市场上没有报价、公允价值不能可靠计量的权益工具投资），借记“可供出售金融资产——公允价值变动”账户，贷记“资本公积其他资本公积”账户。

例：A公司于2016年8月6日从二级市场上购入M公司股票100000股作为可供出售金融资产，每股市价9元，交易费用2000元。2016年12月31日，该股票市价升至为每股10元。2017年3月18日，A公司将该股票全部售出，售价为每股8元，交易费用2000元。假定不考虑其他因素的影响。

①2016年8月6日购入股票时

借：可供出售金融资产——成本　902000

　贷：银行存款　902000

②2016年12月31日确认股票价格变动时

借：可供出售金融资产——公允价值变动　98000

　贷：资本公积——其他资本公积　98000

③2017年3月18日出售股票时

借：银行存款　798000

　资本公积——其他资本公积　98000

　投资收益　104000

　贷：可供出售金融资产——成本　902000

　　——公允价值变动　98000

例：B公司于2016年1月1日以银行存款1035000元购入N公司发行的3年期分期付息、一次还本债券作为可供出售金融资产，该债券票面金额1000000元，票面利率6%，实际利率4%，每年12月31日为付息日。2016年12月31日，该债券市场价格为1000500元。假定无交易费用和其他因素影响。

①2006年1月1日购入债券时

借：可供出售金融资产——成本　1000000

　——利息调整　35000

　贷：银行存款　1035000

②2006年12月31日收到债券利息、确认公允价值变动

利息收入=1035000元400元

年末摊余成本=（1035000+41400−1000000×6%）元=1016400元

借：应收利息　60000

　贷：投资收益　41400

　可供出售金融资产——利息调整　18600

借：银行存款　60000

贷：应收利息　　60000

借：资本公积其他资本公积　　15900

贷：可供出售金融资产——公允价值变动　　15900

五、长期股权投资

1．长期股权投资的初始计量

长期股权投资在取得时，应按其初始投资成本入账。长期股权投资的初始投资成本，分企业合并和非企业合并两种情况确定。

（1）企业合并以外其他方式取得的长期股权投资

除企业合并形成的长期股权投资应遵循特定的会计处理原则外，其他方式取得的长期股权投资，应当按照下列规定确定其初始投资成本。

1）以支付现金方式取得的长期股权投资

以支付现金方式取得的长期股权投资，应当按照实际支付的购买价款作为初始投资成本。初始投资成本包括与取得长期股权投资直接相关的费用、税金及其他必要支出。如果实际支付的价款中包含被投资单位已宣告但尚未发放的现金股利或利润，应作为应收项目单独核算，不构成长期股权投资的成本。

例：2017 年 4 月 30 日，A 公司从证券市场上以银行存款购入 B 公司发行在外的 800 万股票作为长期股权投资，每股 10 元（含已宣告但尚未发放的现金股利 0.5 元），另付手续费等相关费用 800000 元。A 公司取得该部分股权后，能够对 B 公司的生产经营决策施加重大影响。

借：长期股权投资——成本　　76800000

应收股利　　4000000

贷：银行存款　　80800000

2）以发行权益性证券方式取得的长期股权投资

以发行权益性证券方式取得的长期股权投资，应当按照所发行权益性证券的公允价值作为初始投资成本，但不包括应自被投资单位收取的已宣告但尚未发放的现金股利或利润。

确定所发行权益性证券的公允价值时，如果所发行的权益性证券存在公开市场，有明确市价可供遵循的，应当以该证券的市价作为确定其公允价值的依据，同时应考虑该证券的交易量、是否存在限制性条款等因素的影响；如果所发行的权益性证券不存在公开市场，没有明确市价可供遵循的，应考虑以被投资单位的公允价值为基础确定权益性证券的价值。

为发行权益性证券支付给有关证券承销机构等的手续费、佣金等与权益性证券发行直接相关的费用，不构成长期股权投资的初始投资成本。该部分费用应从权益性证券的溢价发行收入中扣减，权益性证券的溢价收入不足冲减的，应冲减盈余公积和未分配利润。

例：2017年2月8日，C公司通过增发8000万股本公司普通股（每股面值1元）取得D公司20%的股权，按照增发前后的平均股价计算，该8000万股股份的公允价值为13600万元。为增发该部分股份，C公司向证券承销机构等支付了500万元的佣金和手续费。假定C公司取得该部分股权后能够对D公司的生产经营决策施加重大影响。

借：长期股权投资——成本　　136000000
　贷：股本　　80000000
　　资本公积——股本溢价　　56000000

同时，发行权益性证券过程中支付的佣金和手续费，应冲减权益性证券的溢价发行收入。

借：资本公积——股本溢价　　5000000
　贷：银行存款　　5000000

3）以投资者投入方式取得的长期股权投资

以投资者投入方式取得的长期股权投资，应当按照投资合同或协议约定的价值作为初始投资成本，但合同或协议约定的价值不公允的除外。

投资者投入的长期股权投资，是指投资者以其持有的对第三方的投资作为出资对企业的投资。作为接受投资的企业，原则上应以投资各方在投资合同或协议中约定的价值作为取得投资的初始投资成本。但有明确证据表明投资合同或协议约定的价值不公允时，应按其公允价值作为取得投资的初始投资成本。

在确定投资者投入的长期股权投资的公允价值时，有关权益性投资存在活跃市场的应当参照活跃市场中的市价确定其公允价值；不存在活跃市场，无法按照市场信息确定其公允价值时，应按照合理的方法估计确定其价值，并作为公允价值。

例：E公司设立时，其主要出资方之一丁公司以其持有的对F公司的长期股权投资作为出资投入E公司。投资各方在投资合同中约定，依据F公司股票市价并考虑相关因素，作为出资的该项长期股权投资作价5000万元。E公司注册资本为20000万元，丁公司出资占E公司注册资本的20%。取得该项投资后，E公司根据其持股比例，能够派人参与F公司的财务和生产经营决策。

借：长期股权投资——成本　　50000000

贷：实收资本 40000000

资本公积——资本溢价 10000000

4）以债务重组、非货币性资产交换等方式取得的长期股权投资

以债务重组、非货币性资产交换等方式取得的长期股权投资，其初始投资成本应当按照相关准则确定。

（2）企业合并形成的长期股权投资

1）同一控制下企业合并形成的长期股权投资

参与合并的企业在合并前后均受同一方或相同的多方最终控制且该控制并非暂时性的，为同一控制下的企业合并。同一控制下的企业合并，在合并日取得对其他参与合并企业控制权的一方为合并方，参与合并的其他企业为被合并方。合并日是指合并方实际取得对被合并方控制权的日期。同一控制下的企业合并，合并双方的合并行为不完全是自愿进行和完成的，这种企业合并不属于交易行为，而是参与合并各方资产和负债的重新组合，因而合并方可以按照被合并方的账面价值进行初始计量，合并方通过企业合并形成的对被合并方的长期股权投资，其成本代表的是在被合并方账面所有者权益中享有的份额。

①合并方以支付现金、转让非现金资产或承担债务方式作为合并对价的，应当在合并日按照取得被合并方所有者权益账面价值的份额作为长期股权投资的初始投资成本。长期股权投资初始投资成本与所支付的现金、转让的非现金资产以及所承担债务账面价值之间的差额，应当调整资本公积；资本公积不足冲减的，调整留存收益。

账务处理时，在合并日应按取得被合并方所有者权益账面价值的份额，借记“长期股权投资”账户；按应享有被合并方已宣告但尚未发放的现金股利或利润，借记“应收股利”账户；按支付的合并对价的账面价值，贷记有关资产或借记有关负债账户；按其差额，贷记“资本公积——资本溢价”或“资本公积——股本溢价”账户。如上述差额为借方差额，则借记“资本公积——资本溢价”或“资本公积——股本溢价”账户，资本公积（资本溢价或股本溢价）不足冲减的，借记“盈余公积”、“利润分配——未分配利润”账户。

②合并方以发行权益性证券作为合并对价的，应当在合并日按照取得被合并方所有者权益账面价值的份额作为长期股权投资的初始投资成本。按照发行股份的面值总额作为股本，长期股权投资初始投资成本与所发行股份面值总额之间的差额，应当调整资本公积；资本公积不足冲减的，调整留存收益。

账务处理时，在合并日应按取得被合并方所有者权益账面价值的份额，借记

“长期股权投资”账户；按应享有被合并方已宣告但尚未发放的现金股利或利润，借记“应收股利”账户；按发行权益性证券的面值，贷记“股本”账户；按其差额，贷记“资本公积——资本溢价”或“资本公积——股本溢价”账户。如上述差额为借方差额，则借记“资本公积——资本溢价”或“资本公积——股本溢价”账户，资本公积（资本溢价或股本溢价）不足冲减的，借记“盈余公积”、“利润分配——未分配利润”账户。

合并方为进行企业合并所发生的各项直接相关费用，包括为进行企业合并而支付的审计费用、评估费用、法律服务费用等，应当于发生时计入当期损益。

需要说明的是，上述以被合并方账面所有者权益为基础确定长期股权投资的初始投资成本，其前提必须是合并前合并方与被合并方采用相同的会计政策。如果企业合并前合并方与被合并方采用不同的会计政策，则应首先按照合并方的会计政策对被合并方资产、负债的账面价值进行调整。在调整的基础上再计算确定形成长期股权投资的初始投资成本。

例：2017 年 4 月 30 日，M 公司以银行存款 800 万元取得同一企业集团内 N 公司 60% 的股权。当日，N 公司所有者权益总额为 1500 万元。

1500 万元 ×60%=900 万元

借：长期股权投资——成本　　9000000

　贷：银行存款　　8000000

　　资本公积——资本溢价　　1000000

例：2017 年 6 月 3 日，M 公司向同一企业集团内 N 公司的原股东定向增发 1200 万普通股（每股面值 1 元，市价每股 5.60 元）取得 N 公司 80% 的股权，并于当日起能够对 N 公司实施控制。两公司在企业合并前采用的会计政策相同。合并日，N 公司所有者权益总额为 4200 万元。

4200 万元 ×80%=3360 万元

借：长期股权投资——成本　　33600000

　贷：股本　　12000000

　　资本公积——股本溢价　　21600000

2）非同一控制下企业合并形成的长期股权投资

参与合并的各方在合并前后不受同一方或相同的多方最终控制的，为非同一控制下的企业合并。非同一控制下的企业合并，在购买日取得对其他参与合并企业控制权的一方为购买方，参与合并的其他企业为被购买方。购买日是指购买方实际取得对被购买方控制权的日期。非同一控制下的企业合并是合并各方自愿进行的交易行为，作为公平的交易，应以公允价值为基础进行计量。

对非同一控制下的控股合并，购买方应当按照确定的企业合并成本作为长期股权投资的初始投资成本。企业合并成本包括购买方付出的资产、发生或承担的负债、发行的权益性证券的公允价值以及为进行企业合并发生的各项直接相关费用等。

账务处理时，应在购买日按企业合并成本（不含应自被投资单位收取的现金股利或利润），借记“长期股权投资”账户按享有被投资单位已宣告但尚未发放的现金股利或利润，借记“应收股利”账户，按支付合并对价的账面价值，贷I已有关资产或借记有关负债账户，按直接发生的相关费用，贷记“银行存款”等账户，按其差额，贷记“营业外收入”或借记“营业外支出”等账户。非同一控制下企业合并涉及以库存商品等作为合并对价的，应按库存商品的公允价值，贷记“主营业务收入”账户，并同时结转相关的成本。涉及增值税的，还应进行相应的处理。

例：S公司于2017年6月30日取得T公司75%的股权，并能够控制T公司的生产经营决策。为核实T公司的资产价值，遂聘请专业资产评估机构对T公司的资产进行评估，支付评估费用240万元。合并中，S公司支付的有关资产在购买日的账面价值与公允价值如表3-10所示。合并前，两公司不存在任何关联方关系。

表3-10　S公司资产账面价值与公允价值比较表

2017年6月30日　　　　单位：元

项目	账面价值	公允价值
专利技术	20000000	24000000
土地使用权	58000000	72000000
银行存款	12000000	12000000
合计	90000000	108000000

注：S公司用作合并对价的土地使用权和专利技术原价为8800万元，至企业合并时已累计摊销1000万元。

合并成本 =（108000000+2400000）元 =110400000元

借：长期股权投资——成本　　110400000

　　累计摊销　　10000000

　贷：无形资产　　88000000

　　　银行存款　　14400000

　　　营业外收入　　18000000

通过多次交换交易，分步取得股权并最终形成企业合并的，企业合并成本为每一单项交换交易的成本之和。其中，达到企业合并前对持有的长期股权投资采用成本法核算的，长期股权投资在购买日的成本应为原账面余额加上购买日为取得进一步的股份新支付对价的公允价值之和；达到企业合并前对持有的长期股权投资采用权益法核算的，购买日应先将有关长期股权投资的账面余额调整至最初取得成本，在此基础上再加上购买日新支付对价的公允价值作为购买日长期股权投资的成本。

例：Q 公司于 2016 年 2 月以 5000 万元价格取得 R 公司 30% 的股权并对 R 公司实施重大影响，Q 公司对该项投资采用权益法核算，2006 年确认对 R 公司投资收益 200 万元。2017 年 5 月，Q 公司又斥资 8⑻万元取得 R 公司 40% 的股权。假定 Q 公司投资后，R 公司并未宣告发放现金股利或利润。R 公司按净利润 10% 提取盈余公积。Q 公司未对该项投资计提任何减值准备。

借：盈余公积　200000

　　利润分配——未分配利润　1800000

　贷：长期股权投资　2000000

借：长期股权投资——成本　80000000

　贷：银行存款　80000000

长期股权投资账面余额 =（5200−200+8000）万元 =13000 万元

2．长期股权投资的后续计量

（1）长期股权投资的成本法

1）成本法的涵义及适用范围

成本法，指投资按成本计价的方法。在成本法下，长期股权投资以取得股权时的初始投资成本计价。其后，除了投资企业追加投资、收回投资需调整投资成本外，长期股权投资的账面价值保持不变。被投资单位宣告分配的现金股利或利润，确认为当期投资收益。投资企业确认投资收益，仅限于所获得的被投资单位接受投资后所产生的累计净利润的分配额，所获得的被投资单位分派的利润或现金股利超过上述数额的部分，作为初始投资成本的收回。

企业持有的长期股权投资，在下列两种情况下应采用成本法核算：一是能够对被投资单位实施控制的长期股权投资，即企业持有的对子公司的长期股权投资；二是对被投资单位不具有控制、共同控制或重大影响，且在活跃市场中没有报价、公允价值不可能可靠计量的长期股权投资。

2）成本法的核算方法

企业进行初始投资或追加投资时，按照初始投资或追加投资时的投资成本增加长期股权投资的账面价值。

被投资单位宣告分配的利润和现金股利，投资企业按应享有的份额确认为当期投资收益。但投资企业确认的投资收益仅限于所获得的被投资单位在接受投资后产生的累积净利润的分配额，超过部分实质上是清算性股利，应作为投资成本的收回，冲减投资的账面价值。在具体处理时，应分别投资年度和以后年度。

3）成本法下投资收益的确认

①投资年度利润或现金股利的处理

由于我国当年实现的盈余一般于下年度发放利润或现金股利，因而投资企业在投资年度分得的利润或现金股利属于投资前被投资单位实现的利润分配，一般不作为投资收益，而应视作投资成本的收回。如果投资企业投资年度分得的利润或现金股利，有部分来自于投资后被投资单位的盈余分配，则应作为投资企业投资年度的投资收益。具体操作如下：投资企业投资年度分得的利润或现金股利，若能分清投资前和投资后被投资单位实现的净利润的，应当分别投资前和投资后计算确认属于应当冲减投资成本和属于投资收益的金额；如果分不清投资前和投资后被投资单位实现的净利润的，则按下述公式计算确认：

$$\text{投资企业持股比例} \times \frac{\text{当年投资持有月份}}{\text{全年月份数}}$$

应冲减投资成本金额＝投资企业分得的利润或现金股利－投资企业投资年度应确认的投资收益

在后一公式中，若投资企业投资年度分得的利润或现金股利大于投资企业投资年度应确认的投资收益，即被减数大于减数，方可按后一公式计算；若相反，投资企业投资年度分得的利润或现金股利小于投资企业投资年度应确认的投资收益，即被减数小于减数，则应将分得的利润或现金股利全部确认为当期投资收益。

②投资年度以后利润或现金股利的处理

投资企业投资以后年度所获得的利润或现金股利，可按下述公式计算应确认的投资收益和应冲减的投资成本。

在计算应冲减投资成本的金额时，如果投资后至本年末止被投资单位累积分派的利润或现金股利大于投资后至上年末止被投资单位累积实现的净利润，则说明当期分配的利润或现金股利中有部分是投资前累计净利润的分配，应按上述公式计算应冲减投资成本的金额；若相反，投资后至本年末止被投资单位累积分派的利润或现金股利小于或等于投资后至上年末止被投资单位累积实现的净利润，则说明以前冲减的投资成本已经被后来实现的利润弥补，应将部分已冲减的成本转回，所以被投资单位当期分派的利润或现金股利中应由投资企业享有的部分，应于当期全部确认为投资企业的投资收益。

另外，如果投资后至本年末止被投资单位累积分派的利润或现金股利减去投资后至上年末止被投资单位累积实现的净利润为负数，则说明累计分配的利润或现金股利小于累计实现的净损益，不管是本次还是以前分配的股利，事实上都可以作为投资收益；如果以前宣告股利时没有作为投资收益，而是作为投资成本冲减的，现在则可以全部转回，即以前冲减的成本在本期都可以转回。但转回成本的金额不能大于以前冲减成本的金额。

企业按上述公式计算的冲减投资成本及以后转回恢复的金额，应在备查簿中详细记录。

（2）长期股权投资的权益法

1）权益法的涵义及适用范围

权益法，指最初以初始投资成本计价，以后根据投资企业享有被投资单位所有者权益份额的变动对投资的账面价值进行调整的方法。在权益法下，长期股权投资的账面价值随着被投资单位所有者权益的变动而变动，包括被投资单位实现净利润或发生净亏损，以及其他所有者权益项目的变动。

采用权益法核算的长期股权投资包括两类：一是对合营企业的长期股权投资；二是对联营企业的长期股权投资，即对被投资单位具有共同控制或重大影响时，长期股权投资应采用权益法核算。

2）权益法的核算方法

①权益法核算的账户设置

企业采用权益法核算长期股权投资，应设置“长期股权投资”账户，并分别设置“成本”、“损益调整”、“其他权益变动”明细分类账户进行明细分类核算。其中，“成本”明细账户反映购入股权时在被投资单位按公允价值确定的所有者权益中所占的份额；“损益调整”明细账户反映购入股权以后随着被投资单位留存收益的增减变动而享有或承担份额的调整数；“其他权益变动”明细账户反映购入股权以后随着被投资单位资本公积的变动而享有或承担份额的调整数。

②初始投资成本的调整

投资企业取得对联营企业或合营企业的投资以后，对于取得投资时的初始投资成本与应享有被投资单位可辨认净资产份额之间的差额，应区别不同情况进行处理。其目的在于更为客观地反映投资企业在被投资单位所有者权益中应享有的份额。可辨认净资产的公允价值是指被投资单位可辨认资产的公允价值减去负债及或有负债公允价值后的余额。

初始投资成本大于投资时应享有被投资单位可辨认净资产公允价值份额的，不调整已确认的初始投资成本。因该差额本质上是投资企业在取得投资过程中通过购买作价体现出的与所取得股权份额相对应的商誉及不符合确认条件的资产价值。

初始投资成本小于投资时应享有被投资单位可辨认净资产公允价值份额的，

两者之间的差额体现为双方在交易作价过程中转让方的让步，该部分经济利益的流入应作为收益处理，即借记“长期股权投资-—成本”账户，贷记“营业外收入”账户。

③投资损益的确认

投资企业取得长期股权投资以后，应当按照应享有或应分担的被投资单位实现的净损益的份额（法规或章程规定不属于投资企业的净损益除外），确认投资损益并调整长期股权投资的账面价值。根据被投资单位实现的净利润或经调整的净利润计算应享有的份额，借记“长期股权投资——损益调整”账户，贷记“投资收益”账户；对被投资单位发生的净亏损，做相反的会计分录。

投资企业在确认应享有被投资单位净损益的份额时，不应仅按照被投资单位的账面净利润简单确定，而应当以取得投资时被投资单位各项可辨认资产等的公允价值为基础，对被投资单位的净利润进行调整以后确认。有两个需要考虑的主要影响因素：一是被投资单位采用的会计政策及会计期间与投资企业不一致，需按投资企业的会计政策及会计期间对被投资单位的财务报表进行调整；二是以取得投资时被投资单位固定资产、无形资产的公允价值为基础计提的折旧额或摊销额，以及以投资企业取得投资时的公允价值为基础确定的资产减值准备金额等对被投资单位净损益的影响。基于重要性原则，其他项目如为重要的，也应进行调整。

如果无法合理确定取得投资时被投资单位各项可辨认资产的公允价值，或者投资时被投资单位可辨认资产的公允价值与其账面价值相比，其差额不具有重要性，也可简单地按被投资单位的账面净利润与持股比例计算的结果确认投资收益，但应在附注中说明这一事实，以及无法合理确定被投资单位各项可辨认资产公允价值的原因。

由于投资企业承担有限责任，在确认被投资单位发生的净亏损时，应以长期股权投资的账面价值以及其他实质上构成对被投资单位净投资的长期权益减记至零为限，投资企业负有承担额外损失义务的除外。其他实质上构成对被投资单位净投资的长期权益，通常指长期性的应收项目，如投资企业对被投资单位的长期应收款。长期股权投资的账面价值，是指该项长期股权投资的账面余额减去该项投资已提减值准备后的差额。长期股权投资的账面余额包括投资成本、损益调整、其他权益变动等。投资企业在确认应分担被投资单位发生的净亏损时，应按下列顺序处理：①减记长期股权投资的账面价值；②将长期股权投资的账面价值减记至零为限；③如果存在实质上构成对被投资单位净投资的长期权益，应以该长期权益的账面价值减记至零为限；④如按照投资合同或协议约定需要投资企业承担额外义务的，应将其承担的损失确认为预计负债。按上述步骤处理后，若还有尚未确认的投资损失，投资企业应在备查簿上予以登记。如果以后期间被投资单位实现净利润，投资企业应在计算的收益分享额超过未确认的亏损分担额以后，按与上述相反的步骤处理。

投资企业如果在会计年度内持股比例发生变动，应按变动前后不同持股比例分别计算所持股份期间应享有的投资收益（或应承担的亏损）。如果持股比例发生变动前后的损益难以划分，或无法取得有关资料，则可根据投资持有期间计算加权平均持股比例，据以确定年投资损益。计算公式如下：

$$\text{加权平均持股比例}=\text{原持股比例}\times\frac{\text{持有月份数}}{\text{全年月份数}}+\text{追加持股比例}\times\frac{\text{持有月份数}}{\text{全年月份数}}$$

3）被投资单位分派股利的调整

采用权益法核算长期股权投资，投资企业对被投资单位分派的现金股利或利润应视为投资的收回。在被投资单位宣告发放现金股利或利润时，投资企业应按持股比例计算分得的部分，借记“应收股利”账户，并相应减少长期股权投资的账面价值，贷记“长期股权投资——损益调整”账户。收到被投资单位宣告发放的股票股利，不进行账务处理，但应在备查簿中登记。

4）被投资单位除净损益外所有者权益其他项目的变动

采用权益法核算长期股权投资，在持股比例不变的情况下，投资企业对被投资单位除净损益以外所有者权益其他项目的变动，应按持股比例与被投资单位除净损益以外所有者权益的其他变动归属于本企业的部分，相应调整长期股权投资的账面价值，借记或贷记“长期股权投资其他权益变动”账户，贷记或借记“资本公积－－其他资本公积”账户。

3．长期股权投资核算方法的转换

（1）权益法转换为成本法

投资企业因减少投资等原因对被投资单位不再具有共同控制或重大影响的，并且在活跃市场中没有报价、公允价值不能可靠计量的长期股权投资应中止采用权益法，改按成本法核算。

权益法转换为成本法核算时，投资企业应以权益法下长期股权投资的账面价值作为按照成本法核算的初始投资成本。继后期间，自被投资单位分得的现金股利或利润未超过转换时被投资单位账面留存收益中投资企业享有份额的，分得的现金股利或利润应冲减长期股权投资的成本，不作为投资收益。自被投资单位分得的现金股利或利润超过转换时被投资单位账面留存收益中投资企业享有份额的，其超过部分确认为当期损益。

投资企业因追加投资等原因能够对被投资单位实施控制，也应当改按成本法核算。如果属于同一控制下的企业合并，应按照享有被合并方所有者权益账面价值的份额作为长期股权投资的初始投资成本，初始投资成本与转换前长期股权投资账面价值间的差额，调整资本公积，资本公积不足冲减的，调整留存收益。如果属于非同一控制下的企业合并，应按照长期股权投资的公允价值作为初始投资成本。将其公允价值与账面价值的差额计入当期损益。因被投资企业除净损益以外所有者权益的其他变动而计入资本公积的数额，也应一并结转。

（2）成本法转换为权益法

投资企业因追加投资等原因能够对被投资单位实施共同控制或重大影响的，应中止采用成本法，改按权益法核算。投资企业因减少投资等原因对被投资企业不再具有控制权，但仍存在共同控制或重大影响的，也应改按成本法核算。

成本法转换为权益法核算时，应以成本法下长期股权投资的账面价值作为按照权益法核算的初始投资成本，初始投资成本小于转换时占被投资单位可辨认净资产公允价值份额的差额，借记“长期股权投资一 - 成本”账户，贷记“营业外收入”账户。

4. 长期股权投资的减值

长期投资减值，是指长期投资预计未来可收回金额低于账面价值所发生的损失。可收回金额是指长期股权投资的公允价值减去处置费用后的净额与预期从该资产的持有和投资到期处置中形成的预计未来现金流量的现值两者之中较高者。如无法可靠估计长期股权投资的公允价值减去处置费用后净额的，应当以该长期股权投资预计未来现金流量的现值作为其可收回金额。可收回金额应当根据被投资单位的财务状况、市场价值等具体情况确定。

投资准则要求，企业应当定期对长期投资的账面价值逐项进行检查，至少每年年末检查一次。如果由于市价持续下跌或被投资单位经营状况变化等原因导致其可收回金额低于投资的账面价值，说明投资已经发生减值损失，应将其账面价值减记至可收回金额，借记“资产减值损失”账户，贷记“长期股权投资减值准备”。

长期股权投资减值损失一经确认，在以后会计期间不得转回。

长期股权投资减值准备的提取分以下两种情况。

（1）按成本法核算的、在活跃市场中没有报价、公允价值不能可靠计量的长期股权投资

因此类长期股权投资的公允价值不能可靠计量，因而应以该长期股权投资预计未来现金流量的现值作为其可收回金额。是否计提减值准备，可以根据下列迹象予以判断：①影响被投资单位经营的政治或法律环境的变化，如税收、贸易等法规颁布或修订，可能导致被投资单位出现巨额亏损；②被投资单位所供应的商品或提供的劳务因产品过时或消费者偏好改变而使市场的需求发生变化，从而导致被投资单位财务状况和现金流量发生严重恶化；③被投资单位所从事产业的生产技术等发生重大变化，被投资单位已失去竞争能力，从而导致财务状况和现金流量发生严重恶化；④被投资单位进行清理整顿、清算或出现其他不能持续经营的迹象。当企业持有的此类长期股权投资出现上述迹象之一者，即可视为该项投资已发生减值损失，应予以计提减值准备。

（2）其他长期股权投资

此类长期股权投资应根据该投资的公允价值减去处置费用后的净额与预计未来现金流量的现值两者之中的较高者确定。是否计提减值准备，可以根据下列迹象予以判断：①市价持续 2 年低于账面价值；②该项投资暂停交易 1 年；③被投资单位当年发生严重亏损；④被投资单位持续 2 年发生亏损；⑤被投资单位进行清理整顿、清算或出现其他不能持续经营的迹象。当企业持有的此类长期股权投资出现上述迹象之一者，即可视为该项投资已发生减值损失，应予以计提减值准备。

对采用权益法核算的企业如涉及商誉的，在计提减值准备时首先要调整商誉的价值，待商誉价值减为零后再计提减值准备。

处置长期股权投资时，应同时结转已计提的长期股权投资减值准备。

5．长期股权投资的处置

处置长期股权投资时，应按所收到的价款与长期股权投资账面价值的差额确认为当期投资损益。采用权益法核算的长期股权投资，因被投资单位除净损益以外所有者权益其他变动而计入所有者权益的，处置该项投资时应当将原计入所有者权益的部分按相应比例转入当期损益。

处置长期股权投资时应同时结转已计提的减值准备。部分处置某项长期股权投资时，应按该项投资的总平均成本确定其处置部分的成本，并按相应比例结转已计提的减值准备和资本公积项目。

账务处理时，按实际收到的金额，借记“银行存款”等账户，已计提减值准备的，借记“长期股权投资减值准备”账户，按其账面余额，贷记“长期股权投资”

账户，按尚未领取的现金股利或利润，贷记“应收股利”账户，按其差额，贷记或借记“投资收益”账户。

6. 长期股权投资在财务报告中的披露

投资企业应当在附注中披露下列与长期股权投资有关的信息：

（1）子公司、合营企业和联营企业清单，包括企业名称、注册地、业务性质、投资企业的持股比例和表决权比例；

（2）合营企业和联营企业当期的主要财务信息，包括资产、负债、收入、费用等合计金额；

（3）被投资单位向投资企业转移资金的能力受到严格限制的情况；当期及累计未确认的投资损失金额；与对子公司、合营企业及联营企业投资相关的或有负债。

第四章 固定资产与无形资产研究

第一节 固定资产

一、固定资产的初始计量

1. 固定资产的计量基础

（1）原始价值

原始价值，又称原始成本或原值，是指企业在购置、投资建造或以其他方式取得某项固定资产，并使其达到预定可使用状态前所发生的一切合理、必要的支出。“预定可使用状态”指资产已达到购买方或建造方预先设想的可以使用的状态。具体可从以下几个方面判断：①固定资产的实体建造（包括安装）工作已经全部完成或者实质上已经完成，即应认为固定资产的购置或建造工作已经完成；②所购建的固定资产与设计要求或合同要求相符，即使存在个别不相符合的地方，也不影响其正常使用；③继续发生在所购建固定资产上的支出金额很少或几乎不再发生。如果所购建固定资产需要试生产或试运行，则在试生产结果表明资产能够正常生产合格产品时，或试运行结果表明能够正常运转或营业时，就应当认为该项固定资产已经达到可使用状态。

企业取得资产的方式不同，其原始价值的内容也就不同。以原始价值确定固定资产价值，是以实际发生的支出凭证为依据的，所需资料易于获得，有确凿的实际数据可以查核，具有客观性和可验证性，避免掺入主观因素，而且具有保持企业内部和不同企业之间固定资产计价的逻辑一致性。因此，原始价值是固定资产的基本计价标准。会计实务中，固定资产的计价均采用历史成本。

固定资产按原始价值计价，可以反映固定资产的原始投资和企业的生产经营规模，以及用来计算固定资产应提取的折旧额。但当企业经营环境和社会物价水平发生变化时，它不能反映固定资产的真实价值，也不能反映企业当前的经营规模，从而使财务报告的真实性受到影响。

（2）重置完全价值

重置完全价值，简称重置价值，是指在当前生产技术条件和市场条件下，重新购建同样的全新固定资产所需的全部支出。

采用重置价值，能真实反映固定资产的现时价值，以及价格动态情况，有助于考查企业各个时期技术装备的水平。但由于重置价值经常变化，从而使固定资产在原有价值上发生波动，无论增值或减值，对本期损益都会产生影响。另外，会计实务操作亦比较复杂，一般仅用在清查中确定盘盈固定资产的价值，或对报表补充说明时使用。

（3）净值

净值，又称折余价值，是指固定资产原始价值或重置完全价值扣除已提累计折旧后的余额。净值可以反映企业所拥有或控制的固定资产的实际价值，同时将其与原值对比，还可以反映企业固定资产的新旧程度，便于企业合理安排固定资产的更新改造或投资。这种计价方法常用来计算盘盈、盘亏、毁损固定资产的溢余或损失。

（4）现值

现值是指固定资产在使用期间以及处置时产生的未来净现金流量的折现值。

2. 固定资产核算的账户设置

为了反映固定资产原值、已提折旧和净值的增减变动情况和固定资产购建过程中的实际支出情况，企业应设置“固定资产”、“累计折旧”、“在建工程”和“工程物资”几个账户（见表4-1）。

表4-1 企业应设置的账户

账户名称	主要内容
“累计折旧”账户	用来核算企业固定资产的累计折旧额，反映折旧的提取、形成和转销情况。贷方登记企业按月计提的折旧数及因各种原因转入固定资产的已提折旧数，借方登记因各种原因减少固定资产而转销的折旧数，期末贷方余额反映企业现有固定资产的累计折旧数。“累计折旧”账户是“固定资产”账户的备抵调整账户，用来抵减固定资产原值以求得固定资产净值
“在建工程”账户	用来核算企业进行各项工程所发生的各种实际支出。借方登记各项工程实际支出数，贷方登记完工工程实际成本的结转数，期末借方余额反映尚未完工在建工程的实际支出。在本账户下，应按工程项目设置明细账户，进行明细分类核算

续表

账户名称	主要内容
“固定资产”账户	用来核算企业所有固定资产的原始价值，反映固定资产原价的增减变动和结存情况。借方登记增加的固定资产原价，贷方登记减少的固定资产原价，期末借方余额反映企业现有固定资产原价。在本账户下，应按固定资产的类别设置明细账户，进行明细分类核算
“工程物资”账户	用来核算企业为基建工程、更改工程和大修理工程准备的各种物资的实际成本，包括为工程准备的材料、尚未交付安装的需要安装设备的实际成本，以及预付大型设备款和基建期间根据项目概算购入为生产准备的工具及器具等的实际成本。借方登记企业为购置大型设备的预付款和为工程准备的物资的实际成本，贷方登记工程领用物资及工程完工后转作存货物资的实际成本，期末借方余额反映企业为工程购入但尚未领用的专用物资的实际成本、购入需要安装设备的实际成本，以及为生产准备但尚未交付的工具和器具的实际成本等

3. 外购固定资产

（1）不需要安装的固定资产

不需要安装的固定资产的取得成本为企业实际支付的购买价款、相关税费、运输费、装卸费、保险费和专业服务人员服务费等，因购入后即可投入使用，故购入后即可认为已达到预定可使用状态。账务处理时，按应计入固定资产成本的金额，直接借记“固定资产”账户，贷记“银行存款”等账户。

例：A 公司于 2017 年 4 月 30 日购入不需要安装的机器一台，取得的增值税专用发票上注明价款 500000 元，增值税税额 85000 元，另支付运输费、包装费等 5000 元，款项已通过银行转账支付。假定不考虑其他相关税费。

借：固定资产　　590000

　贷：银行存款　　590000

在实际工作中，企业可能以一笔款项购入多项没有单独标价的资产。如果这些资产符合固定资产的定义并满足固定资产的两个确认条件，则应将各项资产单独确认为固定资产，并按各项固定资产的公允价值的比例对总成本进行分配，分别确定各项固定资产的成本。

例：20：17 年 10 月 2 日，B 公司为降低采购成本，一揽子购入甲、乙两台不需要安装即可使用的设备，取得的增值税专用发票上注明两台设备价款总额为 1600000 元，增值税税额 272000 元，另支付运杂费 78000 元，款项已经银行转账支付。经评估确认，甲、乙两台设备的公允价值分别为 1200000 元和 800000 元。

假定不考虑其他相关税费。

①计算确定固定资产的成本，包括买价、增值税金和运杂费等

（1600000+272000+78000）元 =1950000 元

②计算确定甲、乙两台设备的价值分配比例

甲：1200000+（1200000+800000）×100%=60%

乙：800000+（1200000+800000）×100%=40%

③计算确定甲、乙两台设备的入账价值

甲：1195000 元 ×60%=1170000 元

乙：1195000 元 ×40%=780000 元

借：固定资产——甲设备　　1170000

——乙设备　　780000

贷：银行存款　　1950000

企业购买固定资产，通常会在正常信用条件期限内付款。但也会发生例外，如采用分期付款方式购买资产，由于合同中规定的期限比较长，超过了正常信用条件（通常在 3 年以上），因而这类购货合同实质上具有融资租赁性质，购入资产的成本不能以各期付款额之和确定，而应以各期付款额的现值之和确定。固定资产购买价款的现值，应当按照各期支付的购买价款选择恰当的折现率进行折现后的金额确定。折现率是反映当前市场货币时间价值和延期付款债务特定风险的利率，实质上是供货企业的必要报酬率。各期实际支付的价款与购买价款现值之间的差额，对符合资本化条件的部分计入固定资产成本，其余部分确认为财务费用计入当期损益。

例：2013 年 1 月 1 日，C 公司与 S 公司签订一项购销合同，C 公司从 S 公司购入一台需要安装的大型机器设备。. 合同规定，C 公司采用分期付款方式支付设备价款。该设备价款共计 1200000 元，首期款项 200000 元于 2003 年 1 月 1 日支付，其余款项在 2013 年至 2017 年的 5 年期间平均支付，每年付款日为当年 12 月 31 日。

2013 年 1 月 1 日，设备如期运抵 C 公司并开始安装，发生运杂费和相关税费 180000 元，已用银行存款支付。2003 年] 2 月 31 日，设备达到预定可使用状态，发生安装费 50000 元，已用银行存款付讫。

C 公司按照合同约定用银行存款如期支付了款项。假定折现率为 10%。

① 2003 年 1 月 1 日，计算购买设备价款的现值

200000 元 +200000 元 ×（P/A，10%，5）

=200000 元 +200000 元 X3.7908=958160 元

借：在建工程　　958160

未确认融资费用　241840

贷：长期应付款　1200000

支付首期款项　200000元

借：长期应付款　200000

贷：银行存款　200000

支付运杂费和相关税费　180000元

借：在建工程　180000

贷：银行存款　180000

②确定信用期间未确认融资费用的摊销额（见表4–2）

表4–2　C公司未确认融资费用摊销表

日期	分期付款	额确认的融资费用	应付本金减少额	应付本金余额
①	②	③=期初⑤×10%	④=②–③	期末⑤=期初⑤–④
2013.01.01				758160
2013.12.31	200000	75816	124184	633976
2014.12.31	200000	63397.60	136602.40	497373.60
2015.12.31	200000	49737.40	150262.60	347111
2016.12.31	200000	34711.10	165288.90	181822.10
2017.12.31	200000	18177.90	181822.10	0
合计	1000000	241840*	758160	

③2013年1月1日至2013年12月31日为设备安装期间，未确认融资费用的摊销额符合资本化条件，应计入固定资产成本

借：在建工程　75816

贷：未确认融资费用　75816

借：长期应付款　200000

贷：银行存款　200000

借：在建工程　50000

贷：银行存款　50000

借：固定资产　1263976

贷：在建工程　1263976

固定资产的成本=（958160+180000+75816+50000）元=1263976元

④2014年1月1日至2017年12月31日，因设备已经达到预定可使用状态，

未确认融资费用的摊销额不再符合资本化条件，应予费用化，计入当期损益

借：财务费用　　63397.60

　贷：未确认融资费用　　63397.60

借：长期应付款　　200000

　贷：银行存款　　200000

以后期间的账务处理与 2014 年 12 月 31 日相同，此略。

（2）需要安装的固定资产

需要安装的固定资产的取得成本另外还要加上安装调试成本等。只有安装调试完成并达到设计要求或合同规定的标准后才能投入使用，此时才意味着达到预定可使用状态。固定资产安装工程可以采用自营安装方式，也可以采用出包安装方式。采用自营安装方式，安装费主要包括安装工程所耗用的材料、人工费用以及其他支出。采用出包安装方式，安装费为向承包单位支付的安装价款。账务处理时，应先通过“在建工程”账户核算固定资产购建的成本，待安装调试完毕交付使用时，再按完工工程实际成本，从“在建工程”账户的贷方转入“固定资产”账户的借方。

例：D 公司于 20：17 年 6 月 3 日购入需要安装的新生产流水线一条，取得的增值税专用发票上注明设备价款 1000000 元，增值税税额 170000 元，另发生运输费、包装费等 60000 元，款项均通过银行转账支付。安装时，领取原材料 30000 元，购进该批原材料时支付的增值税进项税额 5100 元，以银行存款支付安装工人薪酬 50000 元。安装完毕后即交付使用。假定不考虑其他相关税费。

①支付设备价款、税金、运杂费合计 1230000 元

借：在建工程　　1230000

　贷：银行存款　　1230000

②领用安装材料、支付安装工人工资等费用合计 85100 元

借：在建工程　　85100

　贷：原材料　　30000

　　　应交税费——应交增值税（进项税额转出）　　5100

　　　应付职工薪酬　　50000

③设备安装完毕达到预定可使用状态

借：固定资产　　1315100

　贷：在建工程　　1315100

4．自行建造的固定资产

（1）出包方式建造固定资产

所谓出包方式，是指企业通过招标方式将工程项目发包给建造承包商（施工单位），由建造承包商组织工程项目施工。

出包方式建造固定资产的成本由建造该项固定资产达到预定可使用状态前所发生的必要支出构成，包括发生的建筑工程支出、安装工程支出，以及需要分摊计入各固定资产价值的待摊支出。待摊支出是指在建设期间发生的、不能直接计入某项固定资产价值，而应由所建造固定资产共同负担的相关费用，包括为建造工程发生的管理费、征地费、可行性研究费、临时设施费、公证费、监理费、应负担的税金、符合资本化条件的借款费用、建设期间发生的工程物资盘亏、报废及毁损净损失，以及负荷联合试车费等。其中，征地费是指企业通过划拨方式取得建设用地发生的青苗补偿费、地上建筑物、附着物补偿费等。企业为建造固定资产通过出让方式取得土地使用权而支付的土地出让金不能计入固定资产成本，而应确认为无形资产（土地使用权）。

出包工程成本计算相对来讲较为简单，各项工程的具体支出由建造承包商核算，发包企业只需按照合同规定的工程进度和结算方式定期与建造承包商办理工程价款结算，结算的工程价款计入在建工程成本。因而“在建工程”账户实际成为企业与建造承包商的结算账户。

例：E 公司于 2017 年 1 月 2 日将一仓库的建造出包给市建筑公司。工程总价款 960000 元，合同规定先预付 60% 价款，待工程完工验收合格后全部付清。

①预付工程价款

借：在建工程——仓库　　576000

　贷：银行存款　　576000

②竣工结算

借：在建工程——仓库　　384000

　贷：银行存款　　384000

③交付使用

借：固定资产　　960000

　贷：在建工程——仓库　　960000

（2）自营方式建造固定资产

企业以自营方式建造固定资产，意味着企业自行组织工程物资采购、自行组织施工人员从事工程施工。其成本应按直接材料、直接人工、直接机械施工费等计量。

例：2017 年 1 月 1 日，F 股份有限公司决定新建一生产线，为此发生以下经济业务：

1）2017 年 1 月 1 日，向银行借款 6000000 元，用于购置大型生产设备一台，银行贷款利率 8%，期限 1 年。

2）公司于 2017 年 1 月 2 日购入该项设备，取得的增值税专用发票上注明设备价款 5000000 元，增值税税额 8500 (8)元，款项以银行存款支付。设备投入安装。

3）购入工程物资一批，增值税专用发票上注明材料价款 400000 元，增值税税额 68000 元，公司开出并承兑一张商业汇票支付。

4）2017 年 1 月至 6 月，先后实际领用工程物资价值 444600 元（含增值税），剩余物资转为公司存货。

5）领用公司产成品一批，实际成本 90000 元，计税价格 120000 元。

6）动力车间为工程提供有关的劳务支出 350000 元。

7）支付机修车间工程人员薪酬 50000 元。

8）2017 年 6 月底，工程达到预定可使用状态，但尚未办理竣工决算手续，工程按暂估价值结转固定资产成本。

9）2017 年 7 月中旬，该项工程已作决算，经查与暂估成本的差额 25000 元为应付职工薪酬。

假定不考虑其他税金。

①取得银行借款

借：银行存款　　6000000

　贷：长期借款　　6000000

②购入设备

借：在建工程　　5850000

　贷：银行存款　　5850000

③购入为工程准备的物资

企业为建造固定资产准备的各种物资应当按照实际支付的买价、不能抵扣的增值税税额、运输费、保险费等相关税费作为实际成本，并按照各种专项物资的种类进行明细核算。工程完工后，剩余的工程物资转为本企业存货的，按其实际成本或计划成本进行结转。建设期间发生的工程物资盘亏、报废及毁损，减去残料价值以及保险公司、过失人赔偿后的净损失，计入所建工程的成本；盘盈的工程物资或处置净收益，冲减所建工程项目成本。

借：工程物资　　468000

贷：银行存款　468000

④工程领用物资

借：在建工程　444600

贷：工程物资　444600

⑤工程领用本公司产品

建造固定资产领用工程物资、原材料或库存商品，应按其实际成本转入所建工程成本。涉及增值税的，还应结转相应的增值税税额。

借：在建工程　110400

贷：库存商品　90000

应交税费——应交增值税（销项税额）　20400

⑥动力车间为工程提供劳务

建造固定资产应负担的职工薪酬、辅助生产部门为之提供的水、电、修理、运输等劳务，以及必要的支出等，也应计入所建工程项目的成本。

借：在建工程　350000

贷：生产成本——辅助生产成本　350000

⑦工程应负担职工薪酬

借：在建工程　50000

贷：应付职工薪酬　50000

⑧工程在建期间应付借款利息

对符合资本化条件的借款利息，应计入所建工程项目成本。

借：在建工程　240000

贷：长期借款　240000

⑨ 2007 年 6 月底，工程达到预定可使用状态，尚未办理决算手续，固定资产按暂估价值入账

借：固定资产　7045000

贷：在建工程　7045000

⑩剩余工程物资交库转存货

借：原材料　20000

应交税费——应交增值税（进项税额）　3400

贷：工程物资　23400

⑪ 2007 年 7 月中旬，按竣工决算实际成本调整固定资产成本

借：固定资产　25000

贷：应付职工薪酬　　25000

5. 投资者投入固定资产

投资者投资转入的固定资产，在办理了固定资产移交手续之后，应按投资合同或协议约定的价值加上应支付的相关税费作为固定资产的入账价值，但合同或协议约定的价值不公允时，应按其公允价值作为入账价值，按固定资产初始确认成本与实收资本或股本之间的差额调整资本公积。

例：2017 年 10 月 13 日，G 公司收到 T 公司投资转入的电信设备一台，T 公司账面原值 950000 元，投资合同确认的价值为 935000 元。

借：固定资产　　935000

贷：实收资本　　935000

例：2017 年 9 月 5 日，H 公司收到 R 公司投资转入房屋一栋，R 公司账面原值 5000000 元，已计提折旧 1200000 元，投资协议约定的价值为 4200000 元，接受投资日该固定资产的公允价值为 4500000 元。

借：固定资产　　4500000

贷：实收资本　　4200000

资本公积 300000

6. 融资租入固定资产

企业租入固定资产有两种方式：经营性租赁与融资性租赁。两种租赁方式性质不同，其会计处理也不相同。

经营性租赁，又称服务性租赁，是指企业为解决生产经营上的临时需要，从其他单位租入的固定资产。经营性租入的固定资产，企业无所有权，不能作为固定资产的增加。但企业根据租赁合同享有使用权，同时还负有支付租金的义务，租赁费应列入企业制造费用或管理费用。

融资性租赁，是指企业以资金融通的方式租入固定资产，实际上是一种变相分期付款购买固定资产。融资租赁判别条件如下：①租期较长，多为使用年限的 75% 以上；②租约一般不能取消；③支付的租金包括了设备的价款、租赁费和借款利息等；④租赁期满，承租人有优先选择廉价购买资产的权利。在融资租赁方式下，与租赁资产有关的主要风险和报酬已由出租人转归承租人。出租方以租金形式收回租赁固定资产的绝大部分成本，且获得合理的利息收入。因此，融资租入固定资产与企业自有固定资产无实质性区别，仅无法律形式上的所有权而已，企业应将融资租入的固定资产登记入账。

融资租入的固定资产，按租赁开始日租赁资产的公允价值与最低租赁付款额现值两者中较低者作为入账价值。最低租赁付款额是指在租赁期内，承租人应支付或可能被要求支付的各种款项（不包括或有租金和履约成本）加上由承租人或与其有关的第三方担保的资产余值。但是，如果承租人有购买租赁资产的选择权，所订立的购价预计将远低于行使选择权时租赁资产的公允价值，因而在租赁开始日就可以合理确定承租人将会行使这种选择权，则购买价格也应包括在最低租赁付款额内。其中，资产余值是指租赁开始日估计的租赁期届满时租赁资产的公允价值。

承租人在计算最低租赁付款额的现值时，如果知悉出租人的租赁内含利率，应采用出租人的内含利率作为折现率；否则，应采用租赁合同规定的利率作为折现率。如果出租人的租赁内含利率和租赁合同规定的利率均无法获悉，则采用同期银行贷款利率作为折现率。

如果融资租赁资产占企业（承租人）资产总额比例等于或低于 30% 的，在租赁开始日，企业也可按最低租赁付款额作为固定资产的入账价值。

企业融资租入固定资产，应根据租赁协议确定的固定资产租赁费，包括价款、运输费、包装费、途中保险费等，通过“长期应付款”与租赁公司结算。在租赁期间发生的手续费和利息支出一般计入当期损益，不作为租赁资产的价值。另外，对不需要安装的固定资产，可将租赁费作为固定资产原值，记入“固定资产”账户的借方；对需要安装的固定资产，其租赁费、安装调试费等还应通过“在建工程”账户先行核算，以便计算融资租入固定资产的实际成本，安装完工投入使用时，再将其实际成本由“在建工程”账户的贷方转入“固定资产”账户的借方。

7. 存在弃置义务的固定资产

实际工作中，对于某些特殊行业的特定固定资产，在确定其初始入账成本时，还应考虑预计弃置费用因素。弃置费用是指根据国家法律和行政法规、国际公约等规定，企业承担的环境保护和生态恢复等义务所确定的支出，如核电站设施等的弃置和恢复环境义务所确定的支出。因弃置费用的金额与其现值比较相差较大，需要考虑货币时间价值。因而，对这些特殊行业的特定固定资产，通常需要按照现值计算确定应计入固定资产成本的金额和预计负债。在固定资产的使用寿命内按照预计负债的摊余成本和实际利率计算确定的利息费用应计入财务费用。

例：Q 公司经国家批准于 2017 年 1 月 1 日建造完成核电站核反应堆并交付使用，建造成本 2000000 万元，预计使用寿命 20 年。因核反应堆将会对当地生态环境产生一定的影响，按照法律规定，企业应在核反应堆使用期满后予以拆除，并对造成的污染进行整治，预计发生弃置费用 100000 万元。假定适用的折现率为 10%。

① 2017 年 1 月 1 日，计算已完工固定资产成本

因核反应堆属于特殊行业的特定固定资产，确定其成本时应考虑弃置费用。

弃置费用的现值 =100000 万元 ×（P/F，10%，20）

=100000 万元 ×0.14864

=14864 万元

固定资产入账价值 =（2000000+14864）万元 =2014864 万元

借：固定资产　　20148640000

　贷：在建工程　　20000000000

　　　预计负债　　148640000

②计算第一年应负担利息

借：财务费用　　14864000

　贷：预计负债　　14864000

③计算第二年应负担利息（按实际利率法计算）

（148640000+14864000）元 ×10%=16350400 元

借：财务费用　　16350400

　贷：预计负债　　16350400

以后会计年度账务处理略。

企业已入账的固定资产，除非发生下列情况，不得调整固定资产账面原值：①根据国家规定对固定资产价值重新估价；②固定资产增加补充设备或改良装置；③将固定资产的一部分拆除；④根据固定资产实际价值调整原来的暂估价值；⑤发现原记固定资产价值有错误。

二、固定资产折旧

1. 影响固定资产折旧的因素

影响固定资产折旧的因素主要有以下几个方面：

（1）固定资产原价

固定资产折旧作为固定资产的转移价值，应以取得固定资产时的原始成本，即原值作为计提的基数。它包括为取得固定资产并使其达到预定可使用状态前所发生的一切必要而合理的支出。

（2）预计净残值

固定资产残值也称残余价值，是指固定资产退废清理时可收回残余废料的可变现价值。固定资产净残值是指假定固定资产预计使用寿命已满并处于使用寿命终了时的预期状态，企业目前从该项资产处置中获得的扣除预计处置费用后的金额。固定资产残值与清理费用的估计，应视具体情况而定。一般可按净残值与固定资产原值的比率，即净残值率，在 3% ~ 5% 范围内估计。如果净残值很小，或与固定资产原始成本相比，比重不大时，也可以忽略不计。

（3）固定资产减值准备

固定资产减值准备指固定资产已计提的固定资产减值准备累计金额。固定资产计提减值准备后，应当在剩余使用寿命内根据调整后的固定资产账面价值，即固定资产账面余额扣减累计折旧和累计减值准备后的金额，和预计净残值重新确定折旧率和折旧额。

（4）固定资产使用寿命

固定资产使用寿命是指企业使用固定资产的预计期间，或者该固定资产所能生产产品或提供劳务的数量。企业确定固定资产使用寿命时，要考虑：①该项资产的预计生产能力或实物产量；②该项资产的有形损耗，如设备使用中发生磨损、房屋建筑物受到自然侵蚀等；③该项资产的无形损耗，如因新技术的出现而使现有的资产技术水平相对陈旧、市场需求变化使产品过时等；④法律或者类似规定对该项资产使用的限制。通常有三种可供估计的方法：①时间，如年、月；②工作时效，即工作量；③产品数量。

企业应当根据固定资产的性质和使用方式，合理确定固定资产的使用寿命和预计净残值，并根据科技发展、经济环境及其他因素，选择合理的固定资产折旧方法，按照管理权限，经股东大会或董事会、经理（厂长）会议，或类似机构批准，作为固定资产计提折旧的依据。同时，按照法律、行政法规的规定报送有关各方备案，并备置于企业所在地，以供股东等有关各方查阅。企业已确定并对外报送，或备置于企业所在地的有关固定资产预期使用寿命和预计净残值，一经确定就不得随意变更。如需变更，仍应按上述程序，经批准后报送有关各方备案，并在会计报表附注中予以说明。

企业应当定期对固定资产的使用寿命进行复核。如果固定资产使用寿命的预期数与原先的估计数有重大差异时，则应当调整固定资产折旧年限。由于预计使用年限变更属于会计估计变更，不必追溯调整，只需按重新预计的使用年限和净残值确定新的折旧额。

2．计提折旧的固定资产范围

除下列情况外，企业应对所有固定资产计提折旧：①已提足折旧仍继续使用的固定资产；②按规定单独估价作为固定资产入账的土地。

固定资产准则规定，企业对未使用、不需用的固定资产也应计提折旧，目的在于促使企业提高固定资产的使用效益，加速固定资产的周转。这是因为在知识经济时代背景下，固定资产虽然未使用或不需用，也许不会发生有形损耗，但无形损耗在所难免。

固定资产提足折旧，即已经计提完该项固定资产应计折旧额，不论是否继续使用，均不再计提折旧；提前报废的固定资产也不再补提折旧。

已达到预定可使用状态的固定资产，如果尚未办理竣工决算手续的，应当按照估计价值暂估入账并计提折旧，待办理了竣工决算手续后，再按实际成本调整原来的估计价值，但不需要调整原已计提的折旧额。

3．固定资产折旧的计算方法

企业应当根据与固定资产有关的经济利益的预期实现方式，合理选择固定资产折旧方法。固定资产折旧方法不同，其寿命期内不同时期的折旧额也就有所不同。因而，固定资产折旧方法一经选用，不得随意变更。企业可以选用的折旧方法有年限平均法、工作量法、双倍余额递减法和年数总和法。

（1）直线法

直线法是指按照时间或完成的工作量平均计提折旧的方法。如果以时间或工作量为横坐标，折旧额为纵坐标，固定资产各年的折旧额在直角坐标图上表现为一条平行于横轴的直线，即固定资产的应计折旧额按时间或工作量平均分配，故称之为直线法。直线法包括年限平均法和工作量法两种。

1）年限平均法

年限平均法，是指将固定资产的应计折旧额，在其可使用寿命内均衡地分摊的一种方法。在年限平均法下，各期折旧额相等。其计算公式如下：

年折旧额 =（固定资产原值 – 预计净残值）/ 预计使用寿命（年）

在实际工作中，固定资产的折旧额往往是以其折旧率来计算的，其计算公式如下：

年折旧率 =（1– 预计净残值率）/ 预计使用寿命（年）

月折旧率 = 年折旧率 ÷12 月折旧额 = 固定资产原价 × 月折旧率

采用年限平均法的最大好处是简单方便，适合于不受季节影响，各期使用程度大致相同的固定资产。不足之处在于这种方法只注重资产的使用时间，不考虑资产的使用程度，忽视了固定资产各期磨损程度和服务效能的差异。另外，固定资产的维护保养费，也会随着使用时间的增加和磨损程度的加剧而增大，而各期折旧额却一样，这就导致各期折旧费和维护费的差异，使固定资产成本在各期负担不均。

上述计算的折旧率是按个别固定资产单独计算的，称为个别折旧率，即某项固定资产在一定期间的折旧额与该项固定资产原价的比率。个别折旧率计算折旧结果准确，但计算工作量较大，只适合于固定资产数量不多或数量虽多但各月之间变化不大的企业。除此以外，还有分类折旧率和综合折旧率。

分类折旧率，是指固定资产分类折旧额与该类固定资产原价的比率。一般分类折旧率是在新建企业时按投入固定资产类别平均计算确定的。采用这种方法，应先将性质、结构和使用寿命相接近的固定资产归为一类，再按类计算分类折旧率，然后用此折旧率对该类固定资产计提折旧。

$$\text{某类固定资产年折旧率}=\frac{\text{该类固定资产年折旧额之和}}{\text{该类固定资产原价之和}}\times 100\%$$

某类固定资产月折旧率 = 该类固定资产年折旧率 ÷ 12

某类固定资产月折旧额 = 该类固定资产原价之和 × 月折旧率

综合折旧率，是指某一期间企业全部固定资产折旧额与全部固定资产原价的比率。

$$\text{固定资产年综合折旧率}=\frac{\text{各项固定资产年折旧额之和}}{\text{各项固定资产原价之和}}\times 100\%$$

与采用个别折旧率与分类折旧率相比，采用综合折旧率计算固定资产折旧的结果准确性较差。

例：M 公司有一设备，原值 50000 元，预计净残值率 4%，预计使用 10 年。

年折旧率 =（1-4%）/10 × 100%=9.6%

月折旧率 =9.6% ÷ 12=0.8%

月折旧额 =50000 元 × 0.8%=400 元

2）工作量法

工作量法，又称产量法或作业量法，是指按照固定资产在其使用寿命内所能提供的服务能力平均计提折旧的一种方法。工作量可用行驶里程、工作小时或工作台班来表示。

$$\text{单位工作量折旧额}=\frac{\text{固定资产原价}\times\left(1\text{-预计净残值率}\right)}{\text{预计总工作量}}$$

某项固定资产月折旧额 = 该项固定资产当月工作量 × 单位工作量折旧额

例：N 公司购置一台大型设备，原值 600000 元，预计净残值率 5%，在有效使用年限内可工作 50000 小时，本月工作 100 小时。

单位小时折旧额 =［600000 ×（1-5%）/50000］元 =11.40 元

本月折旧额 =（11.40 × 100）元 =1140 元

采用工作量法的优点焉简单易算，所提折旧额与资产的使用程度成正比，反映了收益与费用配比的原则，适合于在使用年限内各期工作量不均衡的固定资产，如季节性生产。这种方法不足之处在于它只关心固定资产的使用程度，强调其物质损耗，忽视了无形损耗。另外，在使用年限内可完成的工作量也难以准确估计。

（2）加速折旧法

加速折旧法，又称递减折旧法，是指固定资产每期计提的折旧费用，采用前期多提折旧，后期少提折旧，各年的折旧额呈递减趋势，使固定资产的成本在使用年限内加快得到补偿的一种方法。加速折旧法包括余额递减法、双倍余额递减法和年数总和法。

1）余额递减法

余额递减法又称定率递减法，是以一固定百分率乘以固定资产每年年初账面余额来计提折旧的一种方法。其特点是年折旧率不变，余额（净值）递减，导致各年折旧额亦随之递减，因而称之为余额递减法。计算公式如下：

$$年折旧率=\left(1-\sqrt[n]{\frac{预计净残值}{原值}}\right)\times100\%\left(n为了使用年限\right)$$

$$年折旧额=年初账面净值\times年折旧率$$

从计算公式可以看出，在计算折旧额时，预计净残值已被考虑在内，并未从固定资产原值中扣除，这样，可保证在有效使用年限结束时固定资产的账面净值正好等于预计净残值。按上述公式计算时.，如果固定资产无净残值，可假定其值为1元。

如果计算出来的年折旧率有较多小数，可舍零取整，因舍弃小数而导致的差额可留待最后一期调整。

例：P公司某机器原值32000元，预计净残值800元，预计使用5年，其计算结果见表4–3。

$$年折旧率=\left(1-\sqrt[5]{\frac{800}{32000}}\right)\times100\%=52.1824\%$$

表4–3　余额递减法折旧计算表　　单位：元

年份	年初账面净值	折旧率	折旧额	累计折旧	年末账面净值
0					32000
1	32000	52%	16640	16640	15360

续表

年份	年初账面净值	折旧率	折旧额	累计折旧	年末账面净值
2	15360	52%	7987	24627	7373
3	7373	52%	3834	28461	3539
4	3539	52%	1840	30301	1699
5	1699	52%	899	31200	800

2）双倍余额递减法

双倍余额递减法是指在先不考虑固定资产预计净残值的情况下，根据每期期初固定资产原价减去累计折旧后的金额乘以两倍直线法折旧率来计算固定资产折旧的一种方法。计算公式如下：

$$年折旧率=\frac{2}{预计使用寿命（年）}\times100\%$$

$$月折旧率=年折旧率\div12$$

$$月折旧额=月初固定资产账面净值\times月折旧率$$

采用双倍余额递减法计提固定资产折旧，应当在按双倍余额递减法计算的折旧额小于按直线法计提的折旧额时，改用直线法计提折旧，以保证固定资产报废时，其账面余额与其预计净残值相等。为简化起见，可在固定资产折旧年限到期前两年内，将固定资产净值扣除预计净残值后的余额平均摊销。

3）年数总和法

年数总和法是一种变率递减法，它是以固定资产原价减去预计净残值后的余额乘以一个逐年递减的分数计算固定资产折旧额的一种方法。该分数的分母为估计使用寿命中各年尚可使用年数的总和，分子是固定资产尚可使用的寿命。计算公式如下：

$$年折旧率=\frac{尚可使用年限}{预计使用寿命的年数总和}\times100\%$$

$$月折旧率=年折旧率\div12$$

$$月折旧额=（固定资产原价-预计净残值）\times月折旧率$$

例 14R 公司某机器设备原值 320000 元，预计净残值 20000 元，预计可使用 4 年。其各年折旧率和折旧额见表 4–4。

企业应当定期对固定资产的折旧方法进行复核。如果固定资产包含的经济利益的预期实现方式有重大改变，则应当相应改变固定资产折旧方法。由于改变固定资产折旧方法属于会计政策变更，一般需要对以前年度已提折旧进行追溯调整。

表4–5　年数总和法折旧计算表　　单位：元

年份	可折旧总额	尚可使用年限	年折旧率	年折旧额	累计折旧
1	300000	4	4/10	120000	120000
2	300000	3	3/10	90000	210000
3	300000	2	2/10	60000	270000
4	300000	1	1/10	30000	300000

4．固定资产折旧的会计处理

固定资产应当按月计提折旧，并根据用途分别计入相关资产的成本或当期费用。为简化核算，企业在实际计提固定资产折旧时，当月增加的固定资产，当月不提折旧，从下月起计提折旧；当月减少的固定资产，当月仍计提折旧，从下月起停止计提折旧。已提足折旧的逾龄固定资产不再计提折旧。

企业具体计提折旧时，通常以月初可计提折旧固定资产的账面原价为依据，计算当月的固定资产应计提折旧额。这样，除第一个月需按固定资产项目逐项计算其折旧额以外，以后各月均可在上月计提折旧额的基础上，考虑上月固定资产增减变动的影响，加以调整即可。

本月应计提折旧额 = 上月应计提折旧额 + 上月增加固定资产应计提折旧额 –
上月减少固定资产应计提折旧额

为方便固定资产折旧核算，企业应按月编制“固定资产折旧计算表”，其格式如表 4–5 所示。

表4–5　固定资产折旧计算表

xxxx 年 8 月　　单位：元

使用单位	上月计提折旧额	上月增加固定资产应计提折旧额	上月减少固定资产应计提折旧额	本月应计提折旧额
一车间	60000	3000	2000	61000
二车间	80000	5000	3000	82000
机修车间	20000	1800	1000	20800
管理部门	10000	1200		11200
合计	170000	11000	6000	175000

企业无论采用何种折旧计算方法，每月计提的折旧额，都应按固定资产使用部门分别计入有关成本费用账户的借方和“累计折旧”账户的贷方。对工业企业，为生产产品和提供劳务所发生的固定资产折旧费，应计入“制造费用”账户；为组织和管理生产经营活动所发生的固定资产折旧费，应计入“管理费用”账户；专设销售部门所发生的固定资产折旧费，应计入“销售费用”账户。商品流通企业固定资产折旧费全部计入“管理费用”账户。

根据表 4–5 资料编制会计分录如下：

借：制造费用　163800

　　管理费用　11200

　贷：累计折旧　175000

三、固定资产的后续支出

1．固定资产后续支出的分类

企业的固定资产投人使用后，或者为了适应新技术发展的需要，或者为了维护或提高固定资产的使用效能，往往需要对现有固定资产进行维护、改建、扩建或改良。例如，企业通过对厂房进行改建、扩建，不仅使其更加坚固耐用，而且延长了厂房等固定资产的使用寿命；企业通过对机器设备的技术改造，提高了机器设备等固定资产的生产能力，增加了其单位时间内产品的产出数量；企业通过对产品生产线的改良，促使其大大降低了产品的生产成本，提高了企业产品的价格竞争力等。

企业在对现有固定资产进行维护、改建、扩建或改良时必然要发生各种后续支出。所谓后续支出，是指固定资产使用过程中发生的更新改造支出、修理费用等。其处理原则是：凡与固定资产有关的更新改造等后续支出，只要符合固定资产确认条件，就应计入固定资产成本，同时将被替换部分的账面价值扣除；凡与固定资产有关的修理费用等后续支出，不符合固定资产确认条件的，应当计入当期损益。

2．资本化的后续支出

固定资产发生可资本化的后续支出时，企业首先应将该项固定资产的原价、已经计提的累计折旧和减值准备转销，将该项固定资产的账面价值转入在建工程，并停止计提折旧。对发生的可资本化后续支出，通过“在建工程”账户核算。当后续支出发生完毕、该项固定资产达到预定可使用状态时，再从在建工程转为固定资产，并按重新确定的使用寿命、预计净残值和折旧方法计提折旧。

例：2013 年 12 月，A 公司自行建成了一条产品生产线，建造成本为 4800000 元，采用年限平均法计提折旧，预计净残值率为固定资产原价的 4%，预计使用寿命为8年。2017年1月1日，由于该生产线所生产的产品适销对路，公司决定对该生产线进行改扩建，以增加产品产量，降低产品生产成本，从而提高生产效率。2017年1月1日至3月31日，经过3个月施工完成了这条生产线的改扩建，共发生支出1500000元，以银行存款支付，另领用本企业原材料100000元，适用增值税税率17%。该生产线改扩建工程达到可使用状态后，大大提高了生产能力，预计将其使用寿命增加4年。假设预计净残值率依然为固定资产原价的4%，折旧方法也依然为年限平均法，不考虑其他税费。

①计算2014年1月1日至2016年月31日三年固定资产折旧额

该生产线应计折旧额=4800000元 ×（1–4%）608000元

年折旧额=4608000元/8=576000元

各年计提固定资产折旧时，

借：制造费用　　576000

　贷：累计折旧　　576000

② 2017年1月1日，该生产线转入改扩建

固定资产账面价值=（4800000–576000×3）元=3072000元

借：在建工程　　3072000

　　累计折旧　　1728000

　贷：固定资产　　4800000

③ 2017年1月1日至3月31日发生固定资产后续支出时

借：在建工程　　1617000

　贷：银行存款　　1500000

　　　原材料　　100000

　　　应交税费应——交增值税（进项税额转出）　　17000

④ 2017年3月31日，生产线改扩建工程达到预定可使用状态固定资产入账价值=（3072000+1617000）元=4689000元

借：固定资产　　4689000

　贷：在建工程　　4689000

⑤ 2007年3月31日，重新确定该生产线年折旧额

该生产线应计折旧额=4689000元 ×（1–4%）=4501440元

年折旧额=4501440元+9=500160元

2017年应计提折旧额=500160元 ×9/12=375120元

借：制造费用　　375120

贷：累计折旧　375120

3．费用化的后续支出

为维护固定资产的正常运转和使用，充分发挥其使用效能，企业通常定期或不定期对其进行必要的维护。固定资产的日常修理费用、大修理费用等后续支出只是确保固定资产的正常工作状态，一般并不产生未来经济利益。因此，与固定资产有关的修理费用等后续支出，不符合固定资产确认条件的，应在其发生当期根据不同情况费用化为管理费用或销售费用处理。企业生产车间（部门）和行政管理部门等发生的固定资产修理费用等后续支出计入“管理费用”账户，企业专设销售机构发生的与专设销售机构相关的固定资产修理费用等后续支出计入“销售费用”账户。

例：2017 年 1 月 10 日，B 公司对现有的一台生产用车床进行修理。修理过程中以银行存款支付 20000 元，领用本企业原材料一批，价值 40000 元，适用增值税税率 17%，应付修理人员薪酬 12000 元。

对机床的维修工作属于为保证机床的正常使用而发生的日常维护，这项后续支出并不会产生未来经济利益，不符合固定资产确认条件。因此，应将该项固定资产后续支出予以费用化处理。

借：管理费用　78800

贷：银行存款　20000

原材料　40000

应交税费——应交增值税（进项税额转出）　6800

应付职工薪酬　12000

4．固定资产装修

企业对固定资产进行装修，其装修费用如果满足固定资产确认条件，应计入固定资产的账面价值。如果装修的固定资产的受益期限与固定资产整体的受益期限不一致，则应将其单独确认为一类固定资产，单独计提折旧。

例：C 公司于 2017 年初购入一栋房屋，以银行存款支付价款 2400 万元。购入后请 T 公司予以装修，支付装修费用 200 万元，装修完毕后即投入使用。

① 2007 年初购入房屋时

借：在建工程——房屋　24000000

贷：银行存款　24000000

②支付装修费时

借：在建工程——装修　2000000

贷：银行存款　2000000

③房屋交付使用时

借：固定资产——房屋　　24000000

　　　　　　——装修　　24000000

　贷：在建工程——房屋　　24000000

　　　　　　——装修 2000000

四、固定资产的期末计价

1．固定资产减值的判别标准

企业在期末对固定资产进行检查时，如发现存在下列情况，应当计算固定资产的可收回金额，以确定该项固定资产是否已发生减值：

（1）同定资产的市价当期大幅度下跌，其跌幅明显高于因时间的推移或者正常使用而预计的下跌：

（2）企业经营所处的经济、技术或者法律环境以及固定资产所处的市场在当期或者在近期发生重大变化，并对企业产生不利影响；

（3）市场利率或者其他市场投资报酬率在当期已经提高，从而影响企业计算同定资产预计未来现金流量现值的折现率，导致固定资产可收回金额大幅度降低；

（4）有证据表明固定资产已经陈旧过时或者发生实体损坏等；

（5）固定资产已经或者将被闲置、终止使用或者计划提前处置；

（6）企业内部报告的证据表明固定资产的经济绩效已经低于或者将低于预期，如间定资产所创造的净现金流量或者实现的营业利润（或者亏损）远远低于（或者高于）预计金额等；

（7）其他表明固定资产可能已经发生减值的情况。

如果出现固定资产的可收回金额低于其账面价值的现象，企业应当按可收回金额低于账面价值的差额计提固定资产减值准备，并计入当期损益。但应注意，只是单纯有这些迹象出现，并不必然表明该固定资产发生减值，企业应在综合考虑各方面因素的基础上作出职业判断。

当出现下列情况之一时，应当按照该项固定资产的账面价值全额计提固定资产减值准备：①长期闲置不用，在可预计的未来不会再使用，且已无转让价值的固定资产；②由于技术进步等原因，已不可使用的固定资产；③虽然固定资产尚可使用，但使用后产生大量不合格品的固定资产；④已遭毁损，以至于不再具有使用价值和转让价值的固定资产；⑤其他实质上已经不能再给企业带来经济利益的固定资产。

已全额计提减值准备的固定资产，不再计提折旧。

2．可收回金额的确定

固定资产的可收回金额，是指固定资产的公允价值减去处置费用后的净额与固定资产预计未来现金流量的现值两者之中的较高者。

固定资产的公允价值应当根据公平交易中销售协议价格确定。不存在销售协议但存在活跃市场的，应当按照该固定资产的市场价格确定。固定资产的市场价格通常应当根据资产的买方出价确定。在不存在销售协议和固定资产活跃市场的情况下，应当以可获取的最佳信息为基础，估计固定资产的公允价值。

企业按照上述方法仍然不能可靠估计固定资产公允价值减去处置费用后净额的_应当以该固定资产预计未来现金流量的现值作为其可收回金额。固定资产预计未来现金流量的现值，是指该固定资产持续使用过程中和使用结束时的处置中所形成的预计未来现金流量，选择恰当的折现率折现后的金额。

企业应当以单项固定资产为基础估计其收回金额。但当企业难以对单项固定资产的可收回金额进行估计时，应当以单项固定资产所属的资产组为基础确定资产组的可收回金额。

固定资产减值指固定资产的账面价值低于其可收回金额，既然固定资产账面价值是一时点数，那么就必须强调可收回金额也应是某一时点上的价值，它等于固定资产的持续使用和使用寿命结束时形成的预计未来现金流量的现值。如果不对其加以折现，则所反映出来的金额就不是固定资产在该时点上的价值。

3．计提减值准备

固定资产减值准备应按单项资产计提。在计算计提固定资产减值准备金额时，可按以下三个步骤进行（见表4–6）：

表4–6　计算计提固定资产减值准备金额

步骤	具体内容
计算确定固定资产可收回金额	企业应首先分别计算出固定资产的公允价值减去处置费用后的净额和固定资产预计未来现金流量的现值，并将两者予以比较，取其中较大者作为固定资产的可收回金额
比较固定资产账面价值与可收回金额	固定资产的账面价值应为固定资产的账面余额减去其备抵科目，包括“累计折旧”和“固定资产减值准备”的净值
计提减值准备	计提固定资产减值准备时，应当将固定资产账面价值减记至可收回金额，借记“资产减值损失”账户，贷记“固定资产减值准备”账户

固定资产减值损失确定后，被减值固定资产的折旧费应当在未来期间作相应调

整，以使该固定资产在剩余使用寿命内，系统地分摊调整后的固定资产账面价值。固定资产减值一经确认，在以后会计期间不得转回。

例：2013 年 12 月 31 日，G 公司对购入的时间相同、型号相同、性能相似的切削设备进行检查时发现其可能发生减值。该类设备的公允价值减去处置费用后的净额为 1500000 元，尚可使用 5 年。预计在未来 4 年内产生的现金流量分别为 500000 元、420000 元、350000 元、280000 元，第五年产生的现金流量以及使用寿命结束时处置形成的现金流量合计为 200000 元。在考虑相关风险的基础上，公司决定采用 5% 的折现率。假设 2013 年 12 月 31 日该设备的账面余额为 2700000 元，已计提折旧 800000 元，以前年度已计提了 200000 元的减值准备。

①计算确定固定资产可收回金额（见表 4–7）

表 4–7　固定资产未来现金流量现值计算表　　单位：元

年度	预计未来现金流量	折现率	现值系数	现值
2014 年	500000	5%	0.9524	476200
2015 年	420000	5%	0.9070	380940
2016 年	350000	5%	0.8638	323330
2017 年	280000	5%	0.8227	230356
2018 年	200000	5%	0.7835	156700
合计				1567526

由表 4–7 可知，企业预期从该资产的持续使用和使用寿命结束时的处置中形成的现金流量的现值为 1567526 元，大于其销售净价 1500000 元，故其可收回金额为 1567526 元。

②比较固定资产账面价值与可收回金额

同定资产账面价值为

（2700000–800000–200000）元 =1700000 元

固定资产可收回金额为 1567526 元。

同定资产账面价值大于可收回金额的差额为

（1700000–1567526）元 =132474 元

由计算结果可知，应按固定资产账面价值大于可收回金额的差额 132474 元补提减值准备。

③计提减值准备

借：资产减值损失　　132474

　贷：固定资产减值准备　　132474

五、固定资产的处置

1．固定资产终止确认的条件

对固定资产处置的确认实质上是对固定资产终止的确认。固定资产准则规定，固定资产满足下列条件之一的，应当予以终止确认，即应当予以处置。

（1）该固定资产处于处置状态

固定资产处置是指对那些不适用、不需用的固定资产对外予以出售转让，或对那些因长久使用而不断磨损直至最终退出使用或因技术进步等原因而提前退出使用的固定资产予以报废，或对由于遭受自然灾害等非常损失发生毁损的固定资产进行清理。同样，对外投资、债务重组、非货币性资产交换等也都属于固定资产处置。处于处置状态的固定资产不再用于生产商品、提供劳务、出租或经营管理，因而不再符合固定资产定义，应予以终止确认。

（2）该固定资产预期通过使用或处置不能产生经济利益

固定资产的确认条件之一就是“与该固定资产有关的经济利益很可能流入企业”，如果一项固定资产预期通过使用或处置不能产生经济利益，则不再符合固定资产的定义和确认条件，应予以终止确认。

2．固定资产处置的账务处理

对需要处置的固定资产，企业应按规定程序办理相应手续，转入清理。固定资产退出使用进行清理处置时，会计上须先确定固定资产的账面价值，即固定资产原价减去累计折旧后的余额。如果固定资产在使用寿命结束时进行处置，其账面价值就恰好等于资产投人使用时的原预计残值。但实际上固定资产清理处置的日期，在大多数情况下，不会刚好是其估计使用寿命的终结。这样，就存在固定资产账面价值的确定问题。通常做法是，在固定资产清理发生时，首先将被清理的固定资产本期应计提的折旧计提入账。

为反映和监督固定资产的清理过程，企业应设置“固定资产清理”计价对比账户。借方反映转入清理的固定资产的账面净值，以及所发生的清理费用和销售不动产等应缴纳的税金；贷方反映清理时的变价收入、残料价值和应由保险公司，或过失人承担的损失等。该账户贷方发生额大于借方发生额的差额，为清理过程中产生的净收益，应转入“营业外收入”账户的贷方。该账户借方发生额大于贷方发生额的差额，为清理过程中发生的净亏损，应转入“营业外支出”账户的借方。

企业因出售、报废或毁损、对外投资、非货币性资产交换、债务重组等处置固定资产，其会计处理一般可按下述步骤进行：

1）固定资产转入清理。固定资产转入清理时，应将固定资产的净值、累计折旧值和固定资产计提的减值准备分别记入“固定资产清理”、“累计折旧”和“固定资产减值准备”账户的借方，固定资产原值记入“固定资产”账户的贷方。

2）支付清理费用及结转税费。企业在固定资产清理过程中发生的有关费用以及应支付的相关税费，应按其实际支出记入“固定资产清理”账户借方，贷记“银行存款”、“应交税费”等账户。

3）取得转让收入和残料收入。企业在固定资产清理过程中所取得的固定资产转让收入或报废固定资产的残值收入或变价收入等，应冲减清理支出。即按其实际得款借记“银行存款”、“原材料”等账户，贷记“固定资产清理”账户。

4）保险赔偿的处理。对应由保险公司或过失人赔偿的部分，应冲减清理支出。即借记“银行存款”或“其他应收款”账户，贷记“固定资产清理”账户。

5）清理净损益的处理。固定资产清理完成后的净损失，如果属于生产经营期间正常的处理损失，借记“营业外支出---处置非流动资产损失”账户，贷记“固定资产清理”账户；如果属于生产经营期间由于自然灾害等非正常原因造成的，借记“营业外支出——非常损失”账户，贷记“固定资产清理”账户。固定资产清理完成后的净收益，借记“固定资产清理”账户，贷记“营业外收入”账户。

（1）固定资产出售

企业因技术进步或调整经营方针，可能将不再需要或不再适用的固定资产出售转让给其他单位。企业出售固定资产，首先应注销被出售固定资产的原值和已提折旧，即按其净值记入“固定资产清理”账户的借方，按已提折旧记入“累计折旧”账户的借方，按固定资产原值记入“固定资产”账户的贷方。然后，将出售固定资产所得价款分别记入“银行存款”等账户的借方和“固定资产清理”账户的贷方。如果售价与被售固定资产账面净值不等，还应结转固定资产清理后的净收益或净损失。售价低于账面净值时，其差额应作为损失，列入营业外支出；售价高于账面净值时，其差额应作为收益，列人营业外收入。

例：2017 年 3 月 17 日，C 公司出售不需用仓库一座，该仓库原价 5000000 元，累计折旧 1800000 元、累计减值准备 500000 元。清理过程中以银行存款支付清理费用 20000 元、相关税费 154000 元。出售仓库价款收入 2800000 元，款存银行。现已办妥财产转移手续。

①固定资产转入清理时

借：固定资产清理　　2700000
　　累计折旧　　1800000
　　固定资产减值准备　　500000
　贷：固定资产　　5000000

②支付清理费用

借：固定资产清理　　20000
　贷：银行存款　　20000

③收到价款存入银行

借：银行存款　　2800000
　贷：固定资产清理　　2800000

④计算税金

借：固定资产清理　　154000
　贷：应交税费　　154000

⑤结转净损益

借：固定资产清理　　74000
　贷：营业外收入　　74000

（2）固定资产报废

固定资产报废是指固定资产的正常报废，即固定资产使用磨损报废和由于技，术进步而发生的提前报废。企业对使用期满、不能继续为企业带来经济利益的固定资产，应按规定办理报废手续，经有关部门批准后转入清理。

例：20：17 年 9 月 14 日，D 公司一台专用机床使用期已满，经有关部门批准作报废处理。该机床原价 850000 元，累计折旧 836800 元，计提减值准备 8000 元。清理过程中取得残值收入 9000 元，款存银行，另以银行存款支付清理费用 4000 元，相关税费 600 元。

①转入清理时

借：固定资产清理　　5200
　　累计折旧　　836800
　　固定资产减值准备　　8000
　贷：固定资产　　850000

②残值变价收入存入银行

借：银行存款　　9000
　贷：固定资产清理　　9000

③支付清理费用和相关税费

借：固定资产清理　　4600

　贷：银行存款　　4000

　　　应交税费　　600

④结转净损益

借：营业外支出　　800

　贷：固定资产清理　　800

（3）固定资产毁损

固定资产毁损是指固定资产的非正常报废，即因自然灾害、意外事故等使固定资产遭致的报废。企业对已毁损固定资产应及时转入清理。

例212007年10月13日，E公司因车祸提前报废东风卡车一辆，原值188000元，已提折旧118000元，未曾计提减值准备。清理过程中支付清理费用2000元，保险公司理赔30000元，废车出售给废品公司得款3000元。

①转入清理时

借：固定资产清理　　70000

　　累计折旧　　118000

　贷：固定资产　　188000

②支付清理费用

借：固定资产清理　　2000

　贷：银行存款　　2000

③获得变价收入

借：银行存款　　3000

　贷：固定资产清理　　3000

④收到保险赔款

借：银行存款　　30000

　贷：固定资产清理　　30000

⑤结转净损益

借：营业外支出　　39000

　贷：固定资产清理　　39000

（4）固定资产对外捐赠

企业对外捐赠固定资产，应及时转入清理，注销该固定资产的账面价值。

例：2017年11月24日，F公司将一台编号为D24的电子通信设备无偿捐赠给受洪水灾害的 M 公司。该设备原值 350000 元，已提折旧 50000 元，未曾计提减值准备。现已办妥财产转移手续。

①转入清理时

借：固定资产清理　　300000

　　累计折旧　　50000

　贷：固定资产　　350000

②结转净损益

借：营业外支出　　300000

　贷：固定资产清理　　300000

3．持有待售的固定资产

固定资产准则规定，企业持有待售的固定资产，应当对其预计净残值进行调整。

持有待售的固定资产，是指在当前状况下，仅根据出售同类固定资产的惯例就可以直接出售且极可能出售的固定资产，如已经与买主签订了不可撤销的销售协议等。企业对于持有待售的固定资产，应当调整该项固定资产的预计净残值，使该项固定资产的预计净残值能够反映其公允价值减去处置费用后的金额，但不得超过符合持有待售条件时该项固定资产的原账面价值，原账面价值高于预计净残值的差额，应作为资产减值损失计入当期损益。

持有待售的固定资产从划归为持有待售之日起停止计提折旧和减值测试。在编制资产负债表时，企业可将持有待售的固定资产与其他固定资产一起合并列示在“固定资产”项目中，但需要在报表附注中披露持有待售的固定资产名称、账面价值、公允价值、预计处置费用和预计处置时间等。

六、固定资产清查

1．固定资产盘盈

企业对于在财产清查中盘盈的固定资产，经查明确属企业所有，应确定其重置完全价值，并建立相应固定资产卡片。企业盘盈固定资产，一般是以前年度发生的会计差错，应通过“以前年度损益调整”账户核算，即借记“固定资产”账户，贷记“以前年度损益调整”账户。

例：A 公司在 2016 年 12 月 26 日进行财产清查时，盘盈一台电子设备，重置价值 50000 元。

借：固定资产　　50000

　贷：以前年度损益调整　　50000

2．固定资产盘亏

对于盘亏的固定资产，在批准前，应先作待处理财产损溢处理，以保证账实相符，并按其原价记入“固定资产”账户的贷方，按已提折旧记入“累计折旧”账户的借方，原价与累计折旧的差额计入“待处理财产损溢——待处理固定资产损溢”账户的借方。按规定程序审批后，再将固定资产盘亏扣除保险公司及过失人赔款后的差额作为营业外支出列支，计入当期损益。

例：B公司在2016年12月26日进行财产清查时，发现编号为D145的一台电子设备已无实物形态，经批准作为盘亏处理。该设备账面原值152000元，已提折旧85000元，未曾计提固定资产减值准备。

①清查盘点后调账

借：待处理财产损溢——待处理固定资产损溢　　67000

　　累计折旧　　85000

　贷：固定资产　　152000

②批准转账时

借：营业外支出　　67000

　贷：待处理财产损溢——待处理固定资产损溢　　67000

3．固定资产的信息披露

固定资产是企业重要的劳动手段，代表着企业的生产能力，其核算是否准确，不仅关系到资产负债表上所反映企业财务状况信息的质量，而且还影响到利润表上所反映企业经营成果信息的质量，最终影响会计信息使用者的决策。因而，企业应当在报表附注中披露与固定资产有关的下列信息：

（1）固定资产的确认条件、分类、计量基础和折旧方法；

（2）各类固定资产的使用寿命、预计净残值和折旧率；

（3）各类固定资产的期初和期末原价、累计折旧额及固定资产减值准备累计金额；.

（4）当期确认的折旧费用；对固定资产所有权的限制及其金额和用于担保的固定资产账面价值；

（5）准备处置的固定资产名称、账面价值、公允价值、预计处置费用和预计处置时间等。

第二节　无形资产

一、无形资产的初始计量

1．无形资产核算的账户设置

为了核算无形资产的取得成本、累计摊销和摊余价值的增减变动等情况，企业应设置“无形资产”和“累计摊销”两个账户。

“无形资产”账户核算企业持有的无形资产的成本，借方登记企业自外部取得或自行创造并按法律程序申请取得的各项无形资产的成本，贷方登记企业向外投资或向外出售转让的已入账无形资产的成本。期末借方余额反映企业持有的无形资产的成本。本账户按无形资产项目设置明细分类账，进行明细分类核算。

“累计摊销”账户核算企业对使用寿命有限的无形资产计提的累计摊销额，贷方登记无形资产各期摊销额，借方登记无形资产处置时结转的摊销额，期末贷方余额反映企业无形资产的累计摊销额。

2．外购的无形资产

企业外购的无形资产，其成本包括购买价款、相关税费以及直接归属于使该项无形资产达到预定用途所发生的其他支出。其中，直接归属于使该项无形资产达到预定用途所发生的其他支出包括使无形资产达到预定用途所发生的专业服务费用、调试无形资产是否能够正常发挥作用的费用，如咨询费、公证费、鉴定费、律师费、注册登记费等，但不包括为引八新产品进行宣传所发生的广告费、管理费用及其他间接费用，也不包括无形资产已经达到预定用途以后所发生的费用。账务处理时，按应计入无形资产成本的金额，借记“无形资产”账户，贷记“银行存款”等账户。

例：2017 年 9 月 14 日，A 公司因某项生产活动需要向 B 公司购入一项专利技术，该专利技术将会使公司生产能力比原来提高 25%，销售利润率增长 20%。按照协议约定，价款 1850000 元。另支付相关税费 8000 元和有关专业服务费用 42000 元。上述款项均以银行存款转账支付。

借：无形资产　　1900000

　贷：银行存款　　1900000

对于一揽子购入的无形资产，其无形资产的价值应根据无形资产和其他资产的公允价值的相对比例确定。采用公允价值相对比例确定时，须以该无形资产的价值是否较大为前提。如果该项无形资产相对价值较小，则无须单独核算，可将其视为其他资产的组成部分，如与电脑一同购入的、余额较小的软件；反之，如果该项无形资产相对金额较大，则必须单独核算，如与地上附着物一同购入的土地使用权。如果一揽子购入的无形资产与其他资产在使用上不可分离，在使用年限上也基本一致，则无须将其与其他资产分开核算。

例：2017 年 10 月 13 日，C 公司从 D 公司购入一项专利权和相关设备，价格及相关费用共计 1600000 元，款项已通过银行支付。其中，专利权可以单独辨认，但其与相关设备的价格没有分别标明。假设该专利权与相关设备公允价值的相对比例为 3：1。

借：无形资产　　1200000

　　固定资产　　400000

　贷：银行存款　　1600000

如果购买无形资产的价款超过正常信用条件而延期支付，如付款期在 3 年以上，实质上具有融资性质，即属于分期付款购买无形资产，其成本应以购买价款的现值为基础确定。实际支付的价款与购买价款的现值之间的差额，除按规定应予以资本化部分的以外，应当在信用期间计入当期费用。

例：E 公司 2016 年 1 月 12 日从 F 公司购买一项商标权，由于 E 公司资金周转紧张，经与 F 公司协商决定采用分期付款方式支付款项。协议约定，该项商标权总价 6000000 元，每年末支付 1500000 元，从 2016 年起 4 年付清。假设银行同期贷款利率为 8%，不考虑其他税费。

① 2016 年 1 月 12 日，购入商标权时

该项无形资产现值 =1500000 元 ×（P/A，8%，4）

=1500000 元 ×3.31213=4968195 元

未确认融资费用 =（6000000−4968195）元 =1031805 元

借：无形资产——商标权　　4968195

　　未确认融资费用　　1031805

　贷：长期应付款　　6000000

② 2016 年 12 月 31 日付款时

第一年应确认的融资费用 =4968195 元 ×8%=397455.60 元

借：长期应付款　　1500000

　贷：银行存款　　1500000

借：财务费用　　397455.60

　贷：未确认融资费用　　397455.60

③ 2017 年 12 月 31 日付款时

第二年应确认的融资费用 =（4968195−1500000+397455.60）元 ×8%

=309252.04 元

借：长期应付款　1500000

　贷：银行存款　1500000

借：财务费用　309252.04

　贷：未确认融资费用　309252.04

3．投资者投入的无形资产

投资者投入无形资产的成本，应当按照投资合同或协议约定的价值确定。如果投资合同或协议约定价值不公允，则按该投入无形资产的公允价值作为其成本计价入账。账务处理时，按双方协商确认的价值，借记“无形资产”账户，贷记“实收资本”或“股本”账户。如果无形资产的价值大于投资方在企业注册资本中占有的份额，其差额贷记“资本公积”账户。

例：2017 年 9 月 3 日，因 G 公司创造的柔性制造技术有较高的声誉，H 公司如果获得该项技术，可使未来利润增加 50%，为此与 G 公司协商。G 公司同意以该项柔性制造技术作价投资，投资合同约定该项柔性制造技术的价值为 24(8)000 元（等于公允价值），H 公司增发给 G 公司股票 600000 股，每股面值 1 元。H 公司另以银行存款支付相关税费 20000 元，现已办妥相关全部手续。

借：无形资产　2420000

　贷：实收资本　600000

　　资本公积——股本溢价　1800000

　　银行存款　20000

4．接受捐赠的无形资产

企业接受捐赠的无形资产，其取得成本应分别以下情况确定：

（1）捐赠方提供了有关凭据的，按凭据上标明的金额加上应支付的相关税费确定。

（2）捐赠方没有提供有关凭据的，按如下顺序确定：同类或类似无形资产存在活跃市场的，应参照同类或类似无形资产的市场价格估计的金额，加上应支付的相关税费确定；同类或类似无形资产不存在活跃市场的，按该接受捐赠的无形资产的预计未来现金流量现值确定。

账务处理时，应根据确定的价值，借记“无形资产”账户，贷记“营业外收入”账户。

例：2017 年 6 月 3 日，M 公司接受 N 公司捐赠的一套计算机辅助企业管理软件，并已办妥捐赠手续。该软件系 N 公司以 3000000 元价款外购取得，捐赠时发生相关税费 20000 元。

借：无形资产　　3020000

　贷：营业外收入　　3000000

　　银竹存款　　20000

5．企业取得的土地使用权

企业取得的土地使用权依不同情况分别予以确认：

（1）单独确认为无形资产核算

如果土地使用权用于企业自行开发建造厂房等地上建筑物，则土地使用权应单独按其取得时所支付的价款及相关税费确认为无形资产核算，其账面价值不与地上建筑物合并计算成本。在使用过程中，土地使用权与地上建筑物分别进行摊销和提取折旧。

（2）作为固定资产核算

房地产开发企业取得的土地使用权如果用于建造对外出售的房屋建筑物，则相关的土地使用权应计入所建造的房屋建筑物成本。

企业外购的房屋建筑物，如果实际支付的价款中包括土地以及建筑物的价值，则应对所支付的价款按照合理的方法，如公允价值，在土地与地上建筑物之间按比例进行分配；如果确实无法在地上建筑物与土地使用权之间进行合理分配，则应当全部作为固定资产，按照固定资产确认和计量的规定进行处理。

（3）作为投资性房地产核算

企业改变土地使用权的用途，将其用于出租或增值目的时，应将其账面价值转为投资性房地产。

例：20：17 年 1 月 6 日，T 公司以银行存款 120000000 元购入一块土地的使用权，并决定在该块土地上自行建造新的厂房。建造过程中发生材料费用 50000000 元，职工薪酬 70000000 元，其他相关费用 80000000 元。该工程现已完工并达到预定可使用状态。该土地使用权的使用寿命为 50 年，该厂房的使用寿命为 40 年，两者均无净残值，都采用直线法进行摊销或计提折旧。为简化核算，不考虑其他相关税费。

① 2017 年 1 月 6 日支付土地使用权转让费时

借：无形资产——土地使用权　　120000000

　贷：银行存款　　120000000

②在该块土地上自行建造厂房时

借：在建工程	200000000
贷：工程物资	50000000
应付职工薪酬	70000000
银行存款	80000000

③厂房达到预定可使用状态时

借：固定资产	200000000
贷：在建工程	200000000

④每年分期摊销土地使用权成本和对厂房计提折旧时

借：管理费用	2400000
贷：累计摊销	2400000
借：制造费用	5000000
贷：累计折旧	5000000

6. 自行研究开发的无形资产

（1）研究阶段和开发阶段的划分

为评价企业内部研究与开发形成的无形资产是否满足确认标准，需要将该项资产的形成过程划分为研究与开发两个阶段。

1）研究阶段

研究，是指为获取并理解新的科学或技术知识而进行的独创性的有计划调查。研究活动包括意于获取知识而进行的活动，研究成果或其他知识的应用研究、评价和最终选择，材料、设备、产品、工序、系统或服务替代品的研究，以及新的或经改进的材料、设备、产品、工序、系统或服务的可替代品的配制、设计、评价和最终选择等。

研究阶段的特点在于其计划性和探索性。例如，企业想要开发一项新的计算机软件，为确保该软件能够开发成功，首先必须进行研究，即探索该软件开发的可行性。倘若研究结果证明该项软件开发是可行的，然后再正式进入开发阶段，具体对该计算机软件进行开发。由于研究能否在未来形成成果带有很大的不确定性，企业也无法证明其带来未来经济利益的可能性，风险较大，因而，企业研究阶段的有关支出，应在发生时全部计入当期损益。

2）开发阶段

开发是指在进行商业性生产或使用前，将研究成果或其他知识应用于某项计划或设计，以生产出新的或具有实质性改进的材料、装置、产品等。开发活动包括生产前或使用前的原型和模型的设计、建造和测试，含新技术的工具、夹具、模具和冲模的设计，不具有商业性生产经济规模的试生产设施的设计、建造和运营，新的或经改造的材料、设备、产品、工序、系统或服务所选定的替代品的设计、建造和测试等。

开发阶段的特点，一是项目的开发具有针对性，二是形成结果的可能性较大。由于项目开发的可行性已在研究阶段完成，开发阶段的主要任务是如何采用成熟的技术去完成该项目的具体开发，风险较小。这一阶段所发生的支出如果能满足相应的确认条件，则可予以资本化，计入无形资产的成本。

（2）开发阶段有关支出资本化的条件

1）完成该无形资产以使其能够使用或出售在技术上具有可行性

企业在判断该条件是否满足时，应以目前阶段的成果为基础，并能提供相关资料证明开发所需的技术条件已经具备，不存在技术上的障碍或其他不确定性，即满足技术可行性要求。

2）具有完成该无形资产并使用或出售的意图

企业开发某项无形资产，是对外出售还是留着自己使用并从中获取经济利益，完全依据企业管理当局的意图，因此，企业管理当局应能说明其拟开发该项无形资产的目的，并具有开发完成该项无形资产并使其能够对外出售或自己使用的可能性，即不会中途夭折。

3）无形资产产生经济利益的方式包括能够证明运用该无形资产生产的产品存在市场或无形资产自身存在市场，无形资产将在内部使用的，应当证明其有用性

无形资产确认的基本条件之一，是能为企业带来未来经济利益，而且这种带来未来经济利益的方式必须能给予说明。如果所开发无形资产是用于形成新产品或新工艺的，则企业应能证明对运用该无形资产生产的产品存在市场，能够带来未来经济利益的流入；如果所开发无形资产是用于对外出售的，则企业应能证明市场上存在对这类无形资产的需求，也能够带来未来经济利益的流入；如果所开发无形资产是留作自己使用的，则企业应当能够证明在企业内部使用该无形资产对企业的有用性。

4）有足够的技术、财务资源和其他资源支持，以完成该无形资产的开发，并有能力使用或出售该无形资产

企业开发无形资产必须同时具备技术可行性和经济可行性。这一条件主要包括有确凿证据表明：①企业为完成该项无形资产开发具备技术可行性，即有足够的技术支持和技术能力；②企业为完成该项无形资产开发具备经济可行性，即有充足财力，能充分保障该项无形资产的开发全过程；③企业具备在该项无形资产开发过程

中所需要的技术、财务和其他资源，以及企业获得这些资源的相关计划；④有能力使用或出售该项无形资产以取得收益。

5）归属于该无形资产开发阶段的支出能够可靠地计量

企业对于无形资产开发活动中所发生的支出应单独予以核算，如所发生的材料费、开发人员的薪酬等。如果企业同时开发多项无形资产，所发生的支出同时用于支持多项开发活动，则应按照一定的标准在各项开发活动之间进行分配。无法明确分配的，应予以费用化计入当期损益，不计入开发活动成本。

（3）内部开发无形资产的计量

企业内部研究开发活动形成的无形资产，其成本由可直接归属于该资产的创造、生产并使其能够以管理层预定的方式运作的所有必要支出组成，包括开发该无形资产所耗费的原材料、劳务成本、注册费、在开发该无形资产过程中使用的其他专利权和特许权的摊销、按照借款费用的处理原则可以资本化的利息支出，以及为使该无形资产达到预定用途前所发生的其他费用。

在无形资产开发过程中发生的除上述可直接归属于无形资产开发活动以外的其他销售费用、管理费用等间接费用、无形资产达到预定用途前发生的可辨认的无效和初始运作损失，以及为运行该无形资产发生的培训支出等均不构成无形资产的成本。

需要说明的是，企业研究开发无形资产的成本仅包括从满足资本化条件的时点起至无形资产达到预定用途止所发生的支出总和，对于同一项无形资产开发过程中在达到资本化条件之前已经费用化并计入损益的支出不再进行调整。

（4）内部研究开发费用的账务处理

企业内部研究开发无形资产，其研究阶段所发生的支出应计入当期损益。开发阶段所发生的支出，若符合资本化条件，应作为无形资产成本，予以资本化处理；若不符合资本化条件，应计入当期损益。如果确实无法区分研究阶段的支出和开发阶段的支出，应将所发生的所有支出全部费用化，计入当期损益。

企业应设置“研发支出”账户，用以核算企业研究与开发无形资产过程中发生的各项支出，并按研究开发项目，分别“费用化支出”、“资本化支出”进行明细核算。企业自行开发无形资产发生的研发支出，不满足资本化条件的，借记“研发支出——费用化支出”账户，满足资本化条件的，借记“研发支出——资本化支出”账户，贷记“原材料”、“银行存款”、“应付职工薪酬”等账户。研究开发项目达到预定用途或形成无形资产的，按其余额，借记“无形资产”账户，贷记“研发支出——资本化支出”账户。

期末，应将“研发支出——费用化支出”账户的余额转入“管理费用”账户，即借记“管理费用”账户，贷记“研发支出——费用化支出”账户。这样，“研发支出”账户借方余额反映企业正在进行无形资产研究开发项目满足资本化条件的支出。

企业购买正在进行中的研究开发项目，应按确定的金额，借记“研发支出资本化支出”账户，贷记“银行存款”等账户。购买后再发生的研发支出，应作为内部研究开发费用处理。

例：2017年1月6日，M公司经董事会批准自行研发一种新产品专利技术。该公司董事会认为，研发该新产品专利技术有良好的市场前景，并且有可靠的技术和财务等资源的支持。一旦研发成功，将给公司带来丰厚的利润。该公司在研究开发过程中发生材料费60000000元，研究人员薪酬15000000元，以及其他费用25000000元，其中，符合资本化条件的支出为70000000元。2017年12月31日，该新产品专利技术已达到预定用途。

①发生研究与开发费用时

借：研发支出——资本化支出	70000000
——费用化支出	30000000
贷：原材料	60000000
银行存款	25000000
应付职工薪酬	15000000

② 2017年12月31日，该新产品专利技术已达预定用途时

借：无形资产	70000000
管理费用	30000000
贷：研发支出——资本化支出	70000000
——费用化支出	30000000

二、无形资产的后续计量

1. 无形资产后续计量的原则

（1）无形资产使用寿命的确定

无形资产准则规定，企业应当于取得无形资产时分析判断其使用寿命。无形资产的使用寿命为有限的，应当估计该使用寿命的年限或者构成使用寿命的产量等类似计量单位数量；无法预见无形资产为企业带来经济利益期限的，应当视为使用寿命不确定的无形资产。

无形资产的使用寿命包括法定寿命和经济寿命两种。如果无形资产的使用寿命

受法律、规章或合同的限制，称为法定寿命，如法律规定发明专利权的有效期为20年；经济寿命是指无形资产可以为企业带来经济利益的年限。由于受技术进步、市场竞争等因素的影响，无形资产的经济寿命往往短于法定寿命。因此，在考虑无形资产的使用寿命时，应当综合各方面相关因素的影响，合理予以确定。

源自合同性权利或其他法定权利取得的无形资产，其使用寿命不应超过合同性权利或其他法定权利的期限。如果企业使用某项无形资产的预期使用期限短于合同性权利或其他法定权利规定的期限，可以按企业预期的使用期限确定其使用寿命。

如果合同性权利或其他法定权利能够在到期时因续约等而延续，则当且仅当有证据表明企业续约不需要付出重大成本时，续约期才能够包括在估计的使用寿命内。

没有明确的合同或法律规定无形资产使用寿命的，企业应当综合各方面情况，如聘请相关专家论证、与同行业情况进行比较、参考企业的历史经验等，来确定无形资产为企业带来经济利益的期限。如果经过这些努力，依然无法合理确定其为企业带来经济利益的期限，则将该无形资产作为使用寿命不确定的无形资产。

（2）无形资产使用寿命的复核

企业至少应于每年年度终了，对无形资产的使用寿命进行复核。如果有证据表明某项无形资产的使用寿命不同于以往的估计，如由于合同的续约或无形资产应用条件的改善，延长了该项无形资产的使用寿命，则对于使用寿命有限的无形资产，应改变其摊销年限，并按照会计估计变更进行处理。

对于使用寿命不确定的无形资产，如果有证据表明其使用寿命是有限的，则应视为会计估计变更，应当估计其使用寿命并按照使用寿命有限的无形资产的处理原则进行处理。

2. 无形资产摊销

（1）使用寿命有限的无形资产的摊销

企业取得的无形资产，在其使用寿命内能给企业带来可观的经济利益，但其价值也会随着使用寿命的终止而丧失，即使是使用寿命不确定的无形资产，其具有价值的权力也会终结。因此，无形资产的价值应在其发挥效益的使用寿命内逐期分摊，转移到有关资产或成本费用中去，以便合理地确定资产的价值或各会计期间的期间损益。

使用寿命有限的无形资产，应该在其预计使用寿命内采用系统合理的方法对其应摊销金额进行摊销。应摊销金额，是指无形资产的成本扣除残值后的金额。已计提减值准备的无形资产，还应扣除已计提的无形资产减值准备累计金额。

无形资产摊销主要涉及无形资产成本、摊销开始月份、摊销方法、摊销期、残值等因素。

1）摊销期

无形资产的摊销期为自其可供使用时（即达到预定用途）开始，至不再作为无形资产确认时止。会计实务中，无形资产摊销的起始和停止时间为：当月增加的无形资产，当月开始摊销；当月减少的无形资产，当月不再予以摊销。

2）摊销方法

在无形资产的使用寿命内系统地分摊其应摊销金额，意味着无形资产的摊销方法应反映企业消耗无形资产内含经济利益的方式，即应反映无形资产为企业带来经济利益的预期实现方式，并一致地运用于不同会计期间。对受技术陈旧影响较大的专利权和专有技术等无形资产，可采用加速摊销法（类似固定资产加速折旧法）进行摊销；对有特定产量限制的特许经营权或专利权，可采用产量法进行摊销；对无法可靠确定其预期实现方式的，可采用直线法进行摊销。

无形资产的摊销金额一般应计入当期损益，但如果某项无形资产是专门用于生产某种产品或者其他资产，其所包含的经济利益是通过转入到所生产的产品或其他资产中实现的，则该项无形资产的摊销金额应当计入相关产品或其他资产的成本之中。

3）残值

使用寿命有限的无形资产，其残值应当视为零，除非有第三方承诺在无形资产使用寿命结束时愿意以一定的价格购买该项无形资产，或者存在活跃的市场，可以根据活跃市场得到预计残值信息，并且该活跃市场在无形资产使用寿命结束时很可能存在。

无形资产保有残值，则意味着在其经济寿命结束之前企业预计将会处置该无形资产，并且从该处置中获取收益。因而，估计无形资产的残值应以该资产处置时的可收回金额为基础。这里所说的可收回金额是指在预计处置日，出售一项使用寿命已满且处于类似使用状况下，同类无形资产预计的处置净价（扣除相关税费）。

残值确定以后，在该项无形资产持有期间，企业至少应于每年年末进行复核，预计其残值与原估计金额不同的，应按照会计估计变更进行处理。如果该项无形资产的残值重新估计以后高于其账面价值，则不再摊销，直至残值降至低于账面价值时再恢复摊销。

4）摊销的账务处理

无形资产摊销通过“累计摊销”账户核算。该账户核算使用寿命有限的无形资产计提的累计摊销额。无形资产的摊销金额一般应计入当期损益，企业按月计提无形资产的摊销额时，借记“管理费用”、“其他业务成本”等账户，贷记“累计摊销”账户。该账户可按无形资产项目进行明细分类核算。

如果某项无形资产是专门用于生产产品或其他资产的，其所包含的经济利益是通过所生产的产品或其他资产来实现的，则该无形资产的摊销金额应计入相关产品或资产的成本。如用于某产品生产过程的无形资产，其摊销额应作为其生产成本的一部分 t 计入该产品的制造费用。

例: 2017 年 1 月 2 日，Q 公司为使自己的产品在国际市场上更具有竞争力，以 360 万元的价格购买了一项专有技术（配方）用于产品生产，使用寿命为期限 10 年，不考虑残值因素，并以直线法摊销。

① 2017 年 1 月 2 日购买专有技术时

借：无形资产　　3600000

　贷：银行存款　　3600000

②每年年末摊销时

借：制造费用　　360000

　贷：累计摊销　　360000

（2）使用寿命不确定的无形资产

使用寿命不确定的无形资产的判定较为严格，需要有确凿的证据表明无法合理地确定其使用寿命，不能随意判定。一旦确定为使用寿命不确定的无形资产，则在其持有期间内不需要摊销其取得成本，但如果期末复核后仍为不确定的，则应在每个会计期间进行减值测试。若减值测试表明需要计提减值准备的，则应作计提减值准备的会计处理。

3．无形资产的后续支出

为保持无形资产的使用价值和延长其使用年限，还会发生一些必要的后续支出。由于这些后续支出通常是为了确保已确认的无形资产能够为企业带来经济利益，因而应当在发生时直接计入当期损益，不再予以资本化。

例: 2017 年 8 月 5 日，N 公司发现自己的商标权遭他人侵犯，遂向法院起诉，以现金支付诉讼费 2800 元，律师费 1500 元。

借：管理费用　　4300

　贷：库存现金　　4300

4．无形资产减值

（1）无形资产减值准备的产生

无形资产存在价值减损，而无形资产减值与无形资产摊销虽然都是无形资产价值的减少，但两者存在本质上的不同。前者表明，无形资产作为一项资产，其为企业创造经济利益的能力已经下降，而计提相应的减值准备就是对这种下降能力的合理反映；后者是对无形资产作用于企业的生产经营而转化其内在价值的过程所作的反映。

无形资产准则规定，如果无形资产由于技术竞争或其他经济原因导致其可收回金额低于其账面价值，则应按可收回金额低于账面价值的差额提取无形资产减值准备，并确认损失计入当期损益。在资产负债表中，无形资产项目应按照减去无形资产减值准备后的净额反映。

企业应定期对无形资产的账面价值进行检查，至少于每年年末检查一次。如发现以下一种或数种情况，应对无形资产的可收回金额进行估计，并将该无形资产的账面价值超过可收回金额的部分确认为减值准备：①该无形资产已被其他新技术所取代，使其为企业创造经济利益的能力受到重大不利影响；②该无形资产的市价在当期大幅下跌；③其他足以表明该无形资产的账面价值已超过可收回金额的情形。

无形资产可收回金额是指下述两种方法确定的金额中较大者：一是无形资产的公允价值减去处置费用后的金额，二是预期从无形资产的持续使用和使用年限结束时的处置中产生的预计未来现金流量的现值。

（2）无形资产减值的会计处理

企业发生无形资产减值时，应将该无形资产的账面价值减记至可收回金额，按减记的金额，借记“资产减值损失”账户，贷记“无形资产减值准备”账户。无形资产减值损失确认后，被减值无形资产的摊销应在未来期间作相应调整，以使该无形资产在剩余使用年限内，系统地分摊调整后的无形资产账面价值（扣除预计净残值）。

无形资产减值损失一经确认，在以后会计期间不得转回。

例：2014 年 1 月 6 日，C 公司购入一项专利权，实际支付价款 500000 元，预计使用 10 年。2017 年 12 月 31 日在对该项专利权的账面价值进行检查时，发现发生减值。其预计未来现金流量的现值为 240000 元，无公允价值。该项专利权发生减值以后预计还可使用 5 年。

①计算该专利权在减值前的账面余额

$$（500000-500000 \div 10 \times 4）元 =300000 元$$

②计算减值损失

$$（300000-240000）元 =60000 元$$

借：资产减值损失　　60000

贷：无形资产减值准备　　60000

③计算剩余年限内年摊销额

240000 元 ÷5=48000 元

三、无形资产的处置

1．无形资产的出售

企业持有的无形资产，可以依法对外出售。企业将无形资产对外出售，表明企业放弃了该无形资产的所有权，其账面价值应予以转销，不再保留该项无形资产的记录。因而，企业对外出售无形资产时，应按所得价款与该项无形资产账面价值之间的差额计入当期损益。

账务处理时，按该项无形资产出售所得价款，借记“银行存款”等账户；按已摊销的累计摊销额，借记“累计摊销”账户；按其已计提的减值准备，借记“无形资产减值准备”账户；按该项无形资产账户余辦·贷记“无形资产”账户；按应支付的相关税费，贷记“应交税费”等账户；按出售无形资产所得价款扣除相关税费和该项无形资产账面价值后的差额确认为当期损益，或贷记“营业外收入处置非流动资产利得”账户，或借记“营业外支出——处置非流动资产损失”账户。

例：2017 年 6 月 1 日，A 公司将其拥有的一项非专利技术对外出售，取，得价款 5000000 元，应交纳营业税额 250000 元。该项非专利技术的账面余额为 8000000 元．累计摊销额为 1900000 元，已计提减值准备 1200000 元。

借：银行存款　　5000000

累计摊销　　1900000

无形资产减值准备　　1200000

营业外支出——处置非流动资产损失　　150000

贷：无形资产　　8000000

应交税费——应交营业税　　250000

2．无形资产的出租

无形资产出租，是指根据租赁合同或协议企业允许他人使用本企业无形资产并收取使用费，即租金。与出售不同的是：出租是企业让渡无形资产使用权，相关所得应作为收入处理，并作为其他业务核算；而出售是转让无形资产所有权。根据收入准则规定，无形资产出租收入应符合两项条件才能予以确认：一是与出租交易相关的经济利益能够流入企业：二是租金收入的金额能够可靠地计量。

账务处理时，按该项无形资产出租所得出租收入，借记“银行存款”等账户，贷记“其他业务收入”账户；结转无形资产摊销成本及相关费用时，借记“其他业务成本”账户，贷记“累计摊销”账户。

例：因C公司与D公司同生产某种产品，2017年1月2日，双方达成合作协议，由C公司将其拥有的一项专利技术出租给D公司且自己不再使用。该项专利技术账面余额6000000元，摊销期限10年。出租合同约定，承租方每销售一件该专利生产的产品，必须付给出租方9元的专利技术使用费。假定承租方当年销售该产品20万件。两公司适用营业税税率5%。

①取得该项专利技术使用费时

借：银行存款　　1800000

　贷：其他业务收入　　1800000

②按年对该项专利技术进行成本摊销并计算应交营业税时

借：其他业务成本　　1500000

　贷：应交税费——应交营业税　　900000

　　　累计摊销　　600000

3．无形资产的报废

当无形资产预期不能为企业带来经济利益，从而不再符合无形资产定义时，企业应将该无形资产的账面价值予以转销，计入当期损益。无形资产预期不能为企业带来经济利益的情形主要包括以下两种情况：一是该无形资产已被其他新技术等所替代，且已不能为企业带来经济利益；另一种是该无形资产不再受法律的保护，且不能给企业带来经济利益。

账务处理时，按该项无形资产已摊销的累计摊销额，借记“累计摊销”账户；按其已计提的减值准备，借记“无形资产减值准备”账户；按该项无形资产的账面余额，贷记“无形资产”账户；按借贷差额，借记“营业外支出——处置无形资产损失”账户。

例：F公司有一专利技术已被市场上出现的新技术所取代，致使产品出现大量积压，公司决定将该项专利权提前报废，其账面余额为4000000元，累计摊销额为3200000元，已提减值准备300000元。假定不考虑其他相关因素。

借：累计摊销　　3200000

　　无形资产减值准备　　300000

　　营业外支出——处置无形资产损失　　500000

　贷：无形资产——专利权　　4000000

4．无形资产信息的披露

企业应当按照无形资产的类别在附注中披露与无形资产有关的下列信息：

（1）无形资产的期初和期末账面余额、累计摊销额及减值准备累计金额。

（2）使用寿命有限的无形资产，其使用寿命的估计情况；使用寿命不确定的无形资产，其使用寿命不确定的判断依据。

（3）无形资产的摊销方法；用于担保的无形资产账面价值与当期摊销等情况；计入当期损益和确认为无形资产的研究开发支出金额。

第五章　流动负债与非流动负债研究

第一节　流动负债

一、短期借款

1. 短期借款的内容

短期借款，是指企业为了补充流动资金不足而向银行或其他金融机构借入的、期限在 1 年以内（含 1 年）的、用于企业业务经营的各种借款。企业借入短期借款，一般用来维持正常的生产经营活动或用来抵偿其他债务。

国际上通行的短期借款一般须以企业财产作抵押，最为常见的方式是票据贴现。我国除票据贴现方式以外，还可根据企业营运需要，在法规与银行管理制度允许范围内，按一定程序获得短期银行借款，如工业企业生产周转借款、临时借款、结算借款、卖方信贷等，商品流通企业商品周转借款、专项储备借款、预购定金借款等。

2. 短期借款的会计处理

短期借款的会计处理包括三个方面的内容：一是取得借款的核算；二是借款利息的核算；三是归还借款的核算。关于借款利息的处理又包括两个方面，即利息费用的确认与利息的支付。短期借款利息应作为一项财务费用，计入当期损益。实务中有两种核算方法：①如果短期借款的利息是按期（通常是一季度）支付或者到期还本付息且数额较大的，可按月预提计入费用；②如果短期借款的利息是按月支付或到期还本付息，但数额不大的，可以不采用预提方法，而在实际支付或者收到银行的计息通知时，直接计入当期损益（财务费用）。

为了核算短期借款的借入、使用以及归还情况，企业应设置“短期借款”账户，贷方登记企业借入的各种短期借款，借方登记企业按期归还的各种短期借款，期末贷方余额反映企业尚未到期归还的各种短期借款数额。本账户应按债权人设置明细账，并按借款种类进行明细分类核算，以反映各种短期借款的情况。

例：A 公司 2017 年 4 月 16 日从银行取得短期借款 100000 元，年利率 6%，3 个月后一次还本付息。

①4 月 16 日取得短期借款时

借：银行存款　　100000

　贷：短期借款　　100000

②4 月 30 日计提借款利息时（半个月）

借：财务费用——利息支出　　250

　贷：应付利息　　250

③5 月 31 日、6 月 30 日计提借款利息时

借：财务费用——利息支出　　500

　贷：应付利息　　500

④7 月 15 日还本付息时

借：应付利息　　1250

　财务费用——利息支出　　250

　短期借款　　100000

　贷：银行存款　　101500

二、以公允价值计量且其变动计入当期损益的金融负债

1. 概述

（1）交易性金融负债

金融负债满足下列条件之一的，应当划分为交易性金融负债：

1）承担该金融负债的目的，主要是为了近期内出售、回购或赎回。例如，企业以赚取差价为目的从二级市场购入的股票、债券和基金等。

2）属于进行集中管理的可辨认金融工具组合的一部分，且有客观证据表明企业近期采用短期获利方式对该组合进行管理。这里所说“金融工具组合”是指金融负债组合。

3）属于衍生工具。但是，被指定且为有效套期工具的衍生工具、属于财务担保合同的衍生工具、与在活跃市场中没有报价且其公允价值不能可靠量的权益工具投资挂钩并须通过交付该权益工具结算的金融工具除外。

（2）直接指定为以公允价值计量且其变动计入当期损益的金融负债

除混合工具外，只有符合下列条件之一的金融负债，才可以在初始确认时指定为以公允价值计量且其变动计入当期损益的金融负债：

1）该指定可以消除或明显减少由于该金融负债的计量基础不同所导致的相关利得或损失在确认和计量方面不一致的情况。

2）企业的风险管理或投资策略的正式书面文件已载明，该金融负债组合或该金融资产和金融负债组合以公允价值为基础进行管理、评价并向关键管理人员报告。

设立第一项条件的目的在于通过直接指定为以公允价值计量，并将其变动计入当期损益，以消除会计上可能存在的不配比现象。而第二项条件着重企业日常管理和评价业绩的方式，并非关注金融工具组合中各组成部分的性质。

2．会计处理

（1）确认和终止确认

企业成为金融工具合同的一方并承担相应义务时，应当确认一项金融负债。根据此确认条件，对于由衍生工具合同形成的义务，企业应当将其确认为金融负债。但是，如果衍生工具涉及金融资产转移，且导致该金融资产转移不符合终止确认条件，则不应将其确认，否则会导致衍生工具形成的义务被重复确认。

金融负债终止确认，是指将金融负债从企业的账户和资产负债表内予以转销。企业应当在金融负债的现时义务全部或部分解除的，终止确认该金融负债或其一部分。

金融负债现时义务的解除有可能涉及其他复杂情形，发生时企业应注重分析交易的法律形式和经济实质。

1）企业将用于偿付金融负债的资产转入某个机构或设立信托，偿付债务的义务仍存在的，不应当终止确认该金融负债，也不能终止确认转出去的资产。

2）企业作为债务人，与债权人签订协议，以承担新金融负债方式替换现存金融负债，且新金融负债与现存金融负债的合同条款实质上不同的，应当终止确认现存金融负债，并同时确认新金融负债。所谓“实质上不同”，是指按照新的合同条款，新金融负债未来现金流量现值与原金融负债的剩余期间现金流量现值之间的差异至少相差10%。有关现值的计算均采用原金融负债的实际利率。

3）企业回购负债一部分的，应当在回购日按照继续确认部分和终止确认部分的相对公允价值，将该金融负债整体的账面价值进行分配。分配给终止确认部分的账面价值与支付的对价（包括转出去的非现金资产或承担的新金融负债）之间的差额，计入当期损益。

（2）初始计量和后续计量

企业初始确认金融负债，应当按照公允价值计量。金融负债的公允价值，应当以市场交易价格为基础确定。对于以公允价值计量且其变动计入当期损益的金融负债，相关交易费用应当直接计入当期损益。

交易费用，是指可直接归属于购买、发行或处置金融工具新增的外部费用。新增的外部费用，是指企业不购买、发行或处置金融工具就不会发生的费用。交易费用包括支付给代理机构、咨询公司、券商等的手续费和佣金及其他必要支出，不包括债券溢价、折价、融资费用、内部管理成本及其他与交易不直接相关的费用。交易费用构成实际利息的组成部分。

以公允价值计量且其变动计入当期损益的金融负债应当按照公允价值进行后续计量，且不扣除将来结清金融负债时可能发生的交易费用。对于其公允价值变动形成的利得或损失，除与套期保值有关外，应当计入当期损益。

企业对于以公允价值计量且其变动计入当期损益的金融负债，应当设置“交易性金融负债”账户核算其公允价值。

三、应付及预收款项

1．应付票据

（1）应付票据的内容

流动负债中的应付票据，亦称为短期应付票据，指企业购买材料、商品和接受劳务供应等按照合同或者协议进行延期付款并采用商业汇票结算方式时所签发并承兑的票据。应付票据是一种商业凭证，是付款人允诺在一定时期内支付一定金额给收款人或持票人的书面证明。目前我国商业汇票的付款期限最长不超过6个月，因而将应付票据归于流动负债进行管理和核算。

应付票据按承兑人的不同可分为商业承兑汇票与银行承兑汇票。商业承兑汇票的承兑人为付款人，承兑人承诺在未来一定时期内支付该项债务，并将其作为企业的一项负债予以记录。若企业采用银行承兑汇票，首先应持票据及商品交易合同向开户银行申请承兑，经银行审查同意并交付承兑手续费后，企业方可持银行已承兑的票据进行商品交易。对付款人而言，经由银行承兑的汇票并不意味着企业的这项负债消失，只是为收款方按期收回债权提供了可靠的信用保证。在票据到期前，付款企业应将票款足额交存开户银行。如果到期时企业无力承付，银行除无条件向收款人承兑款项外，还将向付款企业强制执行扣款，将尚未承兑的金额转入企业存款户的贷方，并按日罚息。

（2）应付票据的会计处理

应付票据的会计处理涉及三方面的内容：一是取得货物并签发、承兑票据时的核算；二是带息票据计息的核算；三是支付票据款项时的核算。票据到期时，无论企业是否有支付能力，都应及时结转应付票据账款，逾期未付的银行承兑汇票可转为对银行的短期借款；商业承兑汇票可转为应付账款，但应视契约或债权人的意愿而定。

为了核算票据的签发和承兑情况，企业应设置“应付票据”账户，企业因购货而签发、承兑汇票时，按票面金额记入本账户的贷方，企业承付、支付票款时记入本账户的借方，期末贷方余额表示尚未到期支付的票款。

带息应付票据的利息处理有以下两种方法：

1）按期计算应付利息。如果票据期限较长、利息金额较大，可以按期预提应付利息。期末计息时，借记“财务费用”账户，贷记“应付利息”账户。票据到期支付本息时，借记“应付票据”、“应付利息”账户，贷记“银行存款”账户。企业可决定何时预提应付利息，但一般在中期期末和年度终了时应予以计提。

2）发生时直接列支。如果票据期限较短、利息金额较小，可以在票据到期支付票据本息时，将利息一次计入当期费用，即按票面价值借记“应付票据”账户，按利息支出借记“财务费用”账户，按支付的本息贷记“银行存款”账户。

为加强对应付票据的管理，及时反映应付票据承兑、支付的详细情况，企业还应设置“应付票据备查簿”，记录每一应付票据的种类、号数、签发日期、到期日、票面金额、合同交易号、收款人、付款日期、付款金额等详细资料。对已清偿的票据，应逐一注销。

例：B 公司 2017 年 11 月 1 日购入材料一批，取得的增值税专用发票上注明价款 100000 元，增值税税额 17000 元；B 公司向供货单位签发期限 5 个月、年利率 6% 的等值商业承兑汇票一张。

① 2017 年 11 月 1 日购入材料，签发汇票时

借：材料采购　100000

　　应交税费——应交增值税（进项税额）　17000

　贷：应付票据　117000

②年末计提利息费用时

借：财务费用——利息支出　1170

　贷：应付利息　1170

③ 2008 年 4 月 1 日到期偿付时

借：应付票据　117000

　　应付利息　1170

　　财务费用——利息支出　1755

贷：银行存款　　119925

④假设票据到期时企业无力承付

借：应付票据　　117000

应付利息　　1170

财务费用——利息支出　　1755

贷：短期借款　　119925

（3）票据贴现借款

票据贴现借款是企业以签发票据的形式向银行取得借款的短期借款方式，期限一般为3个月。企业以不带息票据向银行申请短期借款，银行预先从借款额中按市场利率扣除了借款利息，在票据到期时企业只需按票据本金偿付借款，而不需再另外支付利息。因而，企业实际取得的借款金额比票面金额小，其差额为应付票据折价（或贴现）。会计上通常以“应付票据折价（贴现）”账户反映企业以应付票据向银行取得借款而承担的预付利息费用，在资产负债表中，该账户的期末余额应作为“应付票据”的减项列示，以反映应付票据在编表日的现值。在票据的存续期间内，应付票据贴现应分摊计入各期，作为各期财务费用。

例：C公司20：17年11月1日签发面值100000元、期限3个月的不带息商业汇票一张，向银行申请取得年利率为6%的贴现借款，存入银行。

① 2007年11月1日签发票据向银行借款时

借：银行存款　　98500

应付票据贴现　　1500

贷：应付票据　　100000

②年末结账时

借：财务费用　　1000

贷：应付票据贴现　　1000

③票据到期还款时

借：财务费用　　500

贷：应付票据贴现　　500

同时，

借：应付票据　　100000

贷：银行存款　　100000

2．应付账款

（1）应付账款的入账时间

应付账款最主要的会计问题是确定应付账款的入账时间和入账金额。

从理论上说，应付账款的入账时间应以货物所有权的转移为标志，即企业取得货物的所有权时确认应付账款。但会计实务中，由于应付账款偿付期较短，为简化核算，一般在取得凭证时不作账务处理，而在实际支付货款时才作为资产入账。具体可视不同情况而定：①当所购货物与发票账单同时到达时，通常在货物验收入库以后才按发票价格登记入账。②当所购货物与发票账单不同时到达时，如发票账单已到而货物未到，则按“在途物资”确认，并记录应付账款；如货物已到而发票账单月末仍未到，则为客观反映企业所拥有的资产和所承担的债务，应在月末将所购货物和应付账款暂估入账，到下月初再用红字予以冲回，待收到发票账单时，再按正常手续办理。

（2）应付账款的入账价值

应付账款的入账金额主要涉及货币的时间价值和购货折扣两个问题。由于应付账款结算期较短，一般为 30 ~ 60 天，没有计算利息的事项，其会计处理只涉及应付账款的发生与归还。因此，应付账款与其他流动负债一样，按到期偿付金额，或者加上由供货单位代垫的运杂费登记入账，而不是按到期偿付金额的现值计价。企业在购货时享有的商业折扣，应扣除在外。对企业享有的现金折扣优惠，有两种会计处理方法，即总价法和净价法。在总价法下，应付账款应按不扣除现金折扣的总值计价，对发生的现金折扣视作企业的理财收益。在净价法下，应付账款应按扣除现金折扣后的净值计价，对超过折扣期而丧失的现金折扣，则作为理财费用处理。

（3）应付账款的账务处理

企业存在的各种应付款项中，为区别因商品交易或接受劳务供应而发生的应付款项与由于其他原因而形成的应付款项，企业应设置“应付账款”账户，专用于核算商品交易或劳务供应而发生的应付款项的增减变化情况。该账户贷方登记商品交易或劳务供应而增加的债务，借方登记企业以各种方式清偿的债务，一般余额在贷方，表示尚未清偿的应付账款实际金额。如果出现借方余额，则表示多付的货款，此时已转换为预付项目，变成为债权。本账户应按债权人设置明细账，进行明细分类核算，以反映所欠不同债权人的债务情况。

1）不带有现金折扣的应付账款的核算

例：D 公司 2017 年 11 月 26 日购得某种规格元钢 100 吨，取得的增值税专用发票上注明价款 800000 元，增值税税额 136000 元，货款及增值税税款于 12 月 8 日以银行存款付清。所购元钢由供货方送货上门。

① 2017 年 11 月 26 日货物验收入库时

借：原材料　800000

　应交税费——应交增值税（进项税额）　136000

　贷：应付账款　936000

② 2007 年 12 月 8 日付清货款时

借：应付账款　936000

　贷：银行存款　936000

③若信用期满公司存款不足无法支付款项，经协商改为票据结算

借：应付账款　936000

　贷：应付票据　936000

2）带有现金折扣的应付账款的核算

若在赊购过程中，销货方根据购货方的付款时间给予一定的现金折扣，其可供选择的会计处理方法有两种。

①总价法

总价法是指应付账款按扣除现金折扣之前的发票金额入账，如果在折扣期内付款而享受现金折扣，则视为一种理财收益，冲减财务费用，或者冲减购货成本。上例中，假定供货方给予 D 公司购货的现金折扣条件为：2/10，N/30。

A．2017 年 11 月 26 日购货时的会计分录同上

B．若 D 公司在 10 天之内付款，可以少付 800000 元 ×2%=16000 元

借：应付账款　936000

　贷：银行存款　920000

　　财务费用　16000

若 D 公司超过折扣期付款，

借：应付账款　936000

　贷：银行存款　936000

②净价法

净价法是指应付账款按扣除现金折扣之后的发票金额入账，如果超过折扣期付款而丧失现金折扣，则视为一种理财损失，增加财务费用，或者增加购货成本。

上例中，假设 D 公司采用净价法核算现金折扣。

A．2007 年 11 月 26 日购货时

借：原材料　784000

应交税金——应交增值税（进项税额） 136000

贷：应付账款 920000

B. 若D公司在10天之内付款

借：应付账款 920000

贷：银行存款 920000

C. 若D公司超过10天付款

借：应付账款 920000

财务费用 16000

贷：银行存款 936000

两种方法相比，总价法较为简单，因在期末资产负债表上反映较高的负债，更符合稳健性原则。而净价法则更为合理，因为在净价法下，企业资产和负债的入账价值更为真实，更符合市场经济的实际，而且购货企业因理财不善而丧失的现金折扣能更清晰地通过“购货折扣损失”反映在损益表中，从而可引起管理当局的注意并采取相应的改进措施。目前我国会计实务中规定采用总价法。

3. 预收账款

（1）预收账款的内容

预收账款，指企业按合同规定向购货单位或个人预先收取的部分或全部货款。

企业在向客户提供商品或劳务前预先收取的款项，因商品或劳务的销售合同尚未执行，不能作为企业的收入入账，只能确认为企业的一项负债。企业必须在．收款后1年或一个营业周期内向客户发送商品或提供劳务。如果企业不能履行合同条款按期交货或提供劳务，应承担如数退还预收货款及相关的责任。当企业按合同要求向客户如期交货或提供劳务后，预收账款才转为企业营业收入，债务便随之而解除。因而，预收账款既是企业未履行的义务，同时也是企业未实现的收益。

（2）预收账款的会计处理

为了核算各项预收款项的增减情况，企业应设置“预收账款”账户，贷方登记向购货单位或个人预收的货款及其补付的货款，借方登记应收的货款和退回多收的货款，余额一般在贷方，反映企业向购货单位预先收取的货款。期末如为借方余额，反映企业尚未转销的款项。本账户应按购货单位设置明细账，进行明细分类核算。

企业向购货单位预收货款时，借记“银行存款”等账户，贷记“预收账款”账户。销售实现时，按实现的收入和应交的增值税销项税额，借记“预收账款”账户，按实现的营业收入，贷记“主营业务收入”账户，按增值税专用发票上症明的增值税税额，贷记“应交税费——应交增值税（销项税额）”账户。购货单位补付的款项，借记“银行存款”账户，贷记“预收账款”账户；退回多付的货款时，作相反的会计分录。

对于预收账款业务较少的企业，为简化会计处理，也可将预收账款并入“应收账款”账户进行核算。

例：E公司2017年5月21日收到A公司预付货款120000元，已存入银行。6月3日产品生产完工，按合同向A公司如数发交产品一批，开出的增值税专用发票上注明货款150000元，增值税税款25500元，不足部分A公司当即签发银行承兑汇票一张。

①2017年5月21日预收货款时

借：银竹存款　120000

　贷：预收账款——A公司　120000

②2017年6月3日产品发交并结算时

借：预收账款——A公司　175500

　贷：主营业务收入　150000

　　　应交税费——应交增值税（销项税额）　25500

借：应收票据　55500

　贷：预收账款——A公司　55500

若企业因预收账款业务不多，可以不设“预收账款”账户，改用“应收账款”账户核算。

4．其他应付款

（1）其他应付款的内容

其他应付款，指企业除商品交易或劳务供应而产生的应付账款等以外的应付、暂收其他单位或个人的款项。

企业其他应付款一般包括：①应付经营租入固定资产和包装物的租金；②职工未按期领取的工资；③存入保证金；④应付、暂收所属单位、个人的款项；⑤其他应付、暂收款项。

（2）其他应付款的会计处理

为了反映和核算各种其他应付款的增减变动情况，企业应设置“其他应付款”账户，贷方登记发生的各种应付款项，借方登记各种偿还的应付款项，期末贷方余额表示尚未支付的其他应付款项的结余额。本账户应按债权人设置明细账户，进行明细分类核算。

企业发生各种应付、暂收款项时，借记“银行存款”、“管理费用”、“销售费用”

等账户，贷记“其他应付款”账户；在实际偿还、支付时，借记“其他应付款”账户，贷记“银行存款”等账户。

例：F公司2017年度发生下列其他应收款经济业务。

①8月6日，按工资总额的26.5%提取8月份的统筹退休金10000元，于9月5日解缴给市退休基金统筹部门

8月6日提取时，

借：管理费用　　10000

　贷：其他应付款　　10000

9月5日解缴时，

借：其他应付款　　10000

　贷：银行存款　　10000

②第一生产车间经营租入设备一台，每月租金20000元，每季支付一次

每月计提租金时，

借：制造费用　　20000

　贷：其他应付款　　20000

季末支付租金时，

借：其他应付款　　60000

　贷：银行存款　　60000

收到客户租用周转包装物的押金2000元存入银行，

借：银竹存政　　2000

　贷：其他应付款　　2000

四、应交税费

1．应交税费核算的账户设置

为了核算企业应缴纳的各种税金和费用的计算和实际缴纳情况，企业应设置“应交税费”账户，贷方登记经计算的各种应交税费，借方登记实际缴纳的各种税费，期末贷方余额为应交未交的各种税费，借方余额为多交或尚未抵扣的各种税费。本账户应按应交税费的种类设置明细账，进行明细分类核算，以详细反映各种应交税费的计算和实际缴纳情况。

月份终了，企业计算通过“应交税费”账户核算的各种税费时，应根据税负种类和相应税率，分别记入不同账户的借方。企业按规定计算应交的所得税，记入“所得税费用”账户；企业按规定计算应交的营业税、消费税、资源税、城市维护建

设税、教育费附加等，记入“营业税金及附加”账户；企业按规定计算应交的房产税、车船使用税、土地使用税等，记入“管理费用”账户。

2. 增值税

（1）增值税一般纳税人的会计处理

增值税一般纳税人通常指年应税销售额在规定标准以上的企业单位。增值税一般纳税人可以使用增值税专用发票，增值税专用发票上记载了销售货物的售价、税率和税额等，其当期应纳增值税额为当期销项税额减去当期进项税额之差。一般纳税人对增值税实行价税分离，在购进货物或接受应税劳务时，将收到的增值税专用发票中价款部分计入所购货物或所接受劳务成本，而将增值税部分计入进项税额。在销售货物或提供应税劳务时，将开具的增值税专用发票中价款部分计入销售收入，而将增值税部分计入销项税额。如果企业销售货物或提供应税劳务采用销售额和销项税额合并定价的，可按公式“销售额 = 含税销售额 ÷（1+ 增值税税率）”还原为不含增值税销售额，并按不含增值税销售额计算销项税额。

根据上述会计处理特点，增值税一般纳税人应在“应交税费”账户下设置“应交增值税”和“未交增值税”两个明细账户，并在“应交增值税”明细账户下分别设置“进项税额”、“已交税金”、“销项税额”、“出口退税”、“进项税额转出”等专栏，来核算企业增值税的发生、抵扣、缴纳、退税以及转出等情况。其格式如表5-1、表 5-2 所示。

表5-1　应交税金——应交增值税

略	借方					
	合计	进项税额	已交税金	减免税款	出口抵减内销产品应纳税金	转出未交增值税

表5-2　应交税金——应交增值税

贷方					借或贷	余额
合计	销项税额	出口退税	进项税额转出	转出多交增值税		

上述各专栏所反映的经济内容为：

“进项税额”——记录企业购入货物或接受应税劳务而支付的、准予从销项税额中抵扣的增值税额；

“已交税金”——记录企业已交纳的增值税额；

“销项税额”——记录企业销售货物或提供应税劳务而收取的增值税额；

“出口退税”——记录企业出口货物、向海关办理报关手续后，凭出口报关单等有关凭证，向税务机关办理出口退税而收到退回的税款；

“进项税额转出”——记录企业购进货物、在产品、产成品等发生非正常损失以及其他原因，不得从销项税额中抵扣而转出的进项税额；

“减免税款”——记录企业按规定减免的增值税款；

“出口抵减内销产品应纳税额”——记录企业按照规定计算的出口货物的进项税额抵减内销产品的应纳税额；

“转出多交增值税”——反映企业月末转出多交的增值税；

“转出未交增值税”——反映企业月末转出未交的增值税。

设置最后两个专栏的目的在于分别反映一般纳税人欠交增值税款和待抵扣增值税的情况，避免出现企业用以前月份欠交的增值税额抵扣以后月份未抵扣的增值税的情况。月末，企业如果有本月应交而未交的增值税额，应借记“应交税费——应交增值税（转出未交增值税）”账户，贷记“应交税费未交增值税”账户；下月实际缴纳时，借记“应交税费——未交增值税”账户，贷记“银行存款”账户。企业如果多交了增值税，应借记“应交税费——未交增值税”账户，贷记“应交税费”——应交增值税（转出多交增值税）”账户。经过结转后，期末“应交税费一－未交增值税”账户若有借方余额，则反映企业尚未抵扣的增值税；若有贷方余额，则反映企业应交而未交的增值税。

1）一般购销业务的账务处理

例：A 公司为增值税一般纳税企业，2017 年 11 月 24 日购入一批生产用原材料，增值税专用发票上注明价款 400000 元、增值税税额 68000 元。材料已到达并验收入库，货款尚未支付。该公司当期销售产品一批，不含增值税售价为 700000 元，应收取增值税税额 119000 元，货款尚未收到。

①购进货物时

借：原材料　400000

　　应交税费——应交增值税（进项税额）　68000

　贷：应付账款　468000

②销售产品时

借：应收账款　819000

　贷：主营业务收入　700000

应交税费——应交增值税（销项税额）　　119000

2）购入免税产品的账务处理

由于企业销售免征增值税项目的货物不能开具增值税专用发票，只能开具普通发票，因此，一般纳税企业购入免税产品，不会取得增值税专用发票，因而不作扣税处理。但购入免税农产品、收购废旧物资等，按税法规定，可以按买价（收购价）和规定的扣除率计算进项税额，并准予从销项税额中抵扣，买价扣除规定的进项税额后的余额，计入所购农产品的成本。

例：B 公司为增值税一般纳税人，本期收购农产品 50000 千克，每千克收购价 2.00 元，收购的农产品已到达并验收入库。规定的扣除率为 13%。

进项税额 =（50000 × 2）元 X13%=13000 元

借：材料采购　　87000

应交税费——应交增值税（进项税额）　　13000

贷：银行存款　　100000

3）税法上视同销售的账务处理

税法上视同销售、会计上也作为销售处理的有：将货物交付他人代销；销售代销货物；将自产或委托加工或购买的货物分配给股东或投资者。会计上作为销售处理的，应确认营业收入。

例：C 公司以自产的产成品一批分配给投资者，该批产品的实际成本 550000 元，计税价格 720000 元，适用增值税税率 17%。

720000 元 × 17%=122400 元

①产品分配给投资者时

借：应付股利　　842400

贷：主营业务收入　　720000

应交税费——应交增值税（销项税额）　　122400

②结转成本时

借：主营业务成本　　550000

贷：库存商品　　550000

税法上视同销售、但会计上不作为销售处理的有：货物对外投资、对外捐赠，以及自产或委托加工的货物用于非应税项目或集体福利等。会计上不作为销售处理的，按其成本转账。

例：D 公司用购入的原材料一批对 S 公司投资，双方协商按实际成本计价。该批材料实际成本为 3000000 元，计税价格为 3600000 元，增值税税率 17%。

①D公司对S公司投资时

借：长期股权投资　3612000

　贷：原材料　3000000

　　应交税费——应交增值税（销项税额）　612000

②S公司接受D公司投资时

借：原材料 3000000

　应交税费——应交增值税（进项税额）　612000

　贷：实收资本　3612000

4）不予抵扣项目的账务处理

不予抵扣的项目有：购进固定资产；用于非应税项目的购进货物或应税劳务；用于免税项目的购进货物或应税劳务；用于集体福利或个人消费的购进货物或应税劳务；非正常损失的购进货物；非正常损失的在产品、产成品所耗用的购进货物或应税劳务等。

如果购进货物或接受劳务时即能认定进项税额不能抵扣的，应连同价款一起计入其成本中；如果不能立即认定的，可先计入进项税额，当货物改变用途时，再作进项税额转出。

例：E公司2017年9月14日从国外进口某种牌号的小汽车5辆自用，其到岸价为80000美元，当日外汇牌价为1：7.75，另用人民币支付关税235000元，小汽车消费税税率为5%。

应交消费税 =［（80000×7.75+235000）元 +（1–5%）］×5%=45000元

应交增值税 =（80.000×7.75+235000+45000）元 ×17%=153000元

总共支付（80000×7.75+235000+153000）元 =1008000元

借：固定资产　1008000

　贷：银行存款　1008000

例：F公司库存材料因遭火灾发生毁损，其实际成本为200000元。经确认，购进时支付增值税34000元。

借：待处理财产损溢　234000

　贷：原材料　200000

　　应交税费——应交增值税（进项税额转出）　34000

5）出口退税及出口抵减内销的账务处理

税法规定，出口货物的增值税税率为零，即出口货物在出口环节不征收增值税，但企业在购进货物或购进出口货物所耗原材料时仍要支付进项税额。在出口货物以后，所支付的进项税额可根据海关报关单等凭证，向税务机关申报出口货物退税。

企业购进出口货物或购进出口货物所耗原材料时所支付的进项税额不全额退还。企业在收到退还的进项税额时，借记“银行存款”账户，贷记“应交税费应交增值税（出口退税）”账户；未退还的部分应从进项税额中转出，计入销售成本，借记“主营业务成本”账户，贷记“应交税费——应交增值税（进项税额转出）”账户。

如果企业有内销产品，国家对应退的出扣退税款将不再直接返还，而是允许企业将这部分退税款抵减内销产品的销项税额，借记“应父税费－应父增值税（出口抵减内销产品应纳税额）”账户，贷记“应交税费——应交增值税（出口退税）”账户。

例：G 公司 2007 年 8 月份发生有关出口退税业务如下。

①出口甲产品 100 件，价款折合人民币 350000 元，款未收到

借：应收账款　350000

　贷：主营业务收入　350000

②出口甲产品 100 件所耗原材料 120(8)元。进项税额 20400 元，申报出口货物退税后，应退回税款 10400 元，允许抵减内销产品销项税额

借：应交税费——应交增值税（出口抵减内销产品应纳税额）　10400

　贷：应交税费——应交增值税（出口退税）　10400

③出口甲产品未退还进项税额部分计入销售成本

借：主营业务成本　10000

　贷：应交税费——应交增值税（进项税额转出）　10000

6）转出多交增值税和未交增值税的账务处理

①月末，企业结出本月应交未交增值税额时

借：应交税费——应交增值税（转出未交增值税）

　贷：应交税费——未交增值税

②若本月多交增值税．

借：应交税费——未交增值税

　贷：应交税费——应交增值税（转出多交增值税）

③企业缴纳当月增值税

借：应交税费——应交增值税（已交税金）

　贷：银行存款

④企业缴纳以前月份应交未交增值税

借：应交税费——未交增值税

　贷：银行存款

例：H 公司 2017 年 9 月初"应交税费——应交增值税"明细账户借方余额为 3400 元，9 月份购进材料发生进项税额 51000 元，销售产品发生销项税额 85000 元，当月缴纳增值税税额 12000 元。该公司 10 月份缴纳 9 月份欠交的增值税。

①9 月份缴纳当月增值税时

借：应交税费——应交增值税（已交税金） 12000

贷：银行存款 112000

②结转 9 月份未交增值税时

（−3400+85000−51000−12000）元 =18600 元

借：应交税费——应交增值税（转出未交增值税） 18600

贷：应交税费——未交增值税 18600

③ 10 月份缴纳上月增值税时

借：应交税费——未交增值税 18600

贷：银行存款 18600

（2）增值税小规模纳税企业的会计处理

小规模纳税人是指年销售额在规定标准以下，并且会计核算不健全、不能按规定报送有关税务资料的纳税人。税法中对小规模纳税人的认定标准为：①从事货物生产或提供应税劳务的纳税人，以及从事货物生产或提供应税劳务为主，并兼营货物批发或零售的纳税人，年应征增值税销售额在 100 万元以下；②从事货物批发或零售的纳税人，年应征增值税销售额在 180 万元以下。

小规模纳税企业销售货物或提供应税劳务，在一般情况下不能开具增值税专用发票而只能开具普通发票，并且需要按销售额的一定比率计算缴纳增值税，不享有进项税额抵扣的权利。因此，对其销售货物或提供应税劳务实行简易方法计算应纳增值税税额。计算公式为：

应交增值税 = 不含税销售额 × 征收率

公式中，国家规定征收率为 6%，但小规模商品流通企业自 1998 年 7 月 1 日起征收率改为 4%。

小规模纳税企业的销售收入同样也不包含增值税。采用销售额和应纳税额合并定价的，可按公式"不含税销售额 = 含税销售额 ÷（1+ 征收率）"还原为不含增值税销售额。

例：H 公司为增值税小规模纳税企业，2017 年 8 月份购入材料一批，取得的增值税专用发票上注明价款 100000 元，增值税税额 17000 元。材料已验收入库，货款以支票付讫。该企业本月份销售产品一批，含税价格 159000 元，收到对方开出并承兑银行承兑汇票一张。增值税征收率为 6%。

①购入材料时

借：原材料　　　　　　　　　　　　　　　　　　　　　　117000

　贷：银行存款　　　　　　　　　　　　　　　　　　　　　117000

②销售产品时

应纳税销售额 = 含税销售额 ÷（1+ 征收率）

=159000 元 ÷（1+6%）=150000 元

应纳增值税税额 =150000 元 ×6%=9000 元

借：应收票据　　　　　　　　　　　　　　　　　　　　　159000

　贷：主营业务收入　　　　　　　　　　　　　　　　　　　150000

　　　应交税费——应交增值税　　　　　　　　　　　　　　　9000

③以银行存款上交增值税时

借：应交税费应交增值税　　　　　　　　　　　　　　　　9000

　贷：银行存款　　　　　　　　　　　　　　　　　　　　　9000

五、应付股利与应付利息

1．应付股利

应付股利，指企业经股东会议或类似机构审议批准分配给投资者的现金股利或利润，是投资者对企业税后利润的分享。企业税后利润分配股利的比例与数额与企业经营业绩、国家有关股利分配的法规和企业自身的股利分配政策有关，其分配金额是不确定的，但在股利分配方案确定并公开以后，它又变成确定的了。

股利的分配有现金股利和股票股利两种形式。企业决定分配给投资者的现金股利或利润，在实际支付给投资者之前，即成为企业对投资者的一项流动负债。而企业所决定分派的股票股利，因其只涉及所有者权益内部账户的结转，即由未分配利润转增资本，不构成企业的负债，不通过“应付股利”账户核算。

董事会或类似机构通过的利润分配方案中拟分配的现金股利或利润，不做账务处理，但应在财务报表附注中披露。

为了反映应付给股东现金股利或利润的提取和实际支付情况，企业应设置“应付股利”账户，贷方登记应付给股东的股利，借方登记实际支付给股东的股利，期末贷方余额表示企业应付而未付给股东的股利。

股利分配是股份制企业一项重要的分配决策。企业决定分配股利时，借记“利润分配”账户，贷记“应付股利”账户；实际发放或支付股利时，借记“应付股利”

账户，贷记“银行存款”等账户。

例：H 公司拟发放现金股利，经股东大会审议，决定用本年度净利润的 30%，即 150000 元作为现金股利发放。

①宣布发放现金股利时

借：利润分配——应付股利　　150000

　贷：应付股利　　150000

②发放或支付现金股利时

借：应付股利　　150000

　贷：银行存款　　150000

“应付股利”账户所属明细账是截至除息日时的股东名册。

2．应付利息

应付利息，指企业按照合同约定应支付的利息，包括吸收存款、分期付息到朗还本的长期借款、企业债券等应支付的利息。企业应设置“应付利息”账户，并按债权人设置明细账户进行明细分类核算。该账户贷方余额反映企业按照合同约定应付而未付的利息。

资产负债表日，企业应按摊余成本和实际利率计算确定的利息费用，借记“利息支出”、“在建工程”、“财务费用”、“研发支出”等账户，按合同利率计算确定的应付未付利息，贷记“应付利息”账户，按其差额，借记或贷记“长期借款——利息调整”等账户。

合同利率与实际利率差异较小的，也可以采用合同利率计算确定利息费用。实际支付利息时，借记“应付利息”账户，贷记“银行存款”账户。

第二节　非流动负债

一、长期借款

1．长期借款及其账户设置

长期借款，是指企业向银行或其他金融机构借入的、偿还期限超过 1 年的各种借款。企业按规定程序取得长期借款，通常要经过申请、审批、签订合同和划拨款项四个步骤。

为了总括反映和核算企业各种长期借款的借入、归还及利息调整的情况，企业应设置“长期借款”账户，并按贷款单位和贷款种类，分别“本金”、“利息调整”

等进行明细分类核算。

企业取得长期借款时，按实际收到的金额，借记“银行存款”账户，贷记“长期借款——本金”账户，如存在差额，借记“长期借款——利息调整”账户。

在资产负债表日，企业应按长期借款的摊余成本和实际利率计算确定的长期借款利息费用借记“在建工程”、“制造费用”、“财务费用”、“研发支出”等账户，按合同利率计算确定的应付未付利息，贷记“应付利息”账户，按其差额，贷记“长期借款——利息调整”账户。

实际利率与合同利率差异较小的，也可以采用合同利率计算确定利息费用。

按期归还长期借款时，按归还的长期借款本金，借记“长期借款—本金”账户，贷记“银行存款”账户。同时，存在利息调整余额的，借记或贷记“在建工程”、“制造费用”、“财务费用”、“研发支出”等账户，贷记或借记“长期借款——利息调整”账户。

长期借款账户期末贷方余额，反映企业尚未偿还的长期借款。

在进行长期借款核算时，需要注意以下几个问题：

（1）长期借款所发生的利息支出，应按权责发生制原则按期预提，并按借款费用的原则进行处理，或予以资本化，或予以费用化；

（2）长期外币借款所发生的外币折合差额，应按照外币业务核算的有关规定，按期计算汇兑损益，计算出的汇兑损益按借款费用的原则处理。

2. 长期借款的会计处理

企业从银行借入长期借款，应与银行签订借款合同，约定借款本金和利息的偿还方式，并在长期借款使用过程中应正确核算借款的取得、使用和归还情况。

长期借款的利息计算有单利和复利两种方法。单利是指只按本金计算利息，所生利息不再参与本金一起计算下期利息，即：本利和 = 本金 + 本金 × 利率 × 期数；复利是指前期利息应加入本金，连同本金一起计算下期利息，即：本利和 = 本金 ×（1+ 利率）^{N} 式中 N 为期数。如果借款有不同的币种，还应按不同币种分别计息。

长期借款的付息方式有多种，将其于本金的偿还方式结合起来可归纳为：到期一次还本付息，分期还本付息，分期付息到期还本。

例：A 公司为扩建装配车间，于 2015 年 1 月 1 日向银行取得 2 年期、年利率 8% 的长期专门借款 1000000 元，款项已存入银行。每年 1 月 1 日为付息日，期满归还本金。2015 年初，以银行存款支付工程价款 700000 元，2006 年初又以银行存款支付工程价款 300000 元。该扩建工程于 2016 年 9 月 30 日完工，达到预定可使用状态。假设不考虑专门借款资金存款的利息收入或者投资收益。

①2015年1月1日取得借款时

借：银行存款 1000000

贷：长期借款——本金 1000000

②2015年初支付工程价款时

借：在建工程 700000

贷：银行存款 700000

③2015年末计算利息时

借：在建工程 80000

贷：应付利息 80000

④2016年1月1日支付利息时

借：应付利息 80000

贷：银行存款 80000

⑤2016年初支付工程款时

借：在建工程 300000

贷：银行存款 300000

⑥2016年9月30日工程达到预定可使用状态时

借：在建工程 60000

贷：应付利息 60000

同时，

借：固定资产 1140000

贷：在建工程 1140000

⑦2016年末计算利息时

借：财务费用 20000

贷：应付利息 20000

⑧2017年1月1日支付本金与利息时

借：长期借款——本金 1000000

应付利息 80000

贷：银行存款 1080000

二、应付债券

1．公司债券的发行

（1）公司债券的发行资格与条件

公司债券的发行虽可采取直接发售的方式，但大多数公司发行债券一般采用间接发售的方式，即通过银行、投资信托公司或其他金融机构来完成。间接发售方式通常又可分为包销和代销两种：包销是由银行或其他经纪人按照一定的价格承包全部债券，然后再转售给其他投资人，盈亏归银行或其他经纪人；代销是由银行或其他经纪人代为销售，从中抽取佣金，未售出部分则退还给发行公司。相对而言，采用包销发行方式，尽管发行公司必须支付较高的费用，但可以将发行风险全部转嫁给银行或其他经纪人，因此，大多数公司常常采用这种发行方式，特别是对证券市场不太熟悉的公司，尤其乐于采用这种发行方式。

《公司法》规定，股份有限公司、国有独资公司和两个以上的国有企业或其他两个以上的国有投资主体投资设立的有限责任公司，有资格发行公司债券。股份有限公司、有限责任公司发行债券，由董事会制订方案，股东大会做出决议；国有独资公司由国家授权投资的机构或部门做出决定后依法发行债券。

有资格发行公司债券的公司，必须具备以下条件：①股份有限公司的净资产额不低于人民币 3000 万元，有限责任公同的净资产额不低于人民币 6000 万元；②累计债券总额不超过公司净资产额的 40%；③最近 3 年平均可分配利润足以支付公司债券 1 年的利息；④所筹集资金的投向符合国家产业政策；⑤债券的利率不得超过国务院限定的水平；⑥国务院规定的其他条件。

另外，发行公司债券所筹集的资金，必须用于审批机关审批的用途，不得用于弥补亏损和非生产性支出。

（2）公司债券发行价格的确定

从理论上讲，债券的发行价格应等于债券的票面价值，但由于资金时间价值的存在，以及债券的票面利率在发行时与市场利率的不一致，从而导致债券的发行价格与其票面价值并不总是相同的。因此，公司债券的价值，应以债券面值按发行时的市场利率计算的现值，加上按票面利率计算的各种利息以实际利率折现之和来计价，即考虑了资金的时间价值。

为了帮助对债券计价的理解，下面简要介绍有关现值的概念。

现值的概念是建立在资金的时间价值基础上的。所谓资金的时间价值，通俗地讲，就是现在的 1 元钱大于 1 年以后的 1 元钱，即资金随时间的推移逐渐增值，除了本金以外，还包括利息。利息的计算又与利率有关，利率有单利和复利之分。按国际惯例，债券按复利计算，其计算公式为：

$$F=P（1+i）^{n}= 本金 \times 复利终值系数$$

式中，P为本金；i为利率；n为计息期数；F为n期期末的本利和，即复利终值；（1+i）^{n}为一元复利终值系数。

复利现值是复利终值的逆运算，即

$$P=F（1+i）^{n}= 本金 \times 复利现值系数$$

式中，

（1+i）$^{-n}$为一元复利现值系数。

例：B公司以10000元存入银行，准备10年后购买机器，复利年利率为9%，求10年后本利和为多少？

$$F=10000元 \times（1+9\%）^{10}=23670元$$

例：C公司6年后需要有80000元购买机器，假设银行复利率为10%，问现在需要一次存入银行多少钱？

$$P=80000元 \times（1+10\%）^{-6}=45147元$$

每隔一定相同时期（年或月）收入或支出相等金额的款项称为年金。年金也有现值与终值之分，若以及表示年金，其计算公式如下：

$$年金终值 = R \times \frac{(1+i)^{n}-1}{i} = 年金 \times 年金终值系数$$

$$年金现值 = R \times \frac{1\text{-}(1+i)^{-n}}{i} = 年金 \times 年金现值系数$$

式中，$\frac{1\text{-}(1+i)^{n}-1}{i}$为一元年金终值系数；$\frac{1\text{-}(1+i)^{-n}}{i}$为一元年金现值系数。

例：D公司每年末存款10000元，假设银行复利率为8%，6年后可收入多少？

$$10000元 \times \frac{(1+8\%)^{6}-1}{8\%}=73360元$$

例：E公司欲购值一台设备，有两种方案：一种是分4年付款，每年末付50000元；另一种是一次性付款，则需付170000元。哪种方案最优？假设银行复利率为8%。

$$50000元 \times \frac{1-(1+8\%)^{-4}}{8\%}=165600元$$

显然，第一种方案优于第二种方案。

一元现值系数、一元终值系数、一元年金终值系数和一元年金现值系数无须计算，可以直接查表求得。

有了票面利率、市场利率、现值、终值和年金的概念之后，不仅可以确定债券是溢价还是折价，而且还可以具体确定债券的发行价格。

分期付息债券发行价格的计算公式是（不考虑交易费用）：

$$债券发行价格 = 债券面值现值 + 各期利息现值$$

$$= \frac{票面价值}{(1+市场利率)^n} + \sum_{t=1}^{n} \frac{票面价值 \times 票面利率}{(1+市场利率)^t}$$

式中，n为债券期限；t为付息期数。

例：F公司发行面值为1000000元的债券，票面年利率6%，5年期，每年计息一次。

①市场利率为4%时

债券发行价格 = 债券面值现值 + 各期利息现值

=（1000000 × 0.82193+1000000 × 6% × 4.45182）元 =1089039元

②市场利率为6%时

债券发行价格 =（1000000 × 0.74726+1000000 × 6% × 4.21236）元 =1000000元

③市场利率为8%时

债券发行价格 =（1000000 × 0.68058+1000000 × 3% × 3.99271）元 =920142元

（3）公司债券发行的方式

按照债券的发行价格与债券面值之间的关系，可以将债券的发行方式分为三种：面值发行、溢价发行和折价发行。

理论上债券的发行价格应等于债券的面值．但两者却并不总是相同。从上述计算债券发行价格的例子中可以看出，债券的发行价格受同期市场利率（在我国，一般指同期银行存款利率）的影响较大，债券的发行价格随市场利率的变动而呈反方向变动，当市场利率上升时，债券的价格下跌；当市场利率下降时，债券的价格则上升。总之，当债券的票面利率与市场利率不同时，就会形成发行价格与债券面值不同的情况。由于债券的发行需要有一段较长时间的准备过程，即使原准备按面值发行，但随着时间的推移，市场利率发生波动，或小于或大于票面利率，就会出现溢价发行或折价发行的情况。

如果债券的票面利率与市场利率一致，则债券按面值发行；如果债券的票面利率高于市场利率，则债券按溢价发行，溢价是企业为以后多付利息而预先求得的补偿；如果债券的票面利率低于市场利率，则债券按折价发行，折价是企业为以后少付利息而预先给予投资者的补偿。债券的溢价或折价是债券发行企业在债券存续期内对债券利息费用的一种调整，即债券各期按票面价值和票面利率计算的应付利息扣减溢价的摊销或加上折价的摊销后调整为各期的利息费用。

2．公司债券的会计处理

（1）公司债券发行的账务处理

企业发行债券，无论是面值发行，还是溢价发行或折价发行，均应按实际收到的金额，借记“银行存款”等账户，按债券票面金额，贷记“应付债券——面值”账户。实际收到的款项与债券面值存在差额的，借记或贷记“应付债券一利息调整”账户。

企业发行债券时还会发生有关的发行费用，包括委托银行或其他经纪人代销债券的佣金、法律费用、债券的印刷费等。企业发行债券时，如果发行费用大于发行期间冻结资金所产生的利息收入，按发行费用减去发行期间冻结资金所产生的利息收入后的差额，根据发行债券所筹集资金的用途，分别计入财务费用或相关资产的成本。如果发行费用小于发行期间冻结资金所产生的利息收入，按发行期间冻结资金所产生的利息收入减去发行费用后的差额，视同发行债券的溢价收入，在债券存续期间于计提利息时摊销，分别计入财务费用或相关资产的成本。

（2）公司债券利息调整的摊销

按权责发生制原则，债券在其存续期间应分期计息，并摊销溢、折价。企业以高于同期市场利率溢价发行债券或低于同期市场利率折价发行债券，所发生的债券溢价或折价，实质上是企业对应付利息在整个债券存续期内的一种调整。债券发行的溢价部分应逐期从利息费用中扣减，而债券发行的折价部分应逐期转作利息费用。上述逐期调整债券利息费用的作法，被称作“摊销”。只有对债券溢价或折价进行摊销，才能正确地反映出公司各期实际负担的债券利息费用。其计算公式如下：

$$利息费用=应付利息-溢价摊销额$$

或

$$利息费用=应付利息+折价摊销额$$

按国际惯例，发行债券的溢价或折价的摊销方法，有直线法和实际利率法两种。采用直线法摊销时，应将债券发行的溢价部分或债券发行的折价部分在债券的整个存续期内平均摊销，即各期以相同的金额将债券溢价扣减利息费用或将债券折价转为利息费用。其特点是每期确认的利息费用完全相等。

采用实际利率法摊销时，可将各期的应付利息看作一“法律观念”，它等于债券面值与票面利率的乘积，即企业必须按该乘积的值支付各期利息；而将各期确认的利息费用看作一“经济观念”，它等于债券各期期初的摊余成本与其发行时的同期市场利率的乘积，即企业各期实际的利息负担。各期应付利息与利息费用之差，即为债券溢价或债券折价该期的摊销额。其计算公式为：

应付利息 = 债券面值 × 票面利率

利息费用 = 摊余成本 × 实际利率

溢价摊销额 = 应付利息 – 利息费用

折价摊销额 = 利息费用 – 应付利息

相对直线法而言，采用实际利率法调整的结果更为合理和准确，更符合配比原则。准则规定，利息调整应在债券存续期间内采用实际利率法摊销。实际利率法是指按照应付债券的实际利率计算其摊余成本及各期利息费用的方法。实际利率是指将应付债券在其存续期间的未来现金流量，折现为该债券吕前账面价值所使用的利率。

在资产负债表日，对于分期付息、一次还本的债券，应按摊余成本和实际利率计算确定的债券利息费用，借记“在建工程”、“制造费用”、“财务费用”、“研发支出”等账户，按票面利率计算确定的应付未付利息，贷记“应付利息”账户，按利息费用与应付利息之间的差额，借记或贷记“应付债券——利息调整”账户。

在资产负债表日，对一次还本付息的债券，应按摊余成本和实际利率计算确·定的债券利息费用，借记“在建工程”、“制造费用”、“财务费用”、“研发支出”等账户，按票面利率计算确定的应付未付利息，贷记“应付债券——应计利息”账户，按利息费用与应付利息之间的差额，借记或贷记“应付债券 --- 利息调整”账户。

实际利率与票面利率差异较小的，也可以采用票面利率计算确定利息费用。

（3）债券的偿还

长期债券到期时，对于分期付息、一次还本债券，在每期支付利息时，借记“应付利息”账户，贷记“银行存款”账户；债券到期偿还本金并支付最后一期利息时，借记“应付债券——面值”、“在建工程”、“财务费用”、“研发支出”等账户，贷记“银行存款”账户，按借贷双方之间的差额，借记“应付债券——利息调整”账户。对于一次还本付息债券，企业应于债券到期支付债本息时，借记“应付债券面值、应计利息”账户，贷记“银行存款”账户。

（4）分期付息、一次还本债券核算举例

1）面值发行

例：A 公司经批准于 2016 年 1 月 1 日按面值发行 5 年期分期付息、一次还本长期债券用于公司的经营周转，债券面值 1000000 元，票面年利率 6%，每年 12 月 31 日为付息日。假设该债券发行时市场利率为 6%。

① 2006 年 1 月 1 日，发行债券按实收款项入账时

借：银行存款　　1000000

　贷：应付债券——面值　　1000000

②公司每年末计息时

借：财务费用　　60000

　贷：应付利息　　60000

③每年付息日实际支付利息时

借：应付利息　　60000

　贷：银行存款　　60000

④到期还本时

借：应付债券——面值　　1000000

　贷：银行存款　　1000000

2）溢价发行

例：B 公司经批准于 2015 年 1 月 1 日发行 5 年期分期付息、一次还本长期债券用于公司的经营周转，债券面值 1000000 元，票面年利率 6%，每年 12 月 31 日为付息日。假设该债券发行时市场利率为 4%。

B 公司该债券发行价格为

$$(1000000 \times 0.82193+1000000 \times 6\% \times 4.45182)\text{ 元} =1089039\text{ 元}$$

① 2015 年 1 月 1 日发行债券

借：银行存款　　1089039

　贷：应付债券——面值　　1000000

　　　　　　——利息调整　　89039

② 2015 年 12 月 31 日计算利息费用

A．按直线法摊销（见表 5-3）

溢价总额分 5 年平均摊销，每期摊销 17807.80 元。

借：财务费用　　42192.20

　　应付债券——利息调整　　17807.80

　贷：应付利息　　60000

B．按实际利率法摊销

（见表 5-4 与图 5-1）

借：财务费用　　43561.56

　　应付债券——利息调整　　16438.44

贷：应付利息 60000

表5–3 B公司债券溢价摊销表

（直线法）

单位：元

付息日期	应付利息（贷：应计利息）(1) = 面值 ×6%	利息费用（借：财务费用等）(2) = (1) – (3)	摊销的利息（借：利息调整）(3) =89039 ÷ 5	调整应付债券摊余成本 (4)=(4)–(3)
2015.1.1	60000	42192.20	17807.80	1089039
2015.12.31	60000	42192.20	17807.80	1071231.20
2016.12.31	60000	42192.20	17807.80	1053423.40
2017.12.31	60000	42192.20	17807.80	1035615.60
2018.12.31	60000	42192.20	17807.80	1017807.50
2019.12.31	60000	42192.20	17807.80	1000000
合计	300000	210961	89039	

表5–4 B公司债券溢价摊销表

（实际利率法）

单位：元

付息日期	应付利息（贷：应计利息）(1) = 面值 ×6%	利息费用（借：财务费用等）(2)=(4) ×4%	摊销的利息调整（借：利息调整）(3) = (1) – (2)	应付债券摊余成本 (4) = (4) – (3)
2015.1.1				1089039
2015.12.31	60000	43561.56	16438.44	1072600.56
2016.12.31	60000	42904.02	17095.98	1055504.58
2017.12.31	60000	42220.18	17779.82	1037724.76
2018.12.31	60000	41508.99	18491.01	1019233.75
2019.12.31	60000	40766.25	19233.75	1000000
合计	300000	210961	89039	

③每年付息日支付利息

借：应付利息 60000

贷：银行存款 60000

2016 年、2017 年、2018 年、2019 年确认利息费用的会计处理同 2015 年。

④ 2019 年 12 月 31 日归还债券本金

借：应付债券——面值　　1000000

　贷：银行存款　　1000000

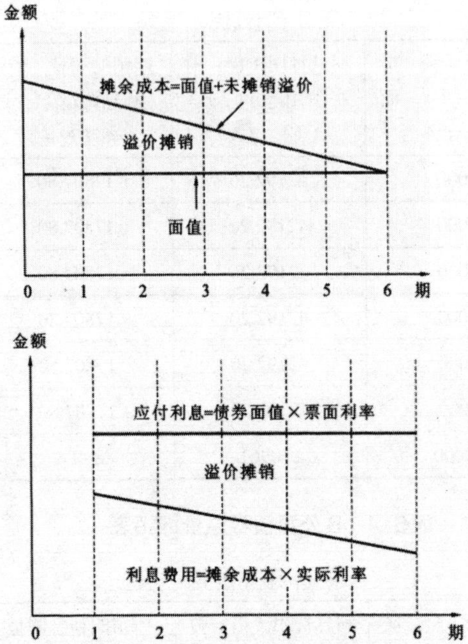

图5-1　债券溢价摊销示意图

3）折价发行

例：C公司经批准于2016年1月1日发行5年期分期付息、一次还本长期债券用于公司的经营周转，债券面值1000000元，票面年利率6%，每年12月31日为付息日。假设该债券发行时市场利率为8%。

C公司该债券发行价格为

（1000000×0.68058+1000000×6%×3.99271）元=920142元

① 2015年1月1日发行债券

借：银行存款　　920142

　　应付债券——利息调整　　79858

　贷：应付债券——面值　　1000000

② 2015年12月31日计算利息费用

A. 按直线法摊销（见表5-5）

折价总额分5年平均摊销，每年摊销15971.60元。

借：财务费用　　75971.60
　贷：应付利息　　60000
　　应付债券——利息调整　　15971.60

表5-5　C公司债券折价摊销表

（直线法）　　单位：元

付息日期	应付利息（贷：应计利息）(1)=面值×6%	利息费用（借：财务费用等）(2)=(1)+(3)	摊销的利息调整（借：利息调整）(3)=79858÷5	应付债券摊余成本(4)=(4)+(3)
2015.1.1				920142
2015.12.31	60000	75971.60	15971.60	936113.60
2016.12.31	60000	75971.60	15971.60	952085.20
2017.12.31	60000	75971.60	15971.60	968056.80
2018.12.31	60000	75971.60	15971.60	984028.40
2019.12.31	60000	75971.60	15971.60	1000000
合计	300000	379858	79858	

B．按实际利率法摊销（见表5-6与图5-2）

借：财务费用　　73611.36
　贷：应付利息　　60000
　　应付债券——利息调整　　13611.36

表5-6　C公司债券折价摊销表

（实际利率法）　　单位：元

付息日期	应付利息（贷：应计利息）(1)=面值×6%	利息费用（借：财务费用等）(2)=(4)×8%	摊销的利息调整（借：利息调整）(3)=(2)-(1)	应付债券摊余成本(4)=(4)+(3)
2015.1.1				920142
2015.12.31	60000	73611.36	13611.36	933753.36
2016.12.31	60000	74700.27	14700.27	948453.63
2017.12.31	60000	75876.29	15876.29	964329.92
2018.12.31	60000	77146.39	17146.39	981476.31
2019.12.31	60000	78523.69	18523.69	1000000
合计	300000	379858	79858	

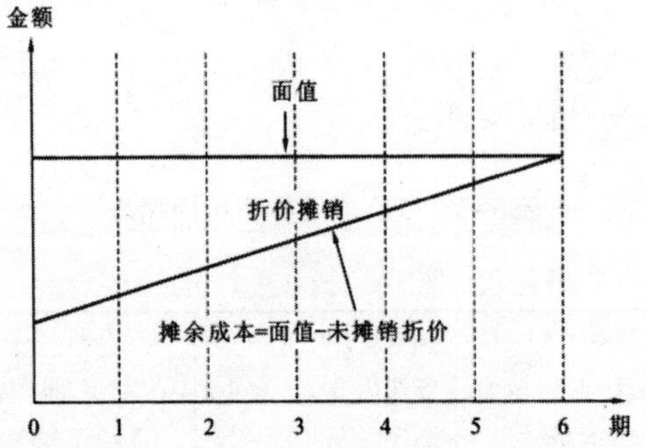

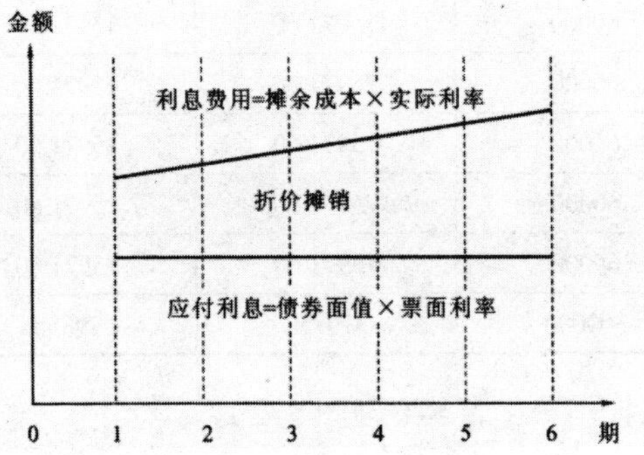

图5–2　债券折价摊销示意图

③每年付息日支付利息

借：应付利息　　60000

　贷：银行存款　　60000

2016年、2017年、2018年、2019年确认利息费用的会计处理同2006年。

④ 2019年12月31日归还债券本金

借：应付债券——面值　　1000000

　贷：银行存款　　1000000

4）中途发行

企业发行债券，不一定能在起息日前发行完毕，即可能出现中途发行。无论是面值、溢价或折价发行，只要是中途发行，就一定存在延迟期间的计息问题。购买者在购买债券时，还应加付这一段时间的应付利息，待到下期付息时，发行企业再将加收的应付利息退还给购买者。这种做法的主要目的在于方便发行企业计息。如果所发行长期债券系一次还本付息，延迟期间的应付利息还应折现。

例：D 公司于 2015 年 7 月 1 日发行 4 月 1 日起息的 3 年期分期付息、一次还本公司债券 1000000 元，发行价 1048000 元，票面利率 6%，每年 10 月 1 日和 4 月 1 日为付息日。

计算延迟期的应付利息：（1000000 × 6% × 1/4）元 =15000 元

借：银行存款　　1063000

　贷：应付债券——面值　　1000000

　　　　　　——债券溢价 48000

　　　应付利息　　15000

到 10 月 1 日付息时，一并将购买者加付的 15000 元退还给购买者。

（5）一次还本付息债券举例

到期一次还本付息债券的利息计算有两种情况，即单利与复利。如果按复利计算，则与分期付息、一次还本债券相同，也有面值发行、溢价发行和折价发行三种情况，且溢折价的摊销也与分期付息、一次还本债券一样。有所区别的是，债券的应付利息需要作为一项长期负债，在“应付债券——应计利息”明细账户中进行核算。

例：E 公司经批准于 2016 年 1 月 1 日发行 3 年期一次还本付息长期债券用于公司的经营周转，债券面值 1000000 元，票面年利率 6%，每年 12 月 31 日计息一次，按复利计算，到期一次支付。假设该债券发行时市场利率为

债券的发行价格为

$$1000000 \text{ 元} \times (1+6\%)^3/(1+4\%)^3$$
$$=1000000 \text{ 元} \times CF_{0.06,3}XDF_{0.04,3}$$
$$=1000000 \text{ 元} \times I.19102 \times 0.88900$$
$$=1058817 \text{ 元}$$

① 2016 年 1 月 1 日发行债券

借：银行存款　　1058817

　贷：应付债券——面值　　1000000

　　　　　　——利息调整　　58817

② 2016 年 12 月 31 日确认债券利息费用及摊销溢价

应付利息 1000000 元 ×6%=60000 元

溢价摊销 =58817 元 /3=19606 元（采用直线法）

借：财务费用　　40394

　　应付债券——利息调整　　19606

贷：应付债券——应计利息 60000

③ 2017 年 12 月 1 日确认债券利息费用及摊销溢价

应付利息 =（1000000+60000）元 ×6%=63600 元

借：财务费用　　43994

应付债券——利息调整　　19606

贷：应付债券——应计利息　　63600

④ 2018 年 12 月 1 日确认债券利息费用及摊销溢价

应付利息 =（1000000+60000+63600）元 ×6%=67416 元

借：财务费用　　47811

应付债券——利息调整　　19605

贷：应付债券——应计利息　　67416

溢价 19605 元系尾数调整的结果。

⑤ 2009 年 1 月 1 日偿还债券

借：应付债券——面值　　1000000

——应计利息　　191016

贷：银行存款　　1191

3. 可转换公司债券

（1）可转换公司债券的性质

1）对发行企业

①可转换公司债券利率一般较普通债券略低一些，因而资金成本较低，可节约利息支出。

②可保证资金的筹措。企业发行债券的目的是筹集资金。在市场条件不利，企业的财务结构不是很健全、信用地位不是很稳定的情况下，直接发行股票困难较大，而以一般市场利率发行债券恐也难以实现。因而通过发行可转换公司债券，使投资者在不需要追加投资的情况下成为公司的股东，以此吸引投资者，从而保证发行企业达到增资的目的。

③有利于调整企业的财务结构，增强企业的财务实力。

但是，如果投资转股失败，一次性还本付息可能也会造成企业财务危机。因而欲保证转股成功，必须持续提高企业经营业绩，从而加大企业压力。

2）对投资者

①可保证债权人的一定利益。可转换公司债券作为债券的一种，债券持有者对发行企业具有强制性的契约要求权，从而使债权人的地位得到保障，而且债券利息

收入固定，本金偿还优先，风险较小。

②可享受股东的权利。债券持有者在转换期内行使转换权利，将债券转换为股份，则可分享股利及股票增值的利益。

因可转换债券利率较低，如果发行企业盈利不多，股票市价下跌，债权人不愿转股，而将债券一直持有至到期还本，则会蒙受一定的利息损失。另外，还面临发行企业的股票能否上市的风险。

（2）可转换公司债券的发行价格

从理论上讲，可转换公司债券的发行价格由两部分所组成：一是债券面值与各期利息按市场利率折合的现值；二是转换权的价值。前者同普通债券相似，而转换权类似认股权，它赋予投资者在股票价格上涨的情况下可将债券按原定转换比例换成股票，从而享受股票增值的利益。可转换债券发行时的会计处理依是否确认转换权有两种方法：一是不确认转换价值，其发行价格仅包括债券面值与各期利息按市场利率折合的现值；二是确认转换价值，将债券价值与转换价值单独入账。准则要求采用后一种方法。

（3）可转换公司债券的会计处理

我国发行可转换公司债券采取记名式无纸化发行方式，债券最短期限为3年，最长期限为5年。会计核算时，企业发行的可转换公司债券作为长期负债，在“应付债券”账户下设置“可转换公司债券”明细账户进行核算。

因可转换公司债券的双重性质，企业发行可转换公司债券，应当在初始确认时将其所包含的负债成分和权益成分进行分拆，即将发行价格总额分成两部分，将其中负债成分确认为应付债券，权益成分确认为资本公积。分拆时，首先对负债成分的未来现金流量进行折现，以确定负债成分的初始确认金额，然后将剩余部分确定为权益成分的初始确认金额。发行可转换公司债券所发生的交易费用，应在负债成分和权益成分之间按各自的相对公允价值进行分摊。

账务处理时，企业应按实际收到的款项，借记“银行存款”等账户，按可转换公司债券包含的负债成分面值，贷记“应付债券——可转换公司债券（面值）”，按权益成分的公允价值，贷记“资本公积——其他资本公积”账户，按借贷差额，借记或贷记“应付债券——可转换公司债券（利息调整）”账户。

可转换公司债券的负债部分，在未转换为股份前，其会计核算与一般公司债券相同，即按照摊余成本和实际利率确认利息费用，按债券面值和票面利率确认应付利息，两者差额作为利息调整，即溢价或折价摊销。

债券持有者行使转换权利，将可转换公司债券转换为股份时，企业应按可转换公司债券的余额，借记“应付债券——可转换公司债券（面值、利息调整）”账户，按其权益成分的金额，借记“资本公积——其他资本公积”账户，按股票面值和转换的股数计算的股票面值总额，贷记“股本”账户，按其差额，贷记“资本公积——股本溢价”账户。对于债券面额不足转换1股股份的部分，企业应当以现金偿还，即贷记“银行存款”等账户。

可转换公司债券到期未转换为股份的，按照可转换公司债券募集说明书的约定，于期满后5个工作日内偿还本息。偿还债券本息的会计核算与一般公司债券相同。

例：F公司系在上海证券交易所上市的股份有限公司，2016年1月1日经批准委托大江证券公司按面值发行5年期一次还本付息可转换公司债券200000000元，票面年利率5%，债券已成功发行，款存银行。募集说明书规定，该债券发行1年后可转换为普通股股票，初始转股价为每股8元，股票面值为每股1元。2017年1月1日，F公司的可转换公司债券持有者将其所持有的债券全部转换为普通股股票。F公司发行可转换公司债券时证券二级市场上与之类似的没有附带转换权的债券市场利率为7%。

①2016年1月1日发行可转换公司债券

可转换公司债券负债成分的公允价值为（200000000×0.71299+200000000×5%×4.10020）元=183600000元可转换公司债券权益成分的公允价值为

（200000000–183600000）元=16400000元

借：银行存款　200000000

　应付债券——可转换公司债券（利息调整）　16400000

　贷：应付债券——可转换公司债券（面值）　200000000

　　资本公积——其他资本公积　16400000

②2016年12月31日确认利息费用

应计利息=200000000元×5%=10000000元

利息费用=183600000元×7%=12852000元

借：财务费用　12852000

　贷：应付债券——可转换公司债券（应计利息）　10000000

　　——可转换公司债券（利息调整）2852000

③2017年1月1日债券持有人行使转换权

应转换的股份数=[（183600000+10000000+2852000）/8]股=24556500股

借：应付债券——可转换公司债券（面值）　200000000

　——可转换公司债券（应计利息）　10000000

资本公积——其他资本公积	16400000
贷：股本	24556500
应付债券——可转换公司债券（利息调整）	13548000
资本公积——股本溢价	188295500

三、长期应付款

1．长期应付款的内容与特点

长期应付款，是指除长期借款、应付债券以外的其他各种长期应付款项，包括采用补偿贸易方式引进国外设备价款应付的租赁费、应付融资租入固定资产的租赁费、以分期付款方式购入固定资产和无形资产发生的应付款项等。

长期应付款作为非流动负债的一部分，除具有非流动负债金额大、偿还期限长的特点外，还具有如下特点：①长期应付款具有分期付款的性质，如补偿贸易引进设备应付款是在合同期内逐期偿还的，融资租入固定资产的租赁费是在整个租赁期内逐期偿还的，因而便于企业的资金调度；②通过长期应付款取得固定资产或无形资产，可以适当降低长期投资（对内投资）所承担的风险。因此，长期应付款是企业重要的筹资方式之一。

为了反映和核算各种长期应付款的增减变动情况，企业应设置“长期应付款”账户，并按长期应付款的种类和债权人进行明细分类核算。另外，企业还应设置“未确认融资费用”账户，核算企业应当分期计入利息费用的未确认融资费用。该账户按债权人和长期应付款项目进行明细分类核算。“未确认融资费用”

账户实质上是“长期应付款”账户的备抵账户。

2．应付补偿贸易引进设备款

应付引进设备款，是指企业采用补偿贸易方式从国外引进设备时所发生的应付款项。设备安装完毕投产后，再以产品销售收入或加工装配收入偿还设备价款。

企业以补偿贸易方式引进设备时，按设备价款和随同设备一同转入的工具、零配件的价款，以及国外运杂费、外币折合差额，借记“在建工程”、“原材料”等账户，贷记“长期应付款——应付补偿贸易引进设备款”账户；引进设备时所发生的进口关税、国内运杂费和安装调试费等，借记“在建工程”、“原材料”等账户，贷记“银行存款”等账户；引进设备应支付的利息，应计入固定资产价值的，借记“在建工程”账户，应计入当期损益的，借记“财务费用”账户，贷记“长期应付款——应付补偿贸易引进设备款”账户；设备交付使用时，按其全部价值，借记“固定资产”账户，贷记“在建工程”账户；应付引进设备款到期时，借记“长期应付款——应付补偿贸易引进设备款”账户，贷记“银行存款”账户。

由于补偿贸易是以所引进设备生产的产品来归还设备价款的，因此，通常设备引进和偿还设备价款不存在现金的流入和流出。在会计核算时，一方面，引进设备的资产价值以及相应的负债，作为本企业的一项资产和一项负债，在资产负债表中分别列在“固定资产”和“长期应付款”项目中；另一方面，用产品归还设备价款时，视同产品销售处理。

例：M公司开展补偿贸易业务，2017年5月12日以补偿贸易方式从国外引进一套设备，价款折合人民币3000000元，用银行存款支付进口关税200000元、国内运杂费和安装费50000元。该设备安装完毕交付使用后，第一批生产产品500件，每件销售价格1200元，销售成本900元，第一批产品全部用于归，还欠款。

①2017年5月12日引进设备

借：在建工程	3000000	
贷：长期应付款——应付补偿贸易引进设备款		3000000

②支付关税和有关国内运杂费、安装费

借：在建工程	250000	
贷：银行存款		250000

③安装完毕，交付使用

借：固定资产	3250000	
贷：在建工程		3250000

④第一批产品销售

借：应收账款	600000	
贷：主营业务收入		600000

⑤结转发出产品的成本

借：主营业务成本	450000	
贷：库存商品		450000

⑥用第一批产品价款偿还引进设备款

借：长期应付款——应付补偿贸易引进设备款	600000	
贷：应收账款		600000

3．应付融资租入固定资产的租赁费

（1）融资租赁的特点

融资租赁，也称财务租赁或资本租赁，是指企业为了满足长期资产的需要而进行的租赁活动，实质上是一种转移一项与资产所有权有关的主要风险和报酬的租赁行为。融资租赁具有如下特点：

1）在租赁期满时，租赁资产的所有权转移给承租人。

2）承租人有购买租赁资产的选择权，所订立的购价预计远低于行使选择权时租赁资产的公允价值，因而在租赁开始日就可以合理地确定承租人将会行使这种选择权。

3）对租赁的新资产而言，租赁期应占租赁资产尚可使用年限的大部分（通常为75%以上）。

4）就承租人而言，租赁开始日最低租赁付款额的现值几乎相当于（通常为90%以上）租赁开始日租赁资产账面价值；就出租人而言，租赁开始日最低租赁收款额的现值相当于租赁开始日租赁资产原账面价值。

5）租赁资产性质特殊，如果不作较大调整，只有出租人才能使用。

（2）融资租赁的会计处理

企业采用融资租赁方式租入固定资产时，应向出租单位支付融资租赁费。融资租赁费是指融资租赁固定资产的最低租赁付款额。所谓最低租赁付款额，是指在租赁期内，企业（承租人）应支付或可能被要求支付的各种款项，加上由企业（承租人）或与其有关的第三方担保的资产余值。这里的资产余值是指租赁开始日估计的租赁期届满时租赁资产的公允价值。一般而言，融资租人的固定资产租赁届满时，企业（承租人）有购买租赁资产的选择权，购买价格是象征性的。如果企业（承租人）预计购买价格将远低于将来行使选择权时租赁资产的公允价值，则企业（承租人）在租赁开始日就可以确定将来会行使这种选择权，这时，购买价格应包括在最低租赁付款额内。

企业采用融资租赁方式租入固定资产，应在租赁开始日，按租赁开始日租赁资产的公允价值与最低租赁付款额的现值两者中较低者，加上初始直接费用，确认为融资租赁固定资产的入账价值，按最低租赁付款额作为长期应付款的入账价值，并将两者的差额作为未确认融资费用。账务处理时，按上述两者中较低者，借记“在建工程”或“固定资产”账户，按最低租赁付款额，贷记“长期应付款——应付融资租赁费”账户，按发生的初始直接费用，贷记“银行存款”等账户，按其差额，借记“未确认融资费用”账户。如果融资租赁资产占企业资产总额比例等于或低于30%，在租赁开始日，企业（承租人）也可按照最低租赁付款额作为固定资产的入账价值，按最低租赁付款额，借记“在建工程”或“固定资产”账户，同时贷记“长期应付款应付融资租赁费”账户。按期支付融资租赁费时，借记“长期应付款——应付融资租赁费”账户，贷记“银行存款”账户。

在计算最低租赁付款额的现值时，折现率可以采用出租人的租赁内含利率。

企业（承租人）若并不知悉这种利率，则应当采用租赁合同规定的利率。若这两种利率皆不知悉，企业（承租人）应当采用同期银行贷款利率。

未确认融资费用应当在租赁期内各个期间采用实际利率法分摊，分摊时，借记“财务用”、“在建工程”等账户，贷记“未确认融资费用”账户。

例：N 公司 2007 年 1 月 1 日融资租入一台设备，租赁开始日该设备公允价值 500000 元，租赁合同规定的利率为 12%，按租赁协议确定租赁应付款 660000 元，分 6 年于每年年末偿还。该设备采用直线法计提折旧，估计工作年限 8 年，净残值 4000 元。租赁期满后设备归该公司所有。

每年应付金额 =660000 元 ÷ 6=110000 元

应付款现值 =110000 元 ×（P/A，12%，6）=110000 元 ×4.1114=452254 元

①租入固定资产

借：固定资产——融资租入固定资产　　452254

　　未确认融资费用　　207746

　贷：长期应付款——应付融资租赁费　　660000

②未确认融资费用按实际利率法摊销（见表 5-7）

表 5-7　未确认融资费用分摊表

（实际利率法）　　单位：元

期次	分期付款（1）	额确认的融资费用 （2）=（4）×12%	应付本金减少额 （3）=（1）-（2）	应付本金期末余额 （4）=（4）-（3）
0				452254
1	110000	54270	55730	396524
2	110000	47583	62417	334107
3	110000	40093	69907	264200
4	110000	31704	78296	185904
5	110000	22308	87692	98212
6	110000	11788	98212*	0
合计	660000	207746	452254	

* 尾数调整

第一年

借：长期应付款——应付融资租赁款　　110000

贷：银行存款　110000

借：财务费用　54270

贷：未确认融资费用　54270

第二年

借：长期应付款——应付融资租赁款　110000

贷：银行存款　110000

借：财务费用　47583

贷：未确认融资费用　47583

以后各年同理。

③各年计提固定资产折旧

每年折旧额 =（452254—4000）元 ÷8=56031.75 元

借：制造费用　56031.75

贷：累计折旧　56031.75

④租赁期满，将设备转为自有资产

借：固定资产——生产经营用固定资产　452254

贷：固定资产——融资租入固定资产　452254

4．具有融资性质的延期付款购买资产

企业购买资产有可能延期付款。如果延期支付的购买价款超过正常信用条件，实质上具有融资性质的，所购资产的成本应当以延期支付购买价款的现值为基础确定。实际购买价款与购买价款的现值之间的差额，应当在信用期间内采用实际利率法进行摊销，计入相关资产成本或当期损益。

企业购买资产超过正常信用条件延期付款实质上具有融资性质时，应按购买价款的现值，借记“固定资产”、“在建工程”等账户，按应支付的价款总额，贷记“长期应付款”账户，按其差额，借记“未确认融资费用”账户。

按期支付的价款，借记“长期应付款”账户，贷记“银行存款”账户。采用实际利率法分期摊销未确认融资费用时，借记“固定资产”、“在建工程”等账户，贷记“未确认融资费用”账户。

第六章　财务报告与会计调整研究

第一节　财务报告

一、资产负债表

1．资产负债表的性质与作用

资产负债表是总括反映企业在某一特定日期财务状况的静态会计报表。所谓财务状况，是指一个企业的资产、负债与所有者权益的存在状态及其相互关系。因此，资产负债表也称为“财务状况表”。

资产负债表是企业主要会计报表之一。通过对资产负债表提供的资料进行分析，可以了解：

（1）企业现行全部经济资源的分布形态和构成情况；

（2）企业所负担的债务和偿还时间，以及企业的短期和长期偿债能力；

（3）投资者在企业所持有的权益及其构成情况；

（4）通过前后期资产负债表的分析，还可以了解企业资金结构的变化情况和企业未来财务状况的变动趋势。

资产负债表存在一定的局限性。资产负债表中大部分项目都是以历史成本列示的，资产与负债以历史成本为基础计价，所有者权益也以原始投资的历史成本为依据，因而资产负债表不能反映现时价值。随着经济环境的变化，现时价值与原始成本必然会产生一定的差异。由于信息使用者的决策多以现时价值做出，当两者严重背离时，资产负债表就会失去其存在的意义。另外，资产负债表遗漏了许多无法用货币表示的重要资产负债信息，如人力资源、竞争对手等方面对决策有用的信息。

2．资产负债表的结构

资产负债表编制的理论基础是“资产＝负债＋所有者权益”会计等式，可以说资产负债表就是这一会计等式的表格化。资产负债表根据资产、负债和所有者权益之间的关系，按照一定的分类标准和一定的顺序，将企业一定日期的资产、负债和所有者权益各项目予以适当排列，并对日常会计核算所产生的大量会计数据进行高度浓缩整理后形成，以表明企业在某一特定时日所拥有或控制的资源、所承担的现时义务和所有者对企业资产的要求权。

资产负债表有报告式和账户式两种。我国采用账户式反映，即分成左右方列示，它将表中所有项目分成资产、负债和所有者权益三个部分，左方为资产部分，反映企业在一定日期所拥有或控制的经济资源；右方为负债与所有者权益部分，反映企业在一定日期所承担的现有义务和所有者对净资产的要求权。左方的资产项目应按其流动性强弱排列，流动资产在前，其后是非流动资产。流动资产项目中又按其变现能力强弱排列，货币资金在前，其后依次是交易性金融资产、应收及预付款、存货等。右方负债和所有者权益项目按其清偿权的顺序排列，即流动负债、长期负债、所有者权益。所有者权益项目中又按其资本永久性的程度排列，永久性强的实收资本在前，其后依次是资本公积、盈余公积和未分配利润。

编制资产负债表时，应注意流动资产和流动负债的分类。

资产满足下列条件之一的，应当归类为流动资产：①预计在一个正常营业周期中变现、出售或耗用；②主要为交易目的而持有；③预计在资产负债表日起 1 年内（含 1 年、下同）变现；④自资产负债表日起 1 年内，交换其他资产或清偿负债的能力不受限制的现金或现金等价物。

负债满足下列条件之一的，应当归类为流动负债：①预计在一个正常营业周期中清偿；②主要为交易目的而持有；③自资产负债表日起 1 年内到期应予以清偿；④企业无权自主地将清偿推迟至资产负债表日后 1 年以上。

3. 资产负债表编制方法

资产负债表原则上根据企业总分类账或有关明细分类账的期末余额编制而成。如资产类项目以各资产类账户的期末借方余额填列，负债与所有者权益项目以各负债与所有者权益类账户的期末贷方余额填列，但表中部分项目的填列必须经过适当的会计技术处理才能获得。我国企业资产负债表各项目数据的来源，主要通过以下几种方式取得（见表 6–1）：

表 6–1　各项目数据的获取方法

方法	具体内容
根据若干总账账户余额计算填列	例如，“货币资金”项目，应根据“库存现金”、“银行存款”、“其他货币资金”账户期末余额的合计数填列

续表

方法	具体内容
根据有关总账账户的期末余额直接填列	大多数资产负债表项目可以直接根据对应总账账户的期末余额填列，如“交易性金融资产”、“应收票据”、“其他应收款”、“固定资产清理”、“短期借款”、“应付票据”、“其他应付款”、“应付股利”、“应付职工薪酬”、“应交税费”、“实收资本”、“资本公积”、“盈余公积”等
根据总账账户和明细账账户余额分析计算填列	例如，“1年内到期非流动资产”项目，应根据“持有至到期投资”、“长期应收款”账户所属明细账户余额中将于1年内到期的数额之和计算填列；“持有至到期投资”、“长期应收款”项目，应分别根据“持有至到期投资”、“长期应收款”账户余额扣除1年内到期的数额填列。“1年内到期非流动负债”项目，应根据“长期借款”、“应付债券”、“长期应付款”账户余额中将于1年内到期的数额之和填列；“长期借款”、“应付债券”、“长期应付款”等项目，应分别根据“长期借款”、“应付债券”、“长期应付款”等账户余额扣除1年内到期的数额填列
综合运用上述填列方法分析填列	例如，“存货”由“材料采购”、“原材料”、“包装物”、“低值易耗品”、“委托加工物资”、“库存商品”、“自制半成品”、“材料成本差异”、“发出商品”、“生产成本”等账户期末余额的代数和，再减去“存货跌价准备”账户余额后的金额填列
根据明细账户的期末余额计算填列	例如，“应收账款”项目，根据“应收账款”和“预收账款”所属明细账户的借方余额合计数填列；“应付账款”项目，根据“应付账款”和“预付账款”所属明细账户的贷方余额合计数填列。“预收账款”项目，根据“应收账款”和“预收账款”所属明细账户的贷方余额合计数填列；“预付账款”项目，根据“应付账款”和“预付账款”所属明细账户的借方余额合计数填列
根据账户余额减去其备抵项目后的净额填列	例如，“应收账款”、“长期股权投资”等项目，应根据“应收账款”、“长期股权投资”等账户的期末余额减去“坏账准备”、“长期股权投资减值准备”等账户余额后的净额填列；“固定资产”项目，应根据“固定资产”账户的期末余额减去“累计折旧”、“固定资产减值准备”账户余额后的净额填列，等等

4．资产负债表编制举例

根据华美股份有限公司2016年12月31日各账户余额及2007年度所发生的经济业务，编制其2017年12月31日资产负债表。假设华美公司除计提固定资产减值准备导致固定资产账面价值与其计税基础存在可抵扣暂时性差异外，其他资产和负债项目的账面价值均等于其计税基础。假定大华公司未来很可能获得足够的应纳税所得额用来抵扣可抵扣暂时性差异。大华公司为增值税一般纳税人，适用所得税税率33%。

（1）华美公司2016年12月31日资产负债表

华美公司2016年12月31日资产负债表如表6–2所示。

表6-2 资产负债表 会企01表

编制单位：华美 公司 2016 年 12 月 31 日 单位：元

资产	期末余额	年初余额	负债和所有者权益（或股东权益）	期末余额	年初余额
流动资产：	1406300		流动负债：	300000	
货币资金	15000		短期借款		
交易性金融资产	246000		交易性金融负债	200000	
应收票据	299100		应付票据	953800	
应收账款 *	100000		应付账款		
预付款项			预收款项	110000	
应收利息			应付职工薪酬	36600	
应收股利	5000		应交税费	1000	
其他应收款	2580000		应付利息		
存货			应付股利	50000	
一年内到期的非流			其他流动资产	1000000	
动资产	100000		一年内到期的非流		
其他应付款	4751400		动负债		
流动资产合计			其他流动负债	2651400	
非流动资产：			流动负债合计		
可供出售金融资产			非流动负债	600000	
持有至到期投资			长期借款		
长期应收款			应付债券		
长期股权投资	250000				
投资性房地产			长期应付款		
固定资产 *	1100000		专项应付款		
在建工程	1500000		预计负债		
工程物资			递延所得税负债		
固定资产清理			其他非流动负债	600000	
生产性生物资产			非流动负债合计	3251400	
油气资产			负债合计		
			所有者权益（或股		
无形资产	600000		东权益）：	5000000	
开发支出			实收资本（或股本）		
			资本公积		
商誉			减：库存股		
长期待摊费用			盈余公积	100000	
递延所得税资产			未分配利润	50000	
其他非流动资产	200000		所有者权益（或股	5150000	
			东权益）合计		
非流动资产合计	3650000				
资产总计	8401400		负债和所有者权益（或股东权益）总计	8401400	

（2）华美公司 2007 年经济业务

1）收到银行通知，用银行存款支付到期的商业承兑汇票 100000 元。

借：应付票据　　100000

　贷：银行存款　　100000

2）购入原材料一批，用银行存款支付货款 150000 元，以及增值税税额 25500 元，款已付，料未到。

借：材料采购　　150000

　　应交税费——应交增值税（进项税额）　　25500

　贷：银行存款　　175500

3）收到原材料一批，实际成本 100000 元，计划成本 95000 元（其中周转材料 38050 元），材料已验收入库，货款已于上月支付。

借：原材料　　56950

　　周转材料　　38050

　　材料成本差异　　5000

　贷：材料采购　　100000

4）用银行汇票支付采购材料价款，企业收到开户银行转来银行汇票多余收账通知，多余款 234 元，购入材料价款 99800 元，支付增值税税额 16966 元，原材料已验收入库，计划价格 100000 元。

借：材料采购　　99800

　　银行存款　　234

　　应交税费——应交增值税（进项税额）　　16966

　贷：其他货币资金　　117000

同时，

借：原材料　　100000

　贷：材料采购　　99800

　　　材料成本差异　　200

5）销售产品一批，不含增值税价款 300000 元，实际成本 180000 元，产品已发出，款未收到。

借：应收账款　　351000

　贷：主营业务收入　　300000

　　　应交税费——应交增值税（销项税额）　　51000

6）确认交易性金融资产（股票）价格上涨 1000 元。

借：交易性金融资产——公允价值变动　　1000

　贷：公允价值变动损益　　1000

7）购入不需要安装的设备一台，价款85000元，增值税税额14450元，支付运费、包装费550元。均以银行存款支付，设备已交付使用。

借：固定资产　　101000

　贷：银行存款　　101000

8）购入工程物资一批，含增值税价款300000元，已用银行存款支付。

借：工程物资　　300000

　贷：银行存款　　300000

9）工程应付工资200000元，应付福利费28000元，应交税费100000元。

借：在建工程　　328000

　贷：应付职工薪酬　　228000

　　应交税费　　100000

10）公司将交易性全融资产（股票）转让，收到款项16500元，存入银行。

借：银行存款　　16500

　公允价值变动损益　　1000

　贷：交易性金融资产——成本　　15000

　　　　　　　　——公允价值变动　　1000

　　投资收益　　1500

11）某项工程完工交付使用，已办理竣工手续，固定资产价值1400000元。

借：固定资产　　1400000

　贷：在建工程　　1400000

12）基本生产车间一台机床报废，原价200000元，已提折旧180000元，清理费用500元，残值收入800元，均以银行存款收支。现已清理完毕。

借：固定资产清理　　20000

　累计折旧　　180000

　贷：固定资产　　200000

借：固定资产清理　　500

　贷：银行存款　　500

借：银行存款　　800

　贷：固定资产清理　　800

借：营业外支出——处置固定资产净损失　　19700

贷：固定资产清理 19700

13）从银行借入3年期借款560000元用于购建固定资产，款存银行。

借：银行存款 560000

贷：长期借款 560000

14）销售产品一批，价款700000元，增值税税额119000元，实际成本420000元，货款已存入银行。

借：银行存款 819000

贷：主营业务收入 700000

应交税费——应交增值税（销项税额） 119000

15）公司将要到期的一张面值为180000元的银行承兑汇票（不含增值税），连同解讫通知和进账单交银行办理转账。收到银行盖章退回的进账单第一联。款项银行已收妥。

借：银行存款 180000

贷：应收票据 180000

16）收到现金股利30000元（该项长期投资采用成本法核算），已存入银行。

借：银行存款 30000

贷：投资收益 30000

17）公司出售一台不需用设备，收到价款300000元，该设备原价400000元，已提折旧150000元。该项设备已由购入单位运走。

借：固定资产清理 250000

累计折旧 150000

贷：固定资产 400000

借：银行存款 300000

贷：固定资产清理 300000

借：固定资产清理 50000

贷：营业外收入 50000

18）提取应计入本期损益的短期借款利息11500元。

借：财务费用 11500

贷：应付利息 11500

19）以银行存款偿还长期借款1000000元。

借：长期借款 1000000

贷：银行存款 1000000

20）以银打存款支付工资 500000 元，其中工程人员 200000 元。

借：应付职工薪酬　　500000

　贷：银行存款　　500000

21）分配应支付的职工工资 300000 元（不包括在建工程人员），其中生产人贝 275000 元，车间管理人员 10000 元，行政管理部门人员 15000 元。

借：生产成本　　275000

　　制造费用　　10000

　　管理费用　　15000

　贷：应付职工薪酬　　300000

22）提取职工福利费 42000 元（不包括工程应负担的福利费 28000 元），其中生产人员福利费 38500 元，车间管理人员福利费 1400 元，行政管理部门人员福利费 2100 元。

借：生产成本　　38500

　　制造费用　　1400

　　管理费用　　2100

　贷：应付职工薪酬　　42000

23）归还借款本金 250000 元，利息 12500 元（已预提利息）。

借：短期借款　　250000

　　应付利息　　12500

　贷：银行存款　　262500

24）生产车间领用原材料，计划成本 750000 元，其中机物料消耗 50000 元。

借：生产成本　　700000

　　制造费用　　50000

　贷：原材料　　750000

25）结转领用材料应分摊的材料成本差异，材料成本差异率 5%。

借：生产成本　　35000

　　制造费用　　2500

　贷：材料成本差异　　37500

26）摊销无形资产 60000 元。

借：管理费用　　60000

　贷：累计摊销　　60000

27）计提固定资产折旧 100000 元，其中计入制造费用 80000 元，管理费用

20000 元。

借：制造费用 80000

管理费用 20000

贷：累计折旧 100000

28）收到应收账款 51000 元（不含增值税），存入银行。

借：银行存款 51000

贷：应收账款 51000

29）应收账款计提坏账准备 900 元。

借：资产减值损失 900

贷：坏账准备 900

30）年末，固定资产原值为 2401000 元，累计折旧 170000 元，固定资产当前市值为 2228000 元。

借：资产减值损失 30000

贷：固定资产减值准备 30000

31）用银行存款支付产品展览费 10000 元。

借：销售费用 10000

贷：银行存款 10000

32）计算并结转本期完工产品成本。没有期初在产品，本期生产的产品全部完工入库。

借：生产成本 143900

贷：制造费用 143900

借：库存商品 1192400

贷：生产成本 1192400

33）广告费 10000 元，已用银行存款支付。

借：销售费用 10000

贷：银行存款 10000

34）公司采用商业汇票结算方式销售产品一批，价款 250000 元，增值税税额 42500 元，收到 292500 元的商业承兑汇票一张，实际成本 150000 元。

借：应收票据 292500

贷：主营业务收入 250000

应交税费——应交增值税（销项税额） 42500

35）公司将上述承兑汇票到银行办理贴现，贴现息为 30000 元。

借：财务费用　30000

　　银行存款　262500

　贷：应收票据　292500

36）以银行存款支付退休金 60000 元（未办理统筹）。

借：管理费用　60000

　贷：银行存款　60000

37）公司本期产品销售应缴纳教育费附加 2000 元。

借：营业税金及附加　2000

　贷：应交税费——应交教育费附加　2000

38）用银行存款交纳本月增值税 100000 元，教育费附加 2000 元。

借：应交税费——应交增值税（已交税金）　100000

　　　　　　——应交教育费附加　2000

　贷：银行存款　102000

39）结转本期产品销售成本 750000 元。

借：主营业务成本　750000

　贷：库存商品　750000

40）将各收支科目结转本年利润。

借：主营业务收入　1250000

　　营业外收入　50000

　　投资收益　31500

　贷：本年利润　1331500

借：本年利润　1021200

　贷：主营业务成本　750000

　　　营业税金及附加　2000

　　　销售费用　20000

　　　管理费用　157100

　　　财务费用　41500

　　　营业外支出　19700

　　　资产减值损失　30900

41）计算所得税费用和应交所得税。

利润总额 =（1331500−1021200）元 =310300 元

递延所得税资产 =30000 元 ×33%=9900 元

所得税费用 = 当期所得税 + 递延所得税

=（122496—9900）元 =112596 元

借：所得税费用 112596

递延所得税资产 9900

贷：应交税费——应交所得税 122496

借：本年利润 112596

贷：所得税费用 112596

42）提取法定盈余公积（10%），拟向投资者分配利润 32215.85 元。

净利润 =（310300—112596）元 =197704 元

盈余公积 =（197704+50000）元 ×10%=24770.40 元

借：利润分配提取法定盈余公积 24770.40

贷：盈余公积——法定盈余公积 24770.40

借：利润分配——应付股利 32215.85

贷：应付股利 32215.85

43）将利润分配各明细科目的余额转入“未分配利润”明细科目ˆ结转本年利润。

借：利润分配——未分配利润 56986.25

贷：利润分配——提取法定盈余公积 24770.40

——应付股利 32215.85

借：本年利润 197704

贷：利润分配——未分配利润 197704

44）用银行存款交纳所得税 102399 元。

借：应交税费——应交所得税 102399

贷：银行存款 102399

（3）华美公司 2017 年 12 月 31 日科目余额表

表 6–3 是根据华美公司 2007 年经济业务编制 2017 年 12 月 31 日科目余额表。

（4）华美公司 2017 年度资产负债表

根据华美公司 2017 年 12 月 31 日科目余额表，编制 2017 年度资产负债表，如表 6–4 所示。

表6–3　科目余额表

单位：元

账户名称	借方余额	账户名称	借方余额
库存现金	2000	短期借款	50000
银行存款	776135	应付票据	100000
其他货币资金	7300	应付账款	953800
交易性金融资产	0	其他应付款	50000
应收票据	66000	应付职工薪酬	180000
应收账款	600000	应交税费	226731
坏账准备	–1800	应付利息	0
预付账款	100000	应付股利	32215.85
其他应收款	5000	一年内到期的非流动负债	0
材料采购	275000	长期借款	1160000
原材料	45000	股本	5000000
周转材料	38050	盈余公积	124770.40
库存商品	2122400	利润分配（未分配利润）	190717.75
材料成本差异	4250		
其他流动资产	100000		
长期股权投资	250000		
固定资产	2401000		
累计折旧	—170000		
固定资产减值准备	–30000		
工程物资	300000		
在建工程	428000		
无形资产	600000		
累计摊销	–60000		
递延所得税资产	9900		
其他长期资产	200000		
合计	8068235	合计	8068235

表6-4　资产负债表会企01表

编制单位：华美公司　　　　2017年12月31日　　　　单位：元

资产	期末余额	年初余额	负债和所有者权益（或股东权益）	期末余额	年初余额
流动资产：			流动负债：		
货币资金	785435	1406300	短期借款	50000	300000
交易性金融资产		15000	交易性金融负债		
应收票据	66000	246000	应付票据	100000	200000
应收账款	598200	299100	应付账款	953800	953800
预付款项	100000	100000	预收款项		
应收利息			应付职工薪酬	180000	110000
应收股利			应交税费	226731	36600
其他应收款	5000	5000	应付利息		1000
存货	2484700	2580000	应付股利	32215.85	
一年内到期的非流动资产			其他应付款	50000	50000
其他流动资产	100000	100000	一年内到期的非流动负债		1000000
流动资产合计	4139335	4751400	其他流动负债		
非流动资产：			流动负债合计	1592746.85	2651400
可供出售金融资产			非流动负债：	1160000	
持有至到期投资			长期借款		600000
长期应收款			应付债券		
长期股权投资					
投资性房地产	250000	250000	长期应付款		
固定资产			专项应付款		
在建工程	2201000	1100000	预计负债		
工程物资	428000	1500000	递延所得税负债		
固定资产清理	300000		其他非流动负债	1160000	
生产性生物资产			非流动负债合计	2752746.85	600000
油气资产			负债合计		3251400
无形资产			所有者权益（或股东权益）：	5000000	
开发支出	540000	600000	实收资本（或股本）		5000000
商誉			资本公积	124770.40	
长期待摊费用			减：库存股	190717.75	
			盈余公积	5315484.15	100000
递延所得税资产					
	9900		未分配利润		50000
其他非流动资产					
	200000	200000	所有者权益（或股东权益）合计		5150000
非流动资产合计					
	3928900	3650000			
资产总计	8068235	8401400	负债和所有者权益（或股东权益）总计	8068235	8401400

二、利润表

1．利润表的涵义与作用

利润表是总括反映企业在一定期间（月份、季度、年度）经营成果的动态报表。因此，利润表也称损益表或收益表。

利润表反映的是企业在一个会计期间的广义收入与广义费用，即所有收入与所有费用，两者配比形成报告期的利润额。因而，利润表是企业一定时期内经营成果的集中表现。

利润表编制的理论基础是“收入－费用＝利润”会计等式，可以说利润表就是这一会计等式的表格化。

编制利润表的目的在于向报表使用者提供企业经营成果的信息，其作用如下：

（1）了解企业在一定期间取得赢利或发生亏损的实际情况，便于企业经营管理人员分析利润各构成要素，寻找利润增减变化的原因，检查利润计划的完成情况，发现工作中存在的问题，研究改进企业生产经营管理、提高经济效益的措施。

（2）了解、分析、评价与预测企业的获利能力与偿债能力。企业的经营成果既可以用利润等绝对指标来表示，也可以用资金利润率、投资收益率等相对指标来衡量。通过企业自身前后期相对指标的对比或同期不同企业相对指标的对比，可判断企业的获利能力及其发展趋势。通过企业获利能力的分析，还可了解企业的偿债能力。

（3）考察企业投入资本是否完整。只有在投入资本保持完整并有溢余时，企业才能取得真正的收益，否则，就会夸大盈利而侵蚀资本，违背资本金制度。例如，在通货膨胀时期，货币贬值，以货币计量的投人资本，其账面余额可能大于期初余额，但若按物价指数换算，却可能小于期初余额，因而出现虚盈实亏的现象。

（4）考核企业经营管理人员的工作绩效。

2．利润表的结构

利润表可采用两种形式编报：一种形式是既反映企业在一定期间的经营成果，又反映经营成果的分配过程，利润的实现与利润的分配同在一张表上反映；另一种形式是只反映经营成果的实现过程，将利润的分配过程另外编制“利润分配表”反映。考虑到企业在年度中一般不会进行利润的分配，如应交所得税，只有在年末计算出全年损益后才能确知，利润的分配在很大程度上带有预计的性质，因此，利润分配过程只在年末申报。

利润表的结构分两种：一种是单步式，另一种是多步式。

（1）单步式利润表

单步式利润表将本期所有收入加在一起，所有费用加在一起，二者相减一次得出本期净收益（或亏损）。单步式格式简单，无中间项目，既无法判断企业营业性收益与非营业性收益对实现利润的影响，也无法判断主要经营业务收益与其他业务收益对实现利润的影响。

（2）多步式利润表

多步式利润表根据企业损益形成的各个要素，将其进行分类，划分成若干“步”，分步计算出企业净收益（或亏损）。多步式利润表一般划分为五步：

1）列示营业收入，由主营业务收入和其他业务收入组成。

2）营业利润。

营业利润 = 营业收入 – 营业成本 – 营业税金及附加 –（销售费用 + 管理费用 + 财务费用）– 资产减值损失 + 公允价值变动收益 + 投资收益

3）列示利润总额。

利润总额 = 营业利润 + 营业外收入 – 营业外支出

4）列示净利润。

净利润 = 利润总额 – 所得税费用

5）股票公开上市的公司，还要求列示每股收益，包括基本每股收益和稀释每股收益两项指标。

多步式利润表有利于同类型企业之间进行比较，也有利于同一企业不同时期利润表上相应项目的比较，更有利于企业预测今后的盈利能力。因而，准则规定采用多步式编制利润表。

3. 利润表编制说明

利润表“上期金额”栏内各项数字，应根据上年该期利润表“本期金额”栏内所列数字填列。如果上年该期利润表规定的各个项目的名称和内容同本期不相一致，应对上年该期利润表各项目的名称和数字按本期的规定进行调整，填人利润表“上期金额”栏内。

表中各项目主要根据各损益类科目发生额分析填列。表中具体各项目的内容及填列方法如下：

（1）“营业收入”项目，反映企业经营主要业务和其他业务所确认的收入总额。本项目应根据“主营业务收入”和“其他业务收入”账户的发生额分析填列。

（2）“营业成本”项目，反映企业经营主要业务和其他业务所发生的成本总额。本项目应根据“主营业务成本”和“其他业务成本”账户的发生额分析填列。

（3）“营业税金及附加”项目，反映企业经营业务应负担的营业税、消费税、城市维护建设税、资源税、土地增值税和教育费附加等。本项目应根据“营业税金及附加”账户的发生额分析填列。

（4）“销售费用”项目，反映企业在销售商品过程中发生的包装费、广告费等费用和为销售本企业商品而专设的销售机构的职工薪酬、业务费等经营费用。本项目应根据“销售费用”账户的发生额分析填列。

（5）“管理费用”项目，反映企业为组织和管理生产经营活动发生的管理费用。本项目应根据“管理费用”账户的发生额分析填列。

（6）“财务费用”项目，反映企业筹集生产经营所需资金等而发生的筹资费用。本项目应根据“财务费用”账户的发生额分析填列。

（7）“资产减值损失”项目，反映企业各项资产发生的减值损失。本项目应根据“资产减值损失”账户的发生额分析填列。

（8）“公允价值变动收益”项目，反映企业应当计入当期损益的资产或负债公允价值变动收益。本项目应根据“公允价值变动收益”账户的发生额分析填列。如为净损失，本项目以“-”号填列。

（9）“投资收益”项目，反映企业以各种方式对外投资所取得的收益。本项目应根据“投资收益”账户的发生额分析填列。如为投资损失，本项目以“-”号填列。

（10）“营业利润”项目，反映企业实现的营业利润。如为亏损，本项目以“-”号填列。

（11）“营业外收入”项目，反映企业发生的与经营业务无直接关系的各项收入，本项目应根据“营业外收入”账户的发生额分析填列。

（12）“营业外支出”项目，反映企业发生的与经营业务无直接关系的各项支出，本项目应根据“营业外支出”账户的发生额分析填列。

（13）“利润总额”项目，反映企业实现的利润，如为亏损，本项目以“-”号填列。

（14）“所得税费用”项目，反映企业应从当期利润总额中扣除的所得税费用。本项目应根据“所得税费用”账户的发生额分析填列。

（15）“净利润”项目，反映企业实现的净利润。如为亏损，本项目以“-”号填列。

4. 利润表编制举例

根据前述华美股份有限公司 2017 年度所发生的经济业务，编制华美公司 2017 年度利润表。

（1）编制华美公司2017年度损益类账户本年累计发生额表

根据大华公司2017年度经济业务会计分录，编制该公司有关损益类账户本年累计发生额表，如表6–5所示。

表6–5　华美公司2017年度损益类账户累计发生额表　　单位：元

账户名称	借方发生额	贷方发生额
主营业务收入		1250000
主营业务成本	750000	
营业税金及附加	2000	
销售费用	20000	
管理费用	157100	
财务费用	41500	
资产减值损失	30900	
投资收益		31500
营业外收入		50000
营业外支出	19700	
所得税费用	112596	

（2）编制华美公司2017年度利润表

根据大华公司2017年度损益类账户累计发生额表，编制该公司2007年度利润表，如表6–6所示。

表6–6　利润表会企02表

编制单位：A公司　　2017年度　　单位：元

项目	本期金额	上期金额
一、营业收入	1250000	
减：营业成本	750000	
营业税金及附加	2000	
销售费用	20000	
管理费用	157100	
财务费用	41500	
资产减值损失	30900	
加：公允价值变动收益（损失以“–”号填列）		
投资收益（损失以“–”号填列）	31500	
其中：对联营企业和合营企业的投资收益		

续表

项目	本期金额	上期金额
二、营业利润（亏损以“-”号填列）		
加：营业外收入	280000	
减：营业外支出		
其中：非流动资产处置损失	50000	
三、利润总额（亏损总额以“-”号填列）	19700	
减：所得税费用	310300	
四、净利润（净亏损以“-”号填列）		
五、每股收益	112596	
（一）基本每股收益	197704	
（二）稀释每股收益		

三、现金流量表

1. 现金流量表编制的理论方法

（1）经营活动现金流量的编制方法

经营活动产生的现金流量是一项重要的指标，它可以说明企业在不借助企业外部筹集资金的情况下，通过经营活动产生的现金流量是否足以偿还负债、支付股利和对外投资。经营活动产生的现金流量通常可以采用直接法和间接法两种方法反映。这两个方法也称为现金流量的编制方法。

1）直接法

直接法又称利润表法。直接法通过现金收入和现金支出的主要类别反映来自企业经营活动的现金流量。直接法对经营活动现金流量的计算程序类同于利润表，它以利润表中第一行营业收入为计算起点.，由上往下，调整与经营活动有关项目的增减变动，然后计算出经营活动的现金流量。

直接法的优点是总括反映现金流动，现金流入、流出泾渭分明，便于报表使用者预测未来现金流量。其缺点是不能清晰反映本期利润与经营活动现金净流量之间的差异和联系。

2）间接法

间接法又称调节法。间接法以企业利润表中最后一行本期净利润为起算点，由下往上，调整不涉及现金的收入、费用、营业外收支等有关项目的增减变动，据此计算出经营活动的现金流量。

现金流量表准则规定，企业应采用直接法编制现金流量表，同时要求在现金流量表补充资料中披露将净利润调节为经营活动现金流量的信息，也就是用间接法来计算经营活动的现金流量。直接法和间接法虽然计算起点不同，但计算结果，即计算出的经营活动现金流量是相同的。

（2）经营活动产生的现金流量各项目的填制

1）销售商品、提供劳务收到的现金

本项目反映企业销售商品、提供劳务实际收到的现金（含销售收入和应向购买者收取的增值税销项税额），包括本期销售商品、提供劳务收到的现金，以及前期销售和前期提供劳务收到的现金和本期预收的账款，减去本期销售本期退回的商品和前期销售本期退回的商品支付的现金。企业销售材料和代购代销业务收到的现金，也在本项目反映。本项目可以根据“库存现金”、“银行存款”、“应收账款”、“应收票据”、“预收账款”、“主营业务收入”、“其他业务收入”等账户的记录分析填列。

2）收到的税费返还

本项目反映企业收到返还的各种税费，如收到的增值税、消费税、营业税、所得税、教育费附加返还等。本项目可以根据“库存现金”、“银行存款”、“营业税金及附加”、“营业外收入”等账户的记录分析填列。

3）收到的其他与经营活动有关的现金

本项目反映企业除了上述各项目外，收到的其他与经营活动有关的现金流入，如罚款收入、经营租赁固定资产的现金收入、流动资产损失中由个人赔偿的现金收入、餘税费返还外的其他政府补助收入等。其他现金流入如价值较大，应单列项目反映。本项目可以根据“库存现金”、“银行存款”、“管理费用”、“销售费用”等账户的记录分析填列。

4）购买商品、接受劳务支付的现金

本项目反映企业购买材料、商品或者接受劳务实际支付的现金，包括本期购入材料、商品或者接受劳务支付的现金（包括支付增值税进项税额），以及本期支付前期购入商品、接受劳务的未付款项和本期预付款项，减去本期发生的购货退回收到的现金。本项目可以根据“库存现金”、“银行存款”、“应付账款”、“应付票据”、“预付账款”、“主营业务成本”、“其他业务支出”等账户的记录分析填列。

5）支付给职工以及为职工支付的现金

本项目反映企业实际支付给职工以及为职工支付的现金，包括本期实际支付给职工的工资、奖金、各种津贴和补贴等，以及为职工支付的其他费用，不包括支付的离退休人员的各项费用和支付给在建工程人员的工资等。企业支付给离退休人员的各项费用，包括支付的统筹退休金以及未参加统筹的离退休人员的费用，在“支付的其他与经营活动有关的现金”项目中反映；支付的在建工程人员的工资，在“购建固定资产、无形资产和其他长期资产所支付的现金”项目中反映。本项目可以根据“应付职工薪酬”、“库存现金”、“银行存款”等账户的记录分析填列。

企业为职工支付的医疗、养老、失业、工伤、生育等社会保险基金、补充养老保险、住房公积金，企业为职工交纳的商业保险金，因解除与职工劳动关系给予的补偿，现金结算的股份支付，以及企业支付给职工或为职工支付的其他福利费用等，应按职工的工作性质和服务对象，分别在本项目和在“购建固定资产、无形资产和其他长期资产所支付的现金”项目中反映。

6）支付的各种税费

本项目反映企业按规定支付的各种税费，包括本期发生并支付的税费，以及本期支付以前各期发生的税费和预交的税金，如支付的教育费附加、印花税、房产税、土地增值税、车船使用税、营业税、增值税、所得税等。不包括本期退回的增值税、所得税。本期退回的增值税、所得税在“收到的税费返还”项目中反映。本项目可以根据“应交税费”、“库存现金”、“银行存款”等账户的记录分析填列。

7）支付的其他与经营活动有关的现金

本项目反映企业除上述各项目外，支付的其他与经营活动有关的现金流出，如罚款、差旅费、业务招待费、保险费、经营性租赁等现金支出。其他现金流出如价值较大，应单列项目反映。本项目可以根据有关账户的记录分析填列。

（3）投资活动产生的现金流量的编制方法

1）收回投资收到的现金

本项目反映企业出售、转让或到期收回除现金等价物以外的交易性金融资产、持有至到期投资、可供出售金融资产、长期股权投资、投资性房地产而收到的现金，不包括债权性投资收回的利息、收回的非现金资产，以及处置子公司及其他营业单位收到的现金净额。本项目可以根据“交易性金融资产”、“持有至到期投资”、“可供出售金融资产”、“长期股权投资”、“投资性房地产”、“库存现金”、“银行存款”等账户的记录分析填列。

2）取得投资收益收到的现金

本项目反映企业因股权性投资而分得的现金股利，从子公司、联营企业或合营企业分回利润而收到的现金，因债权性投资而取得的现金利息收入。不包括股票股利，但包括在现金等价物范围内的债券性投资所收取的利息收入。本项目可以根据“库存现金”、“银行存款”、“投资收益”、“应收股利”、“应收利息”等账户的记录分析填列。

3）处置固定资产、无形资产和其他长期资产收回的现金净额

本项目反映企业处置固定资产、无形资产和其他长期资产所取得的现金，减去为处置这些资产而支付的有关费用后的净额。由于自然灾害所造成的固定资产等长期资产损失而收到的保险赔偿收入，也在本项目中反映。如处置固定资产、无形资产和其他长期资产等所收回的现金净额为负数，在“支付的其他与投资活动有关的现金”项目中反映。本项目可以根据“固定资产清理”、“库存现金”、“银行存款”等账户的记录分析填列。

4）处置子公司及其他营业单位收到的现金净额

本项目反映企业处置子公司及其他营业单位所取得的现金，减去子公司或其他营业单位持有的现金和现金等价物以及相关处置费用后的净额。本项目可以根据有关账户分析填列。

5）收到的其他与投资活动有关的现金

本项目反映企业除了上述各项以外，收到的其他与投资活动有关的现金。其他现金流入如价值较大的，应单列项目反映。本项目可以根据有关账户的记录分析填列。

6）购建固定资产、无形资产和其他长期资产支付的现金

本项目反映企业购买、建造固定资产，取得无形资产和其他长期资产支付的现金，不包括为购建固定资产而发生的借款利息资本化的部分，以及融资租入固定资产支付的租赁费。为购建固定资产、无形资产和其他长期资产而发生的借款利息资本化部分，在“分配股利、利润或偿付利息支付现金”项目中反映。本项目可以根据“固定资产”、“在建工程”、“工程物资”、“无形资产”、“库存现金”、“银行存款”等账户的记录分析填列。

7）投资支付的现金

本项目反映企业进行权益性投资和债权性投资支付的现金，包括企业为取得除现金等价物以外的交易性金融资产、持有至到期投资、可供出售金融资产而支付的现金，以及支付的佣金、手续费等交易费用。企业购买债券的价款中含有债券利息的，以及溢价或折价购入的，均按实际支付的金额反映。本项目可以根据“交易性金融资产”、“持有至到期投资”、“可供出售金融资产”、“投资性房地产”、“长期股权投资”、“库存现金”、“银行存款”等账户的记录分析填列。

企业购买股票和债券时，实际支付的价款中包含的已宣告但尚未发放的现金股利或已到付息期但尚未领取的债券的利息，应在投资活动的“支付的其他与投资活动有关的现金”项目中反映；收回购买股票和债券时支付的已宣告但尚未发放的现

金股利或已到付息期但尚未领取的债券的利息，在投资活动的“收到的其他与投资活动有关的现金”项目中反映。

8）支付的其他与投资活动有关的现金

本项目反映企业除了上述各项以外，支付的其他与投资活动有关的现金。其他现金流出如价值较大，应单列项目反映。本项目可以根据有关账户的记录分析填列。

（4）筹资活动产生的现金流量的编制方法

筹资活动产生的现金流量的编制方法，见表6–7。

表6–7　筹资活动产生的现金流量的编制方法

方法	具体内容
借款所收到的现金	本项目反映企业举借各种短期、长期借款所收到的现金。本项目可以根据“短期借款”、“长期借款”、“交易性金融负债”、“应付债券”、“库存现金”、“银行存款”等账户的记录分析填列
吸收投资所收到的现金	本项目反映企业以发行股票、债券等方式筹集资金实际收到款项的净额（发行收入减去支付的佣金等发行费用后的净额）。以发行股票等方式筹集资金而由企业直接支付的审计、咨询等费用，在“支付的其他与筹资活动有关的现金”项目中反映，不从本项目内减去。本项目可以根据“实收资本（或股本“库存现金”、“银行存款”等账户的记录分析填列
偿还债务所支付的现金	本项目反映企业以现金偿还债务的本金，包括偿还金融企业的借款本金、偿还金融企业到期的债券本金等。企业偿还的借款利息、债券利息，在“分配股利、利润或偿付利息所支付的现金”项目中反映，不包括在本项目内。本项目可以根据“短期借款”、“长期借款”、“交易性金融负债”、“库存现金”、“银行存款”等账户的记录分析填列
收到的其他与筹资活动有关的现金	本项目反映企业除上述各项目外，收到的其他与筹资活动有关的现金。其他现金流入如价值较大，应单列项目反映。本项目可以根据有关账户的记录分析填列
分配股利、利润或偿付利息所支付的现金	本项目反映企业实际支付的现金股利、支付给其他投资单位的利润以及用现金支付的借款利息、债券利息等。不同用途的借款，其利息的开支渠道不一样。本项目可以根据“应付股利”、“应付利息”、“利润分配”、“财务费用”、“在建工程”、“制造费用”、“库存现金”、“银行存款”等账户的记录分析填列
支付的其他与筹资活动有关的现金	本项目反映企业除了上述各项外，支付的其他与筹资活动有关的现金。其他现金流出如价值较大，应单列项目反映。本项目可以根据有关账户的记录分析填列

（5）现金流量表补充资料的编制

企业应当采用间接法在现金流量表附注中披露将净利润调节为经营活动现金流量的信息。现金流量表补充资料包括将净利润调节为经营活动的现金流量、不涉及现金收支的重大投资和筹资活动、现金及现金等价物净变动情况等项目。其中，主要是将净利润调节为经营活动的现金流量的编制。

具体而言，需要在净利润的基础上予以调节的项目主要有：

1）资产减值准备；

2）固定资产折旧、油气资产折耗、生产性生物资产折旧；

3）无形资产摊销和长期待摊费用摊销；

4）处置固定资产、无形资产和其他长期资产的损失（减：收益）；

5）固定资产报废损失；

6）公允价值变动损失；

7）财务费用；

8）投资损失（减：收益）；

9）递延所得税资产减少（减：增加）；

10）递延所得税负债增加（减：减少）；存货的减少（减：增加）；经营性应收项目的减少（减：增加）；经营性应付项目的增加（减：减少）。

2. 现金流量表编制的具体方法

（1）工作底稿法

工作底稿法，指以工作底稿为手段，以利润表和资产负债表数据为基础，对每一项目进行分析并编制调整分录，从而编出现金流量表。

在直接法下，整个工作底稿纵向分成三段。第一段是资产负债表项目，其中又分为借方项目和贷方项目两部分；第二段是利润表项目；第三段是现金流量表项目。

采用工作底稿法编制现金流量表的程序如下：

第一步，将资产负债表的期初数和期末数过入工作底稿的期初数栏和期末数栏。

第二步，对当期业务进行分析并编制调整分录。调整分录大体有如下几类：第一类涉及利润表中收入、成本和费用项目以及资产负债表中的资产、负债及所有者权益项目，通过调整，将权责发生制下的收入和费用转换为现金基础；第二类涉及资产负债表和现金流量表中的投资、筹资项目，反映投资和筹资活动的现金流量；第三类涉及利润表和现金流量表中的投资、筹资项目，目的是将利润表中有关投资和筹资方面的收入和费用列入到现金流量表投资、筹资现金流量中去。此外，还有一些调整分录并不涉及现金收支，只是为了核对资产负债表项目的期末期初变动。

第三步，将调整分录过入工作底稿中的相应部分。

第四步，核对调整分录，借贷合计应当相等，资产负债表项目期初数加减调整分录中的借贷金额以后，应当等于期末数。

第五步，根据工作底稿中的现金流量表项目部分编制正式的现金流量表。

（2）T 型账户法

T 型账户法，指以 T 型账户为手段，以利润表和资产负债表数据为基础，对每一项目进行分析并编制调整分录，从而编制出现金流量表。

采用 T 型账户法编制现金流量表程序如下（见表 6-8）：

表 6-8　采用 T 型账户法编制现金流量表程序

步骤	具体内容
一	为所有非现金项目（包括资产表项目和利润表项目）分别开设T型账户，并将各自的期末期初变动数过入各账户
二	开设一个大的“现金及现金等价物”T型账户，每边分为经营活动、投资活动和筹资活动三个部分，左边记现金流入，右边记现金流出。与其他账户一样，过入期末期初变动数
三	以利润表项目为基础，结合资产负债表分析每一个非现金项目的增减变动，并据此编制调整分录
四	将调整分录过入各T型账户，并进行核对，该账户借贷相抵后的余额与原先过入的期末期初变动数应当一致
五	根据大的“现金及现金等价物”T型账户编制正式的现金流量表

（3）分析填列法

分析填列法是直接根据资产负债表、利润表和有关会计账户明细账的记录，分析计算出现金流量表各项目的金额，并据以编制现金流量表的一种方法。

3．现金流量表编制举例

（1）华美公司 2007 年度现金流量表各项目金额分析

1）销售商品、提供劳务收到的现金

= 主营业务收入 + 应交税费（应交增值税——销项税额）+（应收账款年初余额 - 应收账款期末余额）+（应收票据年初余额 - 应收票据期末余额）- 当期计提的坏账准备 - 票据贴现的利息

=［1250000+212500+（299100-598200）+（246000-66000）-900-30000］元

=131.2500 元

由于利润表中的主营业务收入是按权责发生制核算的，而经营活动现金流量中的“销售商品、提供劳务收到的现金”项目是按收付实现制计算的，因此需要对其进行调整。按权责发生制核算的“主营业务收入”并不等同于当年销售所获取的现金收入，它还涉及应收款项，具体如应收账款、应收票据及预收账款项目。如果本年度的应收款项期末余额少于期初余额，则说明本年度内收到的现金要多于主营业务收入，即本年度除主营业务实现的收入收到现金之外，期初的部分应收款项也收回了现金；相反，如果应收款项期末余额大于期初余额，则本年度实际收到的现金要小于当年实现的主营业务收入，有一部分主营业务收入成为新的应收款而未收回。当然，应收款项中属于销项税额的收回，要对应调整相应的“应交税费”项目。

2）购买商品、接受劳务支付的现金

=主营业务成本+应交税费（应交增值税进项税额）-（存货年初余额-存货期末余额）+（应付账款年初余额-应付账款期末余额）+（应付票据年初余额-应付票据期末余额）+（预付账款期末余额-预付账款年初余额）-当期列入生产成本、制造费用的职工薪酬-当期列入生产成本、制造费用的折旧费和固定资产修理费

=[750000+42466-（2580000-2484700）+（953800-953800）+（200000—100000）+（100000—100000）—324900—80000]元=392266元

利润表中“主营业务成本”的形成来自于存货的减少，而存货的增减又与应付款项有着分割不开的联系。如果期末存货大于期初存货，则说明当年增加的存货并未全部转换为主营业务成本；反之，如果存货期末余额少于期初余额，则说明除当年增加的存货全部转换为主营业务成本外，还有一部分期初存货也转换为主营业务成本。而增加的存货必定导致或是现金的支付，或是应付款项（具体包括应付账款、应付票据和预付账款）的增加。如果应付款项期末余额大于期初余额，则说明本期购货支付的现金少于本期增加的存货金额；反之，如果应付款项期末余额少于期初余额，则说明本期实际支付的现金多于本期存货增加金额，相当于偿还了部分前期货款。

3）支付给职工以及为职工支付的现金

=生产成本、制造费用、管理费用中职工薪酬+（应付职工薪酬年初余额—应付职工薪酬期末余额）-[（应付职工薪酬（在建工程）年初余额-应付职工薪酬（在建工程）期末余额）]

=[324900+17100+（110000—180000）-（0-28000）]元=300000元

4）支付的各项税费

=当期所得税费用+营业税金及附加+应交税费（应交增值税——已交税金）-（应交所得税期末余额—应交所得税期初余额）

=[122496+2000+100000-（20097-0）]元=204399元

5）支付其他与经营活动有关的现金

=其他管理费用+销售费用

=（60000+20000）元

=80000 元

6）收回投资收到的现金

= 交易性金融资产贷方发生额 + 与交易性金融资产 – 起收回的投资收益

=（16000+500）元

=16500 元

7）取得投资收益所收到的现金

= 收到的股息收入

=30000 元

8）处置固定资产收回的现金净额

=［300000+（800–500）］元

=300300 元

9）购建固定资产支付的现金

= 用现金购买的固定资产、工程物资 + 支付给在建工程人员的薪酬

=（101000+300000+200000）元

=601000 元

10）取得借款所收到的现金

=560000 元

（11）偿付债务支付的现金

=（250000+1000000）元

=1250000 元

12）偿还利息支付的现金

=12500 元

（2）将净利润调节为经营活动现金流量各项目计算分析

1）资产减值准备 =（900+30000）元 =30900 元

2）固定资产折旧 =（20000+80000）元 =100000 元

3）无形资产摊销 =60000 元

4）处置固定资产、无形资产和其他长期资产的损失 =–50000 元

5）固定资产报废损失 =19700 元

6）财务费用 =11500 元

7）投资损失 =–31500 元

8）递延所得税资产减少 =（0–9900）元 =–9900 元

9）存货的减少 =（2580000–2484700）元 =95300 元

10）经营性应收项目的减少

=［（246000−66000）+（299100+900−598200−1800）］元 =−120000 元

11）经营性应付项目的增加

={（100000−200000）+（100000−100000）+［（180000−28000）

− 110000］+［（226731−100000）−36600］} 元 =32131 元

（3）编制现金流量表及补充资料

根据上述资料，编制现金流量表及补充资料如表 6−9、表 6−10 所示。

表6−9　现金流量表会企03表

编制单位：加，华美公司　　　　2017 年 12 月　　　　单位：元

项目	本期金额	上期金额
一、经营活动产生的现金流量：		
销售商品、提供劳务收到的现金	1312500	
收到的税费返还	0	
收到其他与经营活动有关的现金	0	
经营活动现金流入小计	1312500	
购买商品、接受劳务支付的现金	392266	
支付给职工以及为职工支付的现金	300000	
支付的各项税费	204399	
支付其他与经营活动有关的现金	80000	
经营活动现金流出小计	976665	
经营活动产生的现金流量净额	335835	
二、投资活动产生的现金流量：		
收回投资收到的现金	16500	
取得投资收益收到的现金	30000	
处置固定资产、无形资产和其他长期资产收回的现金净额	300300	
处置子公司及其他营业单位收到的现金净额	0	
收到其他与投资活动有关的现金	0	
投资活动现金流入小计	346800	
购建固定资产、无形资产和其他长期资产支付的现金	601000	
投资支付的现金	0	
取得子公司及其他营业单位支付的现金净额	0	
支付其他与投资活动有关的现金	0	
投资活动现金流出小计	601000	
投资活动产生的现金流量净额	−254200	
三、筹资活动产生的现金流量：		

续表

项目	本期金额	上期金额
吸收投资收到的现金	0	
取得借款收到的现金	560000	
收到其他与筹资活动有关的现金	0	
筹资活动现金流入小计	560000	
偿还债务支付的现金	1250000	
支付其他与筹资活动有关的现金	0	
分配股利、利润或偿付利息支付的现金	12500	
筹资活动现金流出小计	1262500	
筹资活动产生的现金流量净额	-702500	
四、汇率变动对现金及现金等价物的影响	0	
五、现金及现金等价物净增加额	-620865	
加：期初现金及现金等价物余额	1406300	
六、期末现金及现金等价物余额	785435	

表6-10　现金流量表补充资料

补充资料	本期金额	上期金额
1. 将净利润调节为经营活动现金流量：	197704	略
净利润	30900	
加：资产减值准备	100000	
固定资产折旧、油气资产折耗、生产性生物资产折旧	60000	
无形资产摊销	0	
长期待摊费用摊销	-50000	
处置固定资产、无形资产和其他长期资产的损失	19700	
固定资产报废损失（收益以“-”号填列）		
公允价值变动损失（收益以“-”号填列）	0	
财务费用（收益以“-”号填列）		
投资损失（收益以“-”号填列）	11500	
递延所得税资产减少（增加以“-”号填列）		
递延所得税负债增加（减少以“-”号填列）	-31500	
存货的减少（增加以“-”号填列）	-9900	
经营性应收项S的减少（增加以“-”号填列）	0	
经营性应付项目的增加（减少以“-”号填列）	95300	
其他	-120000	
经营活动产生的现金流量净额	32131	

续表

补充资料	本期金额	上期金额
2. 不涉及现金收支的重大投资和筹资活动：	0	
债务转为资本	335835	
一年内到期的可转换公司债券	0	
融资租人固定资产	0	
3. 现金及现金等价物净变动情况：	0	
现金的期末余额	785435	
减：现金的期初余额	1406300	
加：现金等价物的期末余额	0	
减：现金等价物的期初余额	0	
现金及现金等价物净增加额	–620865	

四、所有者权益变动表

1. 所有者权益变动表概述

所有者权益变动表是指反映企业在一定期间内构成所有者权益各组成部分当期增减变动情况的报表。

所有者权益变动表反映三个方面的内容：一是因资本业务而导致所有者权益总额发生增减变动的项目，即所有者向企业投入资本和企业向投资者分配利润；二是所有者权益内部各项目发生增减变动，如提取盈余公积；三是综合收益导致的所有者权益的变动。综合收益，是指企业在某一期间与所有者权益之外的其他方面进行交易或发生其他事项所引起的净资产变动。综合收益的构成包括两部分，即净利润和直接计入所有者权益的利得与损失。其中，前者是企业已实现并已确认的收益；后者是企业未实现但根据会计准则的规定已确认的收益。

综合收益 = 净利润 + 直接计入所有者权益的利得和损失

其中，

净利润 = 收入 – 费用 + 直接计入当期损益的利得和损失

在所有者权益变动表中，净利润和直接计入所有备权益的利得与损失均单列项目予以反映，体现了企业综合收益的构成。

2. 所有者权益变动表的编制

所有者权益变动表以矩阵的形式列示，以更清楚地表明构成所有者权益各组成部分当期的增减变动情况。横行列示所有者权益各组成部分，包括实收资本（或股本）、资本公积、盈余公积、未分配利润和总额；纵列列示导致所有者权益变动的交易和事项。所有者权益 g 动表还就各项目再分为“本年金额”和“上年金额”两栏分别填写，以提供比较所有者权益增减变动表。

所有者权益变动表应根据“实收资本（或股本）”、“资本公积”、“盈余公积”、“库存股”、“利润分配”等账户及其所属明细账户的期初余额、本期发生额和期末余额分析填列。其具体格式如表 6-11 所示。

表6-11 股东权益增减变动表会企04表

编制单位：华美公司　　2017 年度　　单位：元

项目	本年金额						上年金额					
	实收资本（或股本）	资本公积	减：库存股	盈余公积	未分配利润	所有者权益合计	实收资本（或股本）	资本公积	资本公积	盈余公积	未分配利润	所有者权益合计
一、上年年末余额												
加：会计政策变更												
前期差错更正												
二、本年年初余额												
三、本年增减变动金额（减少以“-”号填列）												
（一）净利润												
（二）直接计入所有者权益的利得和损失												
1. 可供出售金融资产公允价值变动净额												
2. 权益法下被投资单位其他所有者权益变动的影响												
3. 与计入所有者权益项目相关的所得税影响												
4. 其他												
上述（一）和（二）小计												

续表

项目	本年金额						上年金额					
	实收资本（或股本）	资本公积	减：库存股	盈余公积	未分配利润	所有者权益合计	实收资本（或股本）	资本公积	资本公积	盈余公积	未分配利润	所有者权益合计
（三）所有者投入和减少资本												
1. 所有者投入资本												
2. 股份支付计入所有者权益的金额												
3. 其他												
（四）利润分配												
1. 提取盈余公积												
2. 对所有者（或股东）的分配												
3. 其他												
（五）所有者权益内部结构												
1. 资本公积转增资本（或股本）												
2. 盈余公积转增资本（或股本）												
3. 盈余公积弥补亏损												
4. 其他												
四、本年年末余额												

五、中期财务报告

1．中期财务报告的确认与计量

（1）中期财务报告的确认与计量的基本原则

1）中期财务报告中各会计要素的确认和计量原则应当与年度财务报告所采用的原则相一致，即企业在中期根据所发生的交易和事项，对资产、负债、所有者权益、收入、费用、利润等会计要素进行确认和计量时，应当符合相应会计要素定义和确认、计量标准，不能因为财务报告期间的缩短（相对于会计年度）而改变。

2）在编制中期财务报告时，中期会计计量应当以年初至本中期末为基础，财务报告的频率不应当影响年度结果的计量。这就是说，无论中期财务报告的频率是月度、季度或者半年度，企业中期会计计量的结果最终应当与年度财务报告中的会计计量结果相一致。

3）中期采用的会计政策应当与年度财务报告相一致，会计政策、会计估计变更应当符合规定。企业在中期不得随意变更会计政策，应当采用与年度财务报告相一致的会计政策。如果上年度资产负债表日之后按规定变更了会计政策，且该变更后的会计政策将在本年度财务报告中采用，中期财务报告应当采用该变更后的会计政策。

对于会计估计变更，在同一会计年度内，以前中期会计报表项目在以后中期发生了会计估计变更的，以后中期会计报表应当反映该估计变更后的金额，但对以前中期会计报表项目的金额不作调整。

（2）季节性、周期性或者偶然性取得收入的确认与计量

企业取得季节性、周期性或者偶然性收入，应当在发生时予以确认和计量，不应当在中期会计报表中预计或者递延，但会计年度末允许预计或者递延的除外。

（3）会计年度中不均匀发生的费用的确认与计量

企业在会计年度中不均匀发生的费用，应当在发生时予以确认和计量，不应在中期会计报表中预提或者待摊，但会计年度末允许预提或者待摊的除外。这就是说，企业不应当为了使各中期之间收益的平滑化而将这些费用在会计年度的各个中期之间进行分摊。

如果会计年度内不均匀发生的费用在会计年度末允许预提或者分摊，则在中期末也允许预提或者分摊。

2．中期财务报告附注

（1）编制中期财务报告附注的基本要求

1）中期财务报告附注应当以年初至本中期末为基础编制

编制中期财务报告的主要目的是为了向报告使用者提供自上年度资产负债表日之后所发生的重要交易或者事项，因此，中期财务报告附注的编制应当以“年初至本中期末”为基础，而不应当仅仅只披露本中期所发生的重要事项或者交易。

2）中期财务报告附注应当遵循重要性原则

重要性原则是中期会计确认、计量和披露的一项重要原则，中期财务报告附注的披露也应当遵循重要性原则。中期财务报告附注应当提供相对于上年度财务报告

而言更新的事项或者交易信息，即不仅应当重点披露自上年度资产负债表日后发生的，有助于理解企业财务状况、经营成果和现金流量变化情况的重要事项或者交易，还应当在会计报表附注中披露相对于本中期财务状况、经营成果和现金流量而言重要的交易或者事项。

（2）中期财务报告附注披露内容

企业在中期财务报告附注中至少应当披露以下内容：

1）中期财务报告所采用的会计政策与上年度财务报告相一致的声明。如果发生了会计政策的变更，应当说明会计政策变更的性质、内容、原因及其影响数；无法进行追溯调整的，应当说明原因。

2）会计估计变更的内容、原因及其影响数；影响数不能确定的，应当说明原因。

3）前期会计差错的性质及其更正金额；无法进行追溯重述的，应当说明原因。

4）企业经营的季节性或者周期性特征。

5）存在控制关系的关联方发生变化的情况；关联方之间发生交易的，应当披露关联方关系的性质、交易类型和交易要素。

6）合并会计报表的合并范围发生变化的情况。

7）对性质特别或者金额异常的会计报表项目的说明。

8）证券发行、回购和偿还情况。

9）向所有者分配利润的情况，包括在中期内实施的利润分配和已提出或者已批准但尚未实施的利润分配情况。

10）业务分部和地区分部的分部收入与分部利润（亏损）。

11）中期资产负债表日至中期财务报告批准报出日之间发生的非调整事项。

12）上年度资产负债表日以后所发生的或有负债和或有资产的变化情况。

13）企业结构变化情况，包括企业合并，对被投资单位具有重大影响、共同控制或者控制关系的长期股权投资的购买或者处置，终止营业等。

14）其他重大交易或者事项，包括重大的长期资产转让及其出售情况、重大的固定资产和无形资产的取得情况、重大的研究和开发支出、重大的非货币性交易事项、重大的债务重组事项、重大的资产减值损失情况等。

企业在提供前述第5）和第10）项有关关联方以及分部收入与分部利润（亏损）信息时，应当同时提供本中期（或者本中期末）和本年度年初至本中期末的数据，以及上年度可比本中期（或者可比期末）和可比年初至本中期末的比较数据。

五、会计报表分析

1．财务指标比率分析概述

财务指标比率分析是指将会计报表中有意义的两个相关项目进行比较，计算其比值，以反映和判断某种隐含的意义。一般而言，债权人最关心债务人现在和未来的偿债能力；股票投资者最关心企业现在和未来的获利能力。但是偿债能力与获利能力并不是互相独立的、不相关的。如果企业获利能力很强，从长远看，其偿债能力必定不弱。如果企业偿债能力与获利能力都很强，则投资者定期获取股利的可能性就大，股价就可能会上升。而支撑企业偿债能力与获利能力的另一因素是企业资产的营运效率，其效率高意味着资产的周转速度快，则必然使企业的偿债能力与获利能力增加；反之则降低。

比率分析的优点是计算简单，但存在着局限性，如果解释不当，极易引起误解，具体分析时应注意以下几点：

（1）与现金流量比较。比率分析的基础是权责发生制，然而企业财富的增加最终取决于是否有真实的收益。因此，除对资产负债表和利润表相关项目作分析外，还要与评估企业现金流量的有关指标比较。

（2）与行业水平比较。简单的比率计算结果说明不了什么问题，只有与同行业水平相比，才能看出差异。

（3）与各会计期间比较。比率分析未涉及不同期间的增减变动，是一静态分析结果，无法据此判断、比较企业前后各期的变动趋势。‘因此在对某一比率进行分析时，还应作跨期比较。

（4）分析会计影响。会计方法、政策、计价基础等都会影响比率的计算和分析，因此在分析某一指标时应作会计分析。

2．短期偿债能力分析

短期偿债能力是表明企业用流动资产偿还流动负债的能力。影响企业短期偿债能力的因素有很多，但流动资产与流动负债的关系以及资产的变现速度是其最主要的方面。因为在大多数情况下，短期债务需要用现金来偿还。因此，短期偿债能力的分析就是对企业流动资产与流动负债的分析。企业为偿付流动负债的变现能力对评价企业的财务状况是非常重要的。

（1）流动比率

流动比率是企业一定时期流动资产总额与流动负债总额的比率，通常表现为企业流动资产可偿付流动负债的倍数。该比率是预测企业发生财务失败的一种比较有效的手段。

$$流动比率=\frac{流动资产}{流动负债}$$

流动比率越高反映企业短期偿债能力越强，债权人的权益越有保证。该比率高，不仅反映企业拥有的营运资金多，可用以抵偿短期债务，而且表明企业可以变现的资产数额大，债权人遭受的风险小。但过高意味着企业获利能力的下降，应该有一上限。一般认为保持2:1的比率比较合适，既能保证企业有合适的偿债能力，同时又能保证资产的获利能力。在分析时应注意以下几点：

1）在评价企业短期偿债能力方面，流动比率比营运资本优越。营运资本是流动资产与流动负债之间的差额，当两个企业规模相差较大时，它们之间无法比较。

2）流动比率过低，意味着企业的短期支付能力不足，缺乏应有的安全性；但该比率过高，则表明企业资金没有得到充分的利用。

3）需要在同行业间进行比较。行业不同，其差异较大。经营周期较短的企业所需要的营运资本的数量较少。

4）流动资产的结构、流动资产与非流动资产的划分标准也是影响流动比率的一个重要因素。

5）流动比率只是一种静态比率，会计期末的流动比率不一定能代表整个期间的流动状况。

（2）速动比率

速动比率是企业一定时期速动资产与流动负债的比率。速动比率是对流动比率的补充，由于公式中剔除了流动资产中变现能力较差的存货，因而可用以衡量企业流动资产中可以立即用于偿还流动负债的能力。从速动资产的偿债能力与获利能力两方面考虑，一般认为保持1:1的比率较为合适。

$$速动比率=\frac{速动资产}{流动负债}$$

速动资产是指企业可随时变现的资产，其数额为流动资产扣除存货后的差额。

（3）现金比率

现金比率是企业一定时期现金类资产与流动负债的比率，它是衡量企业短期偿债能力的参考性指标。如果一个企业处于财务困境，它的存货和应收账款被抵押或者流动不畅，企业偿债能力降低，则评价短期偿债能力的最佳指标就是现金比率。

$$现金比率=\frac{经营活动现金流量}{流动负债}$$

3．长期偿债能力

长期偿债能力是指企业偿还长期债务的能力，包括企业对债务的承受能力和偿还债务的保障能力。长期偿债能力的强弱是反映财务状况稳定和安全程度的重要标志。

评价企业长期偿债能力的财务指标常用杠杆比率。杠杆比率是以借款利率为支点，通过分析资本结构来比较负债和股东权益的关系，评价企业负债经营的能力。即要分析企业是怎样用较少的资本为股东获取较多报酬的，同时举债风险又低。

评价企业长期偿债能力，从偿债义务看，包括按期支付利息和到期还本；从偿债资金来源看，应为企业的经营利润及经营活动产生的现金。

（1）资产负债率

资产负债率是指企业一定时期负债总额与资产总额的比值，说明在企业总资产中债权人提供资金所占的比重以及企止资产对债权人权益的保障程度。它是综合反映企业偿债能力，尤其是反映企业长期偿债能力的一项重要指标，也是衡量企业举债经营能力的指标。

$$资产负债率=\frac{负债总额}{资产总额}\times100\%$$

资产负债率是国际公认用以衡量企业负债偿还能力和经营风险的重要指标，较为保守的经验认为应不高于 50%，国际上一般公认为 60% 比较好。根据我国企业当前生产经营的实际以及所属行业的资产周转特征和长期债务的偿还能力，不同行业中企业的资产负债率各不相同。其中，交通、运输、电力等基础行业的资产负债率一般平均为 50% 左右，加工业为 65% 左右，商贸业为 80% 左右。

（2）负债与股东权益比率

负债与股东权益比率指企业一定时期负债总额与股东权益总额的比例关系，用以表示股东权益的保障程度。

$$负债与股东权益比率=\frac{负债总额}{股东权益总额}\times100\%$$

该比率越低，表明企业偿债能力越强，债权人权益保障程度越高，但过低则杠杆能力削弱；该比率过高，若企业投资报酬率小于借款利率，则固定的利息费用会成为债务人沉重的财务负担，同时，债务人贷款的风险就会加大。

（3）利息保障倍数

利息保障倍数是指企业一定时期生产经营所获取的息税前利润对利息费用的比值，是用以衡量企业偿还利息能力的指标。

$$利息保障倍数=\frac{税前利润+利息费用}{利息费用}$$

一般而言，利息保障倍数越高，则企业支付利息的能力就越强。其值大于1，表明企业负债经营能够赚取比资金成本更高的利润；反之，若小于1，则表明企业无力赚取大于资金成本的利润，企业债务风险很大。国际上一般公认该指标为3比较好。但收益和利息费用确认都是基于权责发生制，因而利息保障倍数并非能完全准确反映企业支付利息的能力。

4. 获利能力分析

（1）与投资有关的获利能力分析

1）总资产报酬率

总资产报酬率是考察企业全部资产获利能力的指标，反映企业对所拥有的资源优化配置与使用的效率。它是企业利润总额与利息费用之和对平均资产总额的比值。

$$总资产报酬率=\frac{利润总额+利息费用}{平均资产总额}\times100\%$$

上式中利息支出应该加回利润总额，因为财务费用是为获取资产而支付给贷款人的理财成本，而不是销货成本。把利息支出加回利润总额所得的收益数代表企业未对债权人和股东分配前的收益。该指标越高，表明企业投入产出的水平越好，企业的资产运营就越有效。

2）净资产收益率

净资产收益率也称股东权益收益率，指企业净利润与所有者权益（或股东权益）间的比值，用以衡量企业所有者所拥有的净资产的收益状况。

$$净资产收益率=\frac{净利润}{平均股东权益总额}\times100\%$$

净资产收益率是评价企业自有资产及其积累获取报酬水平的最具综合性与代表性的指标。当企业举债经营，净资产收益率高于资产报酬率时，说明该企业财务杠杆运用良好。一般认为，该指标越高，企业自有资本获取收益的能力就越强，对企业投资者和债权人的保障能力就越好。净资产收益率的缺点是没有考虑实收资本的现值。

（2）与销售有关的获利能力分析

1）销售利润率

销售利润率也称边际利润率，指企业销售利润总额与销售收入净额的比值，用以衡量企业销售收入的获利能力，包括对销售过程成本和费用的控制能力。

$$销售利润率 = \frac{销售利润总额}{销售收入净额} \times 100\%$$

式中，销售利润总额指销售收入扣除销售成本、销售费用和销售税金后的利润，不包括其他业务利润、投资收益和营业外收支等；销售收入净额指销售收入减去销售退回与折让后的数额。

企业销售成本和销售费用愈低，销售收入的获利能力就愈大。

2）销售净利率

销售净利率指企业净利润与销售收入净额的比值，反映企业单位销售收入所赚取净利润的多少。

$$销售利润率 = \frac{净利润}{销售收入净额} \times 100\%$$

3）销售毛利率

销售毛利率指企业毛利占销售收入的百分比，反映企业单位销售收入扣除销售成本后，还有多少钱可以用于各项期间费用和形成盈利。毛利是销售收入与销售成本之差。

$$销售毛利率 = \frac{销售收入-销售成本}{销售收入} \times 100\%$$

（3）与股本有关的获利能力分析

1）每股收益

每股收益又称每股净利或每股盈利，是指普通股股东每持有一股所能享有的企业利润或需承担的企业亏损。每股收益是评价企业盈利能力、预测企业成长潜力、进而做出相关经济决策的一项重要财务指标。既可用于不同企业间的业绩比较，以评价某企业的相对盈利能力；也可用于同一企业不同会计期间的业绩比较，以了解其盈利能力的变化趋势；还可用于企业经营实绩与盈利预测的比较，以掌握该企业的管理能力。

每股收益包括基本每股收益和稀释每股收益两类。基本每股收益只考虑当期实际发行在外的普通股股份，按照归属于普通股股东的当期净利润（净利润扣除应发放的优先股股利后的余额）除以当期实际发行在外的普通股的加权平均数计算确定。

$$每股收益 = \frac{净利润-优先股股利}{发行在外普通股加权平均股数}$$

发行在外普通股加权平均股数 = 期初发行在外普通股股数 + 当期新发行普通股股数 × 已发行时间 ÷ 报告期时间—当期回购普通股股数 × 已回购时间 ÷ 报告期

时间

其中，作为权数的已发行时间、报告期时间和已回购时间通常按天数计算，在不影响结果合理性的前提下，也可以采用简化的计算方法，如按月计算。

稀释每股收益是以基本每股收益为基础，假设企业所有发行在外的稀释性潜在普通股均已转换为普通股，从而分别调整归属于普通股股东的当期净利润以及发行在外普通股加权平均数计算而得的每股收益。

潜在普通股是指赋予其持有者在报告期或以后期间享有取得普通股权利的一种金融工具或其他合同，目前主要包括可转换公司债券、认股权证、股份期权等。稀释性潜在普通股是指假设当期转换为普通股会减少每股收益的潜在普通股。

计算稀释每股收益时，分子应调整：①当期应确认为费用的稀释性潜在普通股的利息；②稀释性潜在普通股转换时将产生的收益或费用。调整时应考虑所得税的影响。对于包含负债和权益成份的金融工具，仅需调整属于金融负债部分的利息、利得或损失。分母应当为基本每股收益下普通股加权平均数与假定稀释性潜在普通股转换为已发行普通股而增加的普通股股数的加权平均数之和。

2）每股净资产

每股净资产也称每股账面价值或每股收益，是指期末净资产与年末普通股股份总数的比值。

$$每股净资产=\frac{年度末股东权益}{年度末普通股数}$$

式中，年度末股东权益是指扣除优先股权益后的余额。

每股净资产反映发行在外的每股普通股所代表的净资产成本即账面权益，在理论上提供了股票的最低价值。

3）每股股利

每股股利是指股利总额与年末普通股股份总数的比值。

$$每股股利=\frac{股利总额}{年末普通股股份总数}$$

式中，股利总额是指用于分配普通股现金股利的总额。

每股股利反映上市公司每一普通股获取股利的大小，其值越大，则公司股本获利能力越强。

4）股利支付率

股利支付率是现金股利与可供普通股分派的利润之比，用以衡量在普通股的每股收益中，有多大比例用于支付股利。

$$股利支付率 = \frac{现金股利}{可供普通股分配的利润} \times 100\%$$

一般地说，大多数投资者希望有较高的股利支付率，但有眼光的投资者更看重企业股票的未来投资价值。一般成长性好的公司股利支付率是比较低的。

5）市盈率

市盈率又称本益比，指普通股每股市价与每股盈利的比率。

$$市盈率 = \frac{普通股每股市价}{普通股每股盈利}$$

该比率常被投资者作为判断股票价格是否具有吸引力的一种依据。它能反映股东每取得1元收益所需要付出的代价。一般新兴行业的市盈率普遍较高，而成熟行业的市盈率普遍较低。由于期望报酬率一般为5% ~ 10%，所以正常的市盈率为20 ~ 10。

4. 营运能力分析

（1）应收账款周转率

应收账款周转率又称应收账款周转次数，指企业一定时期内销售收入净额与应收帐款平均余额的比值，反映企业在报告期内从销售开始至收款为止的周转次数，表明应收账款的流动速度。它是考察企业控制应收账款规模并将其转化为现金的效率指标。

$$应收账款周转率（次）= \frac{销售收入净额}{应收账款平均余额}$$

一般而言，周转率越高越好，则应收账款平均收账期越短，表明企业占用在应收账款上的资金越少，同时在财务分析中流动比率和速动比率也就具有较高的可信度。尽管用“赊销净额”计算比“销售净额”更为合理一些，但报表外部使用人员难以获得该项数据，因而实务中多采用“销售净额”来分析计算。

用时间表示的周转速度是应收账款周转天数，即应收账款平均收账期，是指企业应收账款转换为现金的平均所需天数。

$$平均收账期 = \frac{365}{应收账款周转率}$$

如果平均收账期长于企业通常的收款期或信用期，可能表明企业信用管理欠佳，收账不力；反之，平均收账期越短，表明现金收回速度快，可加速资金周转。但过短，可能表明信用政策偏紧，从而影响销售。如果边际收益能等于边际成本，则此时信用政策最恰当，可使报酬最大化。

2）存货周转率

存货周转率是确定企业存货销售快慢的比率，指企业从购入商品或购入原材料开始，至商品转售出去，或原材料经加工变成在产品、产成品，至产成品出售为止，一年内的周转次数。

$$存货周转率=\frac{销售成本}{存货平均余额}$$

一般而言，存货周转率越高，表示企业存货管理效率越佳，存货从资金投人到销售收回的时间越短，在销售利润率相同的情况下，获取的利润也就越多。但分析要注意存货的计价方法。

用时间表示的周转速度是存货周转天数，存货周转天数即存货可出售天数。对商业企业，表示购入商品至转售为止的平均所需天数；对制造业，表示购入原材料，转换成在产品、产成品，以至出售为止的平均所需天数。

$$存货周转天数=\frac{365}{存货周转率}$$

存货周转天数越少，收回资金投人营业或生产资金所需要的时间就越短，资金周转就越顺利、越快。

3）固定资产周转率

固定资产周转率是衡量固定资产使用效率的指标，指企业销售收入净额与固定资产平均净值的比率。

$$固定资产周转率=\frac{销售收入净额}{固定资产平均净值}$$

固定资产周转率高，不仅表明企业固定资产利用充分，而且表明企业固定资产投资得当，固定资产结构合理，能够发挥效率。分析时应考虑固定资产折旧因素及折旧方法。

4）总资产周转率

总资产周转率指企业销售收入净额与资产平均余额的比值。

$$总资产周转率=\frac{销售收入净额}{资产平均余额}$$

该比率衡量企业在报告期内对其全部资产使用的效率。周转率高，说明企业经营效率好，取得的销售收入高。但对旧资产较多的企业来说，该比率可能被高估，因为旧资产的账面价值较低。

第二节 会计调整

一、会计政策及其变更

1．重要会计政策的披露

企业在会计核算中所采纳的会计政策，通常应在会计报表附注中予以披露，其需要披露的项目主要包括以下方面：

（1）发出存货成本的计量，指企业确定发出存货成本所采用的会计处理。例如，企业发出存货成本的计量是采用先进先出法，还是采用其他计量方法。

（2）长期股权投资的后续计量，指企业取得长期股权投资后的会计处理。例如，企业对被投资单位的长期股权投资是采用成本法核算，还是采用权益法核算。

（3）投资性房地产的后续计量，指企业在资产负债表日对投资性房地产进行后续计量所采用的会计处理。例如，企业对投资性房地产的后续计量是采用成本模式，还是公允价值模式。

（4）固定资产的初始计量，指对取得的固定资产初始成本的计量。例如，企业取得的固定资产初始成本是以购买价款，还是以购买价款的现值为基础进行计量。

（5）生物资产的初始计量，指对取得的生物资产初始成本的计量。例如，企业为取得生物资产而产生的借款费用，是予以资本化，还是计入当期损益。

（6）无形资产的确认，指对无形项目的支出是否确认为无形资产。例如，企业内部研究开发项目开发阶段的支出是确认为无形资产，还是在发生时计入当期损益。

（7）非货币性资产交换的计量，指非货币性资产交换事项中对换入资产成本的计量。例如，非货币性资产交换是以换出资产的公允价值作为确定换入资产成本的基础，还是以换出资产的账面价值作为确定换入资产成本的基础。

（8）收入的确认，指收入确认所采用的会计方法。例如，企业确认收入时是按照从购货方已收或应收的合同或协议价款确定销售商品收入金额，还是按照应收的合同或协议价款的公允价值确定销售商品收入金额。

（9）合同收入与费用的确认，指确认建造合同的收入和费用所采用的会计处理方法。例如，企业确认建造合同的合同收入和合同费用采用完工百分比法。

（10）借款费用的处理，指借款费用的会计处理方法，即借款费用是资本化处理，还是费用化处理。

（11）合并政策，即编制合并会计报表所采纳的原则。例如，母公司与子公司的会计年度不一致的处理原则；确定合并范围的原则等。

（12）其他重要会计政策。

对于相同类别的经济业务或事项，可以有多种会计处理方法；而不同的企业由于所处的内外环境不同，所采用的会计处理方法也会不一样。这就给会计报表使用者阅读和理解会计报表带来极大困难。因而，有必要在会计报表附注中披露编制该会计报表所采用的会计处理方法。

2. 会计政策变更及其会计处理

（1）会计政策变更的含义

会计政策变更，是指企业对相同的交易或事项由原来采用的会计政策改用另一会计政策的行为。也就是说，在不同的会计期间执行不同的会计政策。

为保证会计信息的可比性，企业应当按照会计准则和会计制度规定的原则和方法进行会计确认、计量和报告，各期采用的会计原则和方法应当保持一致，不得随意变更。如果确实需要变更会计政策，则应当将变更的情况、变更的原因及其对企业财务状况和经营成果的影响，在财务报告中予以说明。

（2）会计政策变更的条件

会计政策的变更，必须符合下述两个条件之一：

1）法律或会计准则等行政法规、规章要求变更会计政策。这种情况是指按照有关会计择规和国家统一的会计制度的规定，要求企业采用新的会计政策。比如，存货具体会计准则的发布与实施，对存货发出的计价方法排除了后进先出法，这就要求企业采用新的会计政策。

2）变更会计政策以后，能够使所提供的企业财务状况、经营成果和现金流量信息更为可靠，更为相关。这种情况是指由于经济环境、客观情况的变化，使企业原来采用的会计政策所提供的会计信息与经济事实不符，按变更后的会计政策能够更好地反映企业的财务状况、经营成果和现金流量。例如，企业原来采用直线法进行固定资产折旧的核算，随着技术的不断进步，经政府财政部门同意采用加速折旧法。因而，只有改变原来采用的会计政策，才能提供更为可靠的会计信息。

对会计政策变更的认定，直接影响着会计处理方法的选择。因此，在会计实务中，企业应当分清哪些情形属于会计政策变更，哪些情形不属于会计政策变更。以下两种情形看似属于会计政策变更，但并不属于会计政策变更。

第一，本期发生的交易或事项与以前相比具有本质差别而采用新的会计政策。例如，企业以往租入设备都是采用经营性租赁形式，并采用了经营租赁会计处理方法。当年租人新的设备，或者续租原设备，从租赁期、租金的计算以及租赁期满时设备的处理因素考虑，都属于融资租赁，因而采用了融资租赁会计处理方法。由于新的租赁合同或续租合同与以前的合同相比，已经发生了本质变化，从经营租赁变为融资租赁，在这种情况下改变会计处理方法，企业实际上是为新的交易或事项选择适当的会计政策，并没有改变原有的会计政策，不属于会计政策变更。

第二，对初次发生的或不重要的交易或事项采用新的会计政策。例如，企业以前没有涉足建造合同业务，当年承接的建造合同属于首次发生的交易事项，因而企业采用完工百分比法进行核算并不是会计政策变更。至于对不重要的交易或事项采用新的会计政策，不按会计政策变更作出会计处理，并不影响会计信息的可比性.. 不影响会计信息质量，所以，也不作为会计政策变更。

(3) 会计政策变更的会计处理方法

会计政策变更的会计处理方法有两种：追溯调整法和未来适用法。

1) 追溯调整法

追溯调整法，指对某项交易或事项变更会计政策时，如同该交易或事项在初次发生时就开始采用新的会计政策，并以此对相关项目进行调整的方法。但这并不意味着按新的会计政策调整以前会计期间的账簿和报表。追溯调整法的核心就在于计算确定会计政策变更的累计影响数。因而在采用追溯调整法时，应当将会计政策变更的累积影响数调整变更年度的期初留存收益，会计报表的其他相关项目的期初数也应一并调整，但不需要重编以前年度的会计报表。

如果提供比较会计报表，对于比较会计报表期间的会计政策变更，应当调整比较期间各期的净损益和有关项目，就像该政策在比较会计报表期间一直采用一样；对于比较会计报表期间以前的会计政策变更的累积影响数，应当调整比较会计报表最早期间的期初留存收益，会计报表其他相关项目的数字也作相应调整。

追溯调整法的运用通常包括以下步骤：

第一步，计算确定会计政策变更的累积影响数；

第二步，进行相关的账务处理；

第三步，调整会计报表相关项目；

第四步，附注说明。

其中，会计政策变更的累积影响数，是指按变更后的会计政策对以前各期追溯计算的变更年度期初留存收益应有的金额与原有的金额之间的差额。留存收益金额，包括法定盈余公积、任意盈余公积，以及未分配利润各项目，不考虑由于损益的变化而应当补充分配的利润或股利。

上述变更会计政策当年年初原有的留存收益，即为上年资产负债表所反映的留存收益年末数（不考虑因会计差错等原因对年初数的调整）>，可以从上年资产负债表项目中获得。需要计算确定的是第一项，即按变更后的会计政策对以前各期追溯计算，得到新的年初留存收益金额。上述留存收益金额，都是指所得税后的净额。按新的会计政策计算留存收益时，应当考虑由于损益变化所导致的补计所得税或减计所得税。

会计政策变更的累积影响数，可以通过以下几个步骤计算获得：

第一步，根据新的会计政策重新计算受影响的前期交易或事项；

第二步，计算两种会计政策下的差异；

第三步，计算差异的所得税影响金额；

第四步，确定以前各期的税后差异；

第五步，计算确定会计政策变更的累积影响数。

例：A 公司于 2014 年 1 月 1 日对 B 公司投资 900000 元，占 B 公司有表决权股份的 30%，由于 B 公司的另一投资者所占股份为 70%，因此 A 公司采用成本法核算该投资。2007 年 1 月 1 日，由于 B 公司的 70% 股份分散，A 公司一跃成为 B 公司的最大股份持有者，比例仍为 30%，此时，A 公司对该项投资应采用权益法核算。A 公司与 B 公司适用的所得税税率均为 33%。A 公司按净利润的 10% 提取法定盈余公积，按净利润的 5% 提取法定公益金。假定不考虑股权投资差额。

B 公司 2014、2015、2016 年的净利润以及 A 公司于 2014、2015 年从 B 公司分得现金股利如表 6–12 所示。

表 6–12　　单位：元

年度	B 公司税后利润	A 公司确认的投资收益（按成本法计算）
2014	200000	20000
2015	100000	15000
2016	–500000	0
合计	250000	35000

会计政策变更的会计处理如下：

第一步，计算确定会计政策变更的累积影响数。

本例中，会计政策变更的累积影响数列表计算如表 6–13 所示。

第二步，进行相关的账务处理。

调整会计政策变更累积影响数，

表6-13 累积影响数计算表 单位：元

年度	按原会计政策确认的投资收益	按变更后的会计政策计算的投资收益	所得税前差异	所得税影响	累积影响数
2014	20000	60000	40000	0	40000
2015	15000	30000	15000	0	15000
2016	0	-15000	-15000	0	-15000
合计	35000	75000	40000	0	40000

借：长期股权投资——B 公司 40000

　贷：利润分配——未分配利润 40000

调整利润分配，

借：利润分配——未分配利润（40000×15%） 6000

　贷：盈余公积 6000

第三步，调整会计报表相关项目。

企业在会计政策变更当年，应当调整资产负债表年初留存收益数，以及利润及利润分配表上年数栏有关项目。

A 公司在编制 2017 年度会计报表时，应连调整资产负债表年初留存收益数、长期股权投资数，即调整盈余公积金 6000 元，调整未分配利润 34000 元，调增长期股权投资 40000 元。同时调增上年利润及利润分配表中的投资收益、年初未分配利润，即调整投资收益一 15000 元，调增年初未分配利润

46750 元［（40000+15000）×（1-15%）］。报表列示如表 6-14、表 6-15 所示。

表6-14 资产负债表（局部）

编制单位：A 公司　　2017 年 12 月 31 日　　单位：元

资产	年初数			负债和所有者权益	年初数		
	调整前	调增（减）	调整后		调整前	调增（减）	调整后
长期股权投资 ……	900000 ……	40000 –	940000 ……	盈余公积 未分配利润	76935 133065	6000 34000	82935 167065

2）未来适用法

未来适用法，指对某项交易或事项变更会计政策时，新的会计政策适用于变更当期及未来期间发生的交易或事项的方法。采用未来适用法时，不需要计算会计政策变更产生的累积影响数，也不必调整变更当年年初的留存收益，只是在变更当年

采用新的会计政策。根据披露要求，企业应计算确定会计政策变更对当期净利润的影响数。未来适用法主要适用于以下两种情况：①政策变更后很难对以前的数字进行调整；②会计档案散失，历史资料无从查找。

表6–15 利润表（局部）

编制单位：A 公司　　2013 年度　　单位：元

项目	上年数		
	调整前	调增（减）	调整后
三、营业利润	1020000	–15000	1005000
加：营业外收入	100000		100000
减：营业外支出	70000		70000
四、利润总额	1050000	–15000	1035000
减：所得税	346500		346500
五、净利润	703500	–15000	688500
加：年初未分配利润	436500	46750	483250
六、可供分配利润	1140000	31750	1171750
减：提取法定盈余公积	70350	–1500	68850
提取法定公益金	35175	–750	34425
七、可供股东分配的利润	1034475	34000	1068475
减：应付普通股股利	901410		901410
八、未分配利润	133065	34000	167065

例 2C 公司原对发出存货采用先进先出法，由于物价持续上涨，公司从 2017 年 1 月 1 日起改用加权平均法。2017 年 1 月 1 日存货的价值为 500000 元，年度内公司购入存货实际成本为 340000 元，2017 年 12 月 31 日按加权平均法计算确定的存货价值为 480000 元，当年销售额为 500000 元，假定该年度其他费用为 120000 元，所得税税率为 33%。2007 年 12 月 31 日按先进先出法计算的存货价值为 540000 元。

C 公司由于经济环境发生变化而改变会计政策，假定对其采用未来适用法进行处理，即对存货采用加权平均法从 2017 年及以后才适用，不需要计算 2017 年 1 月 1 日以前按加权平均法计算存货应有的余额，以及对留存收益的影响金额。计算确定会计政策变更对当期净利润的影响数。如表 6–16 所示。

由于会计政策变更使公司当期净利润减少了 40200 元。

采用加权平均法计算的销售成本比采用先进先出法计算的销售成本多 60000 元，即（540000–480000）元 =60000 元

①先进先出法下计算的销售成本。

期初存货 + 购入存货实际成本 – 期末存货

=（500000+340000–540000）元 =300000 元

②加权平均法下计算的销售成本。

期初存货 + 购入存货实际成本 – 期末存货

=（500000+340000–480000）元 =360000 元

表6–16 当期净利润的影响数计算表 单位：元

项目	加权平均法	先进先出法
销售收入	500000	500000
减：销售成本	360000	300000
主营业务利润	140000	200000
减：其他费用	120000	120000
利润总额	20000	80000
减：所得税	6600	26400
净利润	13400	53600
差额	–40200	

（4）会计政策变更的会计处理方法的选择

对于会计政策变更，企业应当根据具体情况，分别采用不同的会计处理方法。

1）企业根据法律或会计准则等行政法规、规章要求变更会计政策。如果国家发布了相关的会计处理方法，则应当按照国家发布的相关会计处理规定进行。如果国家没有发布相关的会计处理办法，且会计政策变更的累计影响数能够合理确定，则采用追溯调整法进行会计处理。

2）由于经济环境和客观情况发生改变，为使会计信息更为可靠、更为相关而改变会计政策，且会计政策变更的累计影响数能够合理确定，则应当采用追溯调整法进行会计处理。

3）如果会计政策变更累积影响数不能合理确定，则无论何种原因变更会计政策，均采用未来适用法进行会计处理。

（5）会计政策变更的披露

企业应当在会计报表附注中披露会计政策变更的内容和理由、会计政策变更的影响数，以及累积影响数不能合理确定的理由。具体包括以下事项：

1）会计政策变更的内容和理由，主要包括：对会计政策变更的简要阐述、会计政策变更的日期、变更前采用的会计政策、变更后采用的新会计政策以及会计政策变更的原因。

2）会计政策变更的影响数，主要包括：采用追溯调整法时会计政策变更的累积影响数、会计政策变更对当期以及比较会计报表所列其他各期净损益的影响金额及比较会计报表最早期间留存收益的调整金额。

3）累积影响数不能合理确定的理由，主要包括累积影响数不能合理确定的理由以及会计政策变更对当期经营成果的影响金额。

二、会计估计及其变更

1. 会计估计

会计估计，是指企业对其结果不确定的交易或事项以最近可利用的信息为基础所作的判断。

会计估计的存在是由于经济生活中内在的不确定性因素的影响。企业的日常生产经营活动存在许多不确定因素，为了及时地反映企业的财务状况和经营成果，往往需要在交易和事项的结果最终确定之前予以确认和计量，这就需要对交易和事项的最终结果加以估计，这就是会计估计。另外，米用权责发生制厚则编制会计报表这一事项本身，也使得有必要估计未来交易或事项的影响。例如，企业按备抵法计提坏账准备时，需要根据债务单位的财务状况，运用以往经验，对坏账准备金额作出合理估计；确定固定资产折旧年限和净残值，需要根据固定资产消耗方式、性能、技术发展等情况进行估计，等等。这些项目不能精确地计量，而只能加以估计。由于交易或事项的最终结果的不确定性大量存在于会计实务中，可以说，估计已成为会计理论和会计实务的一大特征，并成为对会计师职业的挑战。因而运用合理的会计估计是会计核算的必需，并不会影响会计核算的可靠性。

2. 会计估计变更及其会计处理

（1）会计估计变更

进行会计估计时，往往以最近可利用的信息或资料为基础。但随着时间的推移、环境的变化，进行会计估计的基础可能会发生变化。由于最新的信息是最接近目标的信息，以其为基础所作的估计最接近实际。所以，进行会计估计应以近期的、可利用的信息或资料为基础。一旦发现进行会计估计的基础发生了变化，或者得到了新的信息，则需要对会计估计进行修订，这就是会计估计变更。会计估计变更并不表明原来的估计方法有问题或不是最恰当的，只是表明原有会计估计已经不能适应目前的实际情况而已。

通常，企业可能由于以下原因而发生会计估计变更：①赖以进行估计的基础发生了变化。例如，企业对某项固定资产进行了改良，使得该项固定资产的原始价值及使用寿命都得以提高，情况表明，该项固定资产以后年度的折旧金额应予以重新计算。②取得了新的信息、积累了更多的经验。如企业原根据当时能够得到的信息，对应收账款每年按其余额的3%。计提坏账准备。现在掌握了新的信息，判定不能收回的应收账款比例已达5%。，企业改按5%。的比例计提坏账准备。

（2）会计估计变更的会计处理

对于会计估计变更，企业应采用未来适用法。即在企业发生会计估计变更时，不需要计算变更产生的累积影响数，也不需要重编以前年度会计报表，只需对变更当期及以后期间采用新的会计估计进行处理。

例：D公司2015年12月31日购入的一台管理用设备，原始价值500000元，原估计使用年限为10年，预计净残值为40000元，按直线法计提折旧。现对其重新估计，于2017年1月1日将该设备的折旧年限改为7年，预计净残值为10000元，所得税税率为33%。

①D公司的管理设备已计提折旧1年，累计折旧46000元，固定资产净值454000元。2017年1月1日起，改按新的使用年限计提折旧，则每年折旧费用为：

（454000–10000）元 ÷（7–1）=74000元

②2017年12月31日，该公司编制会计分录如下。

借：管理费用 74000

　贷：累计折旧 74000

③这项会计估计变更对2015年净利润的影响数为：

（74000–46000）元 ×（1–33%）=18760元

这项会计估计变更使当年净利润减少18760元。

会计实务中，有时难以区分会计政策变更和会计估计变更。如果无法分清会计政策变更和会计估计变更，则应按会计估计变更进行会计处理。如企业原来按应收账款百分比法计提坏账准备，现在根据新的情况改按账龄分析法计提坏账准备。由于在改变坏账准备计提方法的同时，也改变了坏账准备的计提比例，前者属于会计政策变更，后者属于会计估计变更，两者结合在一起，故应按会计估计变更的会计处理方法进行处理，即采用未来适用法进行核算。

（3）会计估计变更的披露

企业应当在会计报表附注中披露会计估计变更的内容和理由、会计估计变更的影响数，以及会计估计变更影响数不能确定的理由。会计估计变更在会计报表附注中披露的内容包括以下事项：

1）会计估计变更的内容和理由，主要包括会计估计变更的内容、会计估计变更的日期以及会计估计变更的原因；

2）会计估计变更的影响数，主要包括会计估计变更对当期净损益的影响金额、会计估计变更对其他项目的影响金额；

3）会计估计变更的影响数不能确定的理由。

三、会计差错更正

1．会计差错概述

会计差错，指会计核算时，由于在确认、计量、记录等方面出现错误而导致会计信息失实的现象。即在会计核算时采用了不适当的确认、计量和记录方法。通常情况下企业可能由于以下原因而发生会计差错：

（1）会计政策使用上的差错

企业应当按照会计准则和会计制度规定的原则和方法进行会计核算。但是，企业在具体执行过程中，有可能由于各种原因而采用了会计准则等行政法规、规章所不允许的原则和方法。

（2）会计估计上的差错

由于经济业务中不确定性因素的影响，企业在进行会计核算时经常需要作出估计。但是，由于种种原因，会计估计会发生错误。例如，国家规定企业可以根据应收账款年末余额的一定比例计提坏账准备，企业有可能在年末多计提或少计提坏账准备，从而影响损益的计算。

（3）其他差错

在会计核算中，企业有可能发生除以上两种差错以外的其他差错。包括账户分类以及计算错误、期末应计项目与递延项目未予调整、漏记已经完成的交易、提前或延后确认收入、资本性支出与收益性支出相混淆、对事实的忽视和误用等。

会计差错有大小之分。非重大会计差错通常是指不足以影响会计报表使用者对企业财务状况、经营成果和现金流量做出正确判断的会计差错；重大会计差错一般是指金额比较大、足以影响会计报表使用者对企业财务状况、经营成果和现金流量做出正确判断的会计差错。通常某项交易或事项的金额占该类交易或事项金额的10%及以上，则认为是金额比较大的。例如，某企业提前确认未实现的营业收入占全部营业收入的10%及以上，则认为是重大会计差错。

会计差错有发现时间之分。有本期差错本期发现的，也有以前期差错本期发现的；发现时，有在上年度财务报告批准报出日之前发现的，有在其之后发现的。前期差错，是指由于没有运用或错误运用下述两种信息，而对前期会计报表造成省略或错报：①编报前期会计报表时预期能够取得并加以考虑的可靠信息；②前期财务报告批准报出时能够取得的可靠信息。前期差错通常包括计算错误、应用会计政策错误、疏忽或曲解事实及舞弊产生的影响，以及存货、固定资产盘盈等。

2．会计差错更正的会计处理

对于发生的会计差错，企业应当根据会计差错大小区分不同情况，分别采用不同的方法进行处理。

（1）本期发现的与本期相关的会计差错

对于本期发现的与本期相关的会计差错，不论是重大会计差错还是非重大会计差错，直接调整本期相关项目。例如，企业将本年度在建工程人员的工资计入了管理费用，则应将计入管理费用的在建人员工资调整计入工程成本；企业将本年度原材料的销售收入计入了营业外收入，则应将计入营业外收入的原材料销售收入调整计入其他业务收入。

例：2017 年 8 月，E 公司发现上月购入的一项管理用低值易耗品，金额为 4000 元，误记为固定资产，并已提折旧 150 元。

分析：这是一项本年发现的、属于本年发生的非重大会计差错，E 公司应在发现该项非重大会计差错时，直接调整发现当期的相关项目。

借：低值易耗品　4000

　贷：固定资产　4000

借：累计折旧　150

　贷：管理费用　150

（2）本期发现的与以前期间相关的非重大会计差错

企业本期发现的与以前期间相关的非重大会计差错，如影响损益，应当直接计入本期净损益，其他相关项目也应当作为本期数一并调整；如不影响损益，应当调整本期相关项目。

例：2017 年 12 月 31 日，F 公司发现 2016 年度的一台管理用设备多计提了折旧，金额为 1000 元。

分析：这是一事项属于本年发现的、上年发生的非重大会计差错，F 公司在发现时，应将多提的 1000 元折旧冲减当年的管理费用，同时，调整累计折旧的账面余额。

借：累计折旧　1000

　贷：管理费用　1000

（3）本期发现的与以前期间相关的重大会计差错

本期发现的与以前期间相关的重大会计差错，应采用追溯重述法进行会计处理。追溯重述法，是指在发现前期差错时，视同该项前期差错从未发生过，从而对会计报表相关项目进行更正的方法，其会计处理与追溯调整法相同。

本期发现的与以前期间相关的重大会计差错，如影响损益，应将其对损益的影响数调整发现当期的期初留存收益，这种调整一般通过“以前年度损益调整”账户进行，会计报表其他相关项目的期初数也应一并调整；如不影响损益，应调整会计报表相关项目的期初数。

在编制比较会计报表时，对于比较会计报表期间的重大会计差错，应调整各期间的净损益和其他相关项目，视同该差错在产生的当期已经更正；对于比较会计报表期间以前的重大会计差错，应调整比较会计报表最早期间的期初留存收益，会计报表其他相关项目的数字也应一并调整。

例：2017 年 12 月 31 日，G 公司发现 2016 年错将一笔该记为固定资产的资本性支出记作了收益性支出，金额为 120000 元，同时需补提该固定资产折旧 10000 元。2017 年适用所得税税率为 33%。该公司按净利润的 10% 和 5% 分别提取法定盈余公积金和任意盈余公积。

分析：这是一项本年发现的、属于上年发生的重大会计差错，应采用追溯重述法进行会计处理。上年错将资本性支出记为收益性支出，使得上年多计费用 110000 元（120000–10000）；少计所得税费用 36300 元（110000 × 33%）；少计净利润 73700 元；少计应交所得税 36300 元；少提法定盈余公积和任意盈余公积分别为 7370 元和 3685 元。假定税法规定允许调整应交所得税。

1）补记资本性支出

借：固定资产　120000

　贷：以前年度损益调整　120000

2）补提折旧

借：以前年度损益调整　10000

　贷：累计折旧　10000

3）调整应交所得税

借：以前年度损益调整　36300

　贷：应交税费——应交所得税　36300

4）将以前年度损益调整科目余额转入利润分配

借：以前年度损益调整　73700

贷：利润分配——未分配利润 73700

5）调整利润分配有关数字

借：利润分配——未分配利润 11055

贷：盈余公积——法定盈余公积 7370

——任意盈余公积 3685

6）调整报表（见表6-17、表6-18）

表6-17 资产负债表（局部）

编制单位：G公司 2017年12月31日 单位：元

资产	年初数			负债和所有者权益	年初数		
	调整前	调增（减）	调整后		调整前	调增（减）	调整后
固定资产	2000000	120000	2120000	应交税费	49500	36300	85800
减：累计折旧	400000	10000	410000	盈余公积	60000	11055	71055
固定资产净值	1600000	–	1710000	未分配利润	100000	62645	162645
……	……		……				

表6-18 利润表（局部）

编制单位：G公司 2017年度 单位：元

项目	上年数		
	调整前	调增（减）	调整后
减：管理费用	150000	—110000	40000
财务费用	90000	—	90000
三、营业利润	1110000	110000	100000
……	……	……	……
四、利润总额	1200000	110000	1310000
减：所得税	396000	36300	432300
五、净利润	804000	73700	877700
加：年初未分配利润	660000	—	660000
六、可供分配的利润	1464000	73700	1537700
减：提取法定盈余公积	120000	7370	127370
提取任意盈余公积	80000	3685	83685
七、可供股东分配的利润	1264000	62645	1326645
减：应付普通股股利	1164000	—	1164000
八、未分配利润	100000	62645	162645

对于年度资产负债表日至财务会计报告批准报出日之间发现的报告年度的会计差错及以前年度的非重大会计差错，应当按照资产负债表日后事项中的调整事项进行处理；年度资产负债表日至财务会计报告批准报出日之间发现的以前年度的重大会计差错，应当调整以前年度的相关项目。

（4）会计差错更正的披露

企业应当在会计报表附注中披露以下内容：

1）前期差错的性质；

2）逐个列报前期会计报表中受影响的项目名称和更正金额；

3）无法进行追溯重述的，说明该事实和原因以及对前期差错开始进行更正的时点、具体更正情况。

第七章　企业经营计划与市场营销管理研究

第一节　企业经营计划管理

一、企业经营计划的特点

所谓经营计划，就是指企业根据社会需求和企业拥有的条件，在全面分析和预测企业经营环境变化的基础上，确定企业未来一定时间内的经营目标，并以提高经济效益为中心，编制实现经营目标的各项具体计划，作为指导企业全体职工进行生产经营活动的行动纲领。它具有以下三方面的显著特点：

（1）经营计划是指导企业生产经营活动的综合性计划。它对企业的供、产、销、活动进行统一计划、统一管理。计划的范围是企业生产经营活动的全过程。它是反映和指导企业全部生产经营活动的综合性计划。

（2）经营计划是以提高经济效益为中心的决策性计划。它对企业生产经营活动中的人、财、物等经营要素，进行统筹安排和合理利用，促使企业的生产经营活动既按时实现经营目标，又不断降低产品成本，提高经济效益。

（3）经营计划是以销售计划为起点。它在国家宏观调控下，以满足市场需求为目标，根据市场预测，制订销售计划、生产计划及其他专业计划。

二、企业经营计划的分类

1．按经营计划的期限分类

企业经营计划按经营计划的期限分类，见表7-1。

一般企业在任何时间，都应有三套计划，即年度计划，中期计划含年度计划之后二至五年，长期计划含中期计划之后五至十五年或至二十年（较长时间）的远景及可能目标。

表7-1　按经营计划的期限分类

类别	主要内容
短期计划	短期计划以一年为期，亦称年度计划。短期计划是一种营运计划
中期计划	中期计划以二年至五年为一期的计划。中期计划是一种发展计划
长期计划	长期计划以五年至二十年为一期的计划。长期计划是一种目标计划

2．按经营计划的作用分类

（1）经营战略计划。经营战略计划包括：①经营目的，企业为什么要存在、要发展；②经营方针，企业用什么办法存在、发展；③经营目标，企业如何获得发展、盈利。经营战略计划属于领导层编制的计划。

（2）经营战术计划。经营战术计划就是管理计划，有企业的、部门的、专门项目的三种，由相应的职能人员编制。

企业一般应该既有经营战略计划，又有经营战术计划。用经营战略计划把握宏观，用经营战术计划指导微观。

3．按计划范围分类

（1）综合计划。综合计划是部门计划的汇总，但绝不是部门计划的简单相加，而是综合平衡计划。

（2）部门计划。部门计划又分为：①单项计划，如开发新产品计划，引进技术计划等；②职能计划，按职能部门编制的计划，如生产、财务、人力、销售部门分别编制的计划。

企业一般应该既有综合计划，又有部门计划。用综合计划指导全面，用部门计划安排个别。

4．按经营计划的计量分类

（1）物量计划

物量计划就是用使用价值量计量并表现的计划，包括实物量和劳务量计划。这种计划比较直观，且不受物价的影响，但不同量纲的量不能汇总。

（2）价值量计划

价值量计划就是用货币量计量并表现的计划。这种计划不存在量纲差异的问题，容易汇总，但容易受物价的影响。

企业应该既有物量计划，又有价值量计划。用物量计划把握实际工作量的多少，用价值量计划计算收益的多少。

5．按经营计划的内容分类

企业经营计划按经营计划的内容分类，见表 7-2。

表7-2 按经营计划的内容分类

类别	主要内容
经济计划	经济计划是反映经营成果和经营效益的计划
生产技术计划	生产技术计划是为实现经济计划的生产技术配套计划
作业计划	作业计划是生产技术计划的分解落实和细化

企业应该既有经济计划，又有生产技术计划，还有作业计划，因为这三种计划的每一个下位计划都是上位计划实现的保证。没有下位计划，上位计划就是无源之水，无本之木。

这些分类不只是从一个角度看，事实上任何计划都有多角度性，如长期经营战略计划，短期经营战术计划，长期物量计划，短期价值量计划等。当然，企业编制何种计划，应该根据生产经营特点和企业状况决定。

三、企业年度经营计划的内容

年度经营计划是企业长期经营计划的具体化，包括企业计划年度内生产经营各个环节和各个方面的活动安排。它是企业全体职工在计划年度内进行生产经营活动的行动纲领。年度经营计划具体包括以下内容（见表 7-3）：

表7-3 年度经营计划具体内容

项目	主要内容
生产计划	主要规定企业计划期内生产的产品品种、数量、质量、生产进度、生产日期以及生产能力利用程度等。它是编制其他计划的依据，在企业经营计划中占主导地位
销售计划	主要规定企业计划期内销售产品的品种、数量、销售收入、销售利润及销售方式等。它是编制生产计划及其他计划的主要依据
生产技术准备计划	主要包括企业计划期内产品设计、工艺编制、工艺装备设计与制造、试制、鉴定等内容
物资供应计划	主要规定企业计划期内各种原材料、燃料、动力、工具及配件等物资需要量、合理的储备量及计划期内供应量、供应来源和期限等。它是编制成本材料计划的重要依据

续表

项目	主要内容
成本计划	主要包括企业计划期内生产和销售产品所支付的各种成本费用、单位产品成本、可比产品成本降低率等内容。它是编制财务计划的重要依据
财务计划	它包括现金收支计划、预计资产负债表和预计损益表。现金收支计划，它确定在计划期内需要的资金总量，需要资金的时间和需要资金的性质；预计资产负债表，它反映企业计划期内资金来源与资金运用分配状况；预计损益表，它反映企业计划期内的损益状况，如利润总额集中地反映了企业的财务成果。企业财务计划既是其他各项计划的综合反映，又是编制其他计划的依据
劳动工资计划	主要规定企业劳动生产率提高的程度，为完成生产计划所需要的各类人员的数量、职工的工资总额和平均工资水平等。它是编制成本计划的重要依据

企业年度经营计划除编制以上主要计划外，还可根据不同企业的经营特点及状况，编制质量计划、科研计划、产品开发计划、生产费用预算及成本计划、设备维修计划、技术改造计划等，通过编制年度经营计划，使企业内各种计划相互衔接，相互协调，形成一个完整的计划体系，指导企业计划期内生产经营活动的顺利进行。如图 7-1 所示。

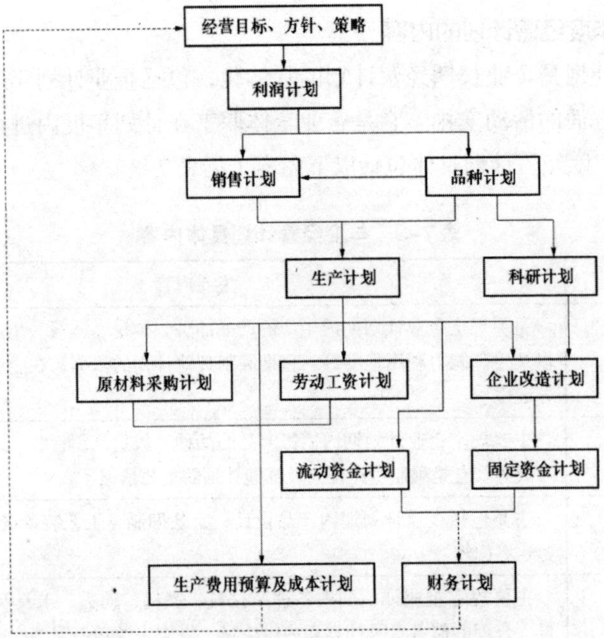

图7-1　企业年度综合经营计划结构示意图

四、企业经营计划的编制与执行

1. 企业经营计划的编制

（1）调查研究，进行企业经营状况分析

进行企业经营状况分析，主要包括市场状况、产品状况、竞争状况、分销渠道状况、宏观环境状况以及企业内部条件与之适应的程度分析等。通过调研，对企业经营状况进行分析，是制订经营计划的逻辑起点。目的是为深入地摸清市场为企业提供的机会与威胁，以及企业自己的优势与劣势，特别是摸清编制计划的限制性条件，能肯定的尽力予以肯定，对于不肯定的条件则尽量寻找随机概率，使之成为某种程度的肯定。具体地落实前提条件，对搞好计划工作有着重要意义。

（2）统筹安排，确定计划目标

确定计划目标的依据，首先是企业自身的要求，其次是企业的外部环境和内部条件。统筹安排就是对这三个方面进行协调。

通过统筹安排，确定经营计划的各项具体目标是编制计划的关键步骤。统筹安排要解决目标之间的协调。目标不论多少，不论主次位置，它们之间客观上存在着联系和制约关系，协调就是保持这种关系，使多种目标成为一个有机的整体。

统筹安排还要协调好企业当前与长远的关系。经营计划目标的具体内容，没有统一规定的标准模式，企业应依据编制经营计划的目的以及计划的综合程度而定。

（3）拟定可行方案，比较选优

目标确定后，下一步的工作是拟订达到目标的计划方案。实现任何一个目标，往往可以采取几种不同的办法，形成几个不同的方案。因此，计划编制工作在这一步的重点不是急于确定方案，而是提出多种方案以供选择比较。一般来说，对各种计划方案的反复比较是对方案的筛选过程。通过筛选选出少数几个方案，按照可行性原则，确定最优的或满意的方案为执行计划，这就叫决策。

按照决策的性质和决策问题的概率划分，决策可以分为确定性决策、不确定性决策和风险性决策。

1）确定性决策

确定性决策是指可供选择的每种方案的条件是已知的决策，主要方法有线性规划和盈亏平衡分析两种。

线性规划是指在一组约束条件下求得目标函数最大或最小值的方法。

盈亏平衡分析也称量本利分析法。它是一种研究业务量（产量、销售量、销售额）、成本和利润之间的函数关系，用来预测利润、控制成本、规划生产的一种分析方法，如图 7–2 所示。

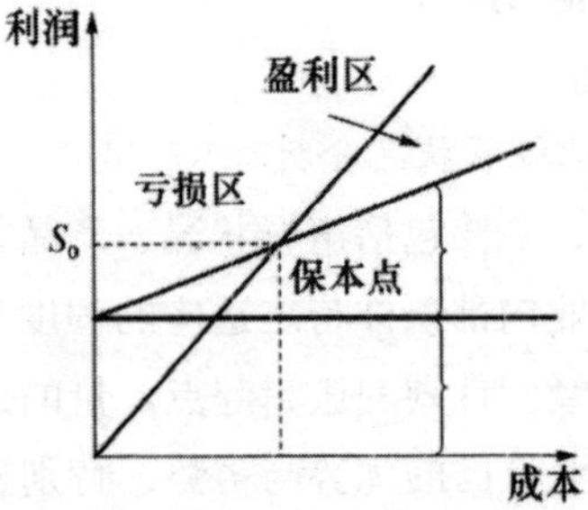

图7-2　盈亏平衡分析示意图

盈亏平衡分析的关键是确定盈亏平衡点（保本点），方法有产量法（求销售收入等于总成本时的产销量 Q_0）、销售额法（求销售收入等于总成本时的销售额 S_0）和临界收益法（求临界收益等于固定费用时的销售额 J_0）。当销售量或销售额超过保本点时，企业就将赢利；低于保本点时，企业将发生亏损。

2）不确定性决策

不确定性决策是指决策中存在着许多不可控制因素，而且各种方案的结果出现的概率又是未知的，只有靠决策者的经验确定一个主观概率而做出的决策。

不确定性决策主要采用悲观法、乐观法、后悔值法和折中法。

①悲观法。又称小中取大法，即将各方案最不利的自然状态概率视为 1，其他状态视为零，并以此为条件进行决策。其决策过程是找出每个方案在各种自然状态下最小损益值，取其中大者，其所对应的方案即为合理方案。采用悲观法体现了决策者的稳妥思想和谨慎行为。

②乐观法。又称大中取大法，即将各方案最有利的自然状态出现的概率视为 1，其他状态视为零，以此为条件进行决策。其决策过程是找出每个方案在各种自然状态下最大损益值，取其中大者，其所对应的方案即为合理方案。采用乐观法体现了决策者的勇敢和冒险精神。

③后悔值法。又称大中取小法，即以最小的最大后悔值作为判断方案优劣的准则。后悔值又称为机会损失值，指的是在一定的自然状态下由于未采取最好的行动方案，失去了取得最大收益的机会而造成的损失。其决策过程是先计算各方案在各种自然状态下的后悔值，列出后悔值表，然后找出每一方案在各种自然状态下后悔值的最大值，取其中最小者，其所对应的方案为合理方案。

④折中法。又称乐观系数法，它是把最有利和最不利状态的概率估计在 0 ～ 1 之间，使这两种状态成为具有互补关系的数值，那么就可以减少过于乐观或过于悲

观所造成的损失。其决策过程是先估计一个乐观系数 α，并用 α 对各方案中的最大损益值进行加权，再用（1-α）对该方案中的最小损益值进行加权，求出每个方案的期望值，然后选取最大期望值的方案为决策方案，数学表达式为：

$$E_i = \left[\alpha H_i + (1-\alpha) L_i\right] \max$$

式中　E_i——第i方案的期望收益值；

H_i——第i方案的最大损益值；

L_i——第i方案的最小损益值；

α——乐观系数，0<α<1。

3）风险性决策

风险性决策是指决策者对未来的情况无法做出肯定的判断，各方案执行都有不同结果，各种结果的出现都有一定的概率，无论选择哪个方案都有一定风险的决策。

风险性决策的数学模型如下：

$$E(i) = \sum_{j=1}^{n} p(j) \cdot s(ij)$$

式中　E（i）——第i方案期望值，是指各种概率条件下多次决策结果可得的平均数值；

s（ij）——当j状态发生时，与行动方案i有关的价值、赢利或报酬；

P（j）——状态j出现的概率，$0 \le p(j) \le 1, \sum_{j=1}^{n} p(j) = 1$。

风险性决策问题，可以借助于决策树这一工具来i行决策。因为它可以把未来情况及概率、收益值等可供决策的内容，简单直观地反映在图形上。通过计算，比较各决策方案在各种状态下的平均期望值，来选择期望值最大的方案。决策树模型及组成符号如图7-3所示，整个图形叫决策树。

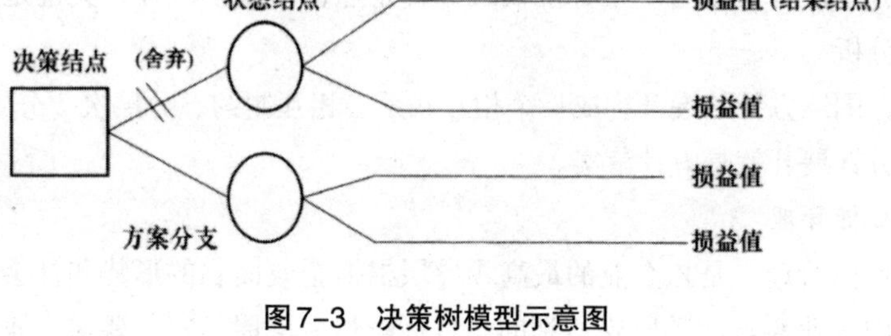

图7-3　决策树模型示意图

（4）综合平衡，确定计划草案

综合平衡，是使企业的供产销、人财物方面，企业的外部环境与内部条件之间，企业的生产技术与经营管理之间，在时间上要前后衔接，在空间上要相互协调。这是计划编制工作的最后一步，只要前几步工作做好了，匡算平衡已经基本做过，这一步工作就比较容易。但是，容易不等于不重要，也不等于只是简单的事务性计算工作。因为前几步工作总的讲是侧重于和企业外部环境的平衡，而且考虑较粗，因此难免有不周之处。企业内部各部门在落实计划过程中，必然会进一步暴露出衔接平衡中的许多矛盾。因此，综合平衡过程是进一步暴露矛盾、解决矛盾和落实计划的过程，甚至还会出现修改计划、调整目标的可能。

综合平衡的内容取决于计划的期限和综合程度。综合性的经营计划，平衡内容多些，单项性的经营计划，平衡内容少些；长期计划平衡可以粗一些，短期计划肯定性因素较多，平衡可以细一些。

以企业长期综合经营计划为例，平衡的内容可以包括各个计划目标之间的平衡，即利润、销售额、品种、质量、科研、生产能力增长、企业改造、资金等指标的平衡。短期计划应主要考虑产、供、销的平衡，各生产环节的能力及生产进度、数量的平衡。

2. 企业经营计划的执行

企业的经营计划中不仅有指标形式的经营目标，而且还有目标形式的经营目标（即用文字形式表示的）。这类计划如果不能顺利贯彻执行，就很可能落空，从现有的国内外经验看，贯彻执行这类计划的特殊方式是方针展开（即方针落实）和目标管理。

（1）方针展开

所谓方针展开，就是按照方针及目标的要求，对一切与执行方针有关的部门、单位，提出进一步具体的要求，使之形成一个系统，确保方针和目标的实现。由于各种方针内容不同，

所以方针展开并没有一个标准模式，各企业也不完全一样，关键是运用系统理论和系统分析

方法，围绕方针的展开构成一个相互联系、相互制约、分层次、分主次的系统。所以说，方针展开就是方针落实。

（2）目标管理

所谓目标管理，是指企业的最高领导层根据企业面临的形势和社会需要制定出一定时期内企业经营活动所要达到的总目标。然后层层落实，要求下属各部门主管

人员以至于每个员工根据上级制定的目标，分别制定目标和保证措施，形成一个“层层包保”的体系，并把目标的完成情况作为各部门或个人考核的依据。通过目标管理就可以对全体员工进行有效的管理，这主要是因为：目标管理为企业各级人员规定了目标；目标管理使对各级管理人员的考核有了客观标准；目标管理是分权制的结果；目标管理强调“自我控制”，没有方向一致的目标来指导每个人的工作，企业规模越大、人员越多时，发生冲突和浪费的可能性就越大。每个职工的目标，就是企业总目标对他的要求，同时也是这个职工对企业总目标的贡献。企业各级领导对下级的考核，也是依据这些分目标。如果每个职工和主管人员都完成了自己的分目标，则整个企业的总目标就有可能达到，企业战略就会成功实现。

五、企业经营计划的调整

企业经营计划在执行过程中还会发生变化，尤其是长期综合性的经营计划变动会更多。变动是一种正常现象，因为在编制计划时，不确定因素较多，往往存在着考虑不周的地方，加上企业外部环境变化多端，所以及时地、主动地调整计划是十分必要的。计划调整内容有小有大，从调整个别措施、策略、进度、项目、方针、目标，以至整个计划，甚至重新决策和计划。

计划调整有主动、被动之分。被动调整损失大，有时甚至形成事后追认，使计划失去指导作用。主动调整不仅损失小，而且往往会获得更好的收益。所以应当主动调整，而且是有计划地主动调整。

主动调整计划有两种方法：一种是滚动计划法，另一种是启用备用计划法。

滚动计划法，就是在编制计划时，逐年、逐季或逐月往后推移，连续滚动编制。既根据一定时期计划执行情况，又考虑到企业内外环境条件出现的变化，定期地调整修改原计划，并相应地再将计划顺延一个时期并确定顺延期的计划内容。其形式如图 7-4 所示。

滚动计划法虽然在计划编制方面工作量加大，但其优点十分明显。滚动计划法的优点是：①缩短了计划期，提高了准确性，能更好地保证计划的指导作用，提高了计划质量。②能使长期计划、中期计划和短期计划相互衔接协调，使各期计划基本保持一致。③大大增加了计划的弹性，这对环境激烈变化的今天尤其重要，它可以及时地预测环境的变化，并采取应对措施，从而提高企业的应变能力。

但是，有些单项性经营计划，如品种发展计划、企业改造计划，以及综合性经营计划，其变动因素及对计划的冲击影响不是表现在产量、销售额或进度的变动，而是涉及项目、方针甚至目标的变动。在这种情况下，滚动计划法就不适用了，应采用备用计划法。

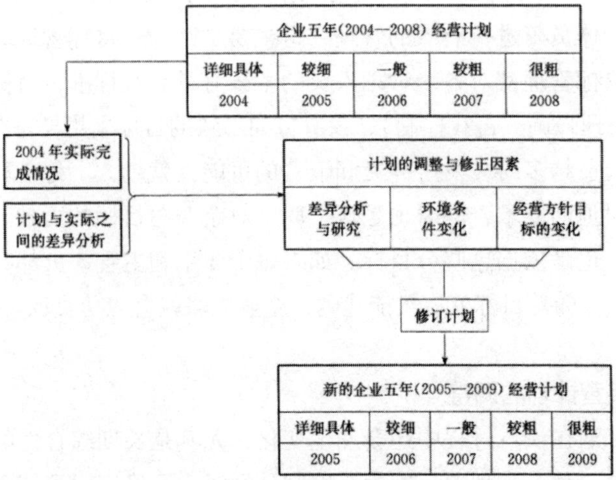

图7–4 滚动计划法示意图

启用备用计划法，就是在编制计划时，除正式计划之外，企业针对外部环境的变化趋势，对估计发生概率较高并对企业生产经营影响大的“意外事件”，拟订若干个备用计划或“应急计划”。当客观条件变化，原执行计划不适应时，应停止原计划，启用与客观条件相适应的备用计划，以应付这种变化。

六、网络计划技术

1. 网络计划技术的产生

网络计划技术的主要形式有关键线路法（CPM）和计划评审技术（PERT）。1957年，美国杜邦公司在新建生产线时，为了使该工程及早竣工投产，他们请兰德公司研究出一个有关编制计划和制订进度的方法，即关键线路法，使工期比原计划缩短了两个月。计划评审技术是1阳8年由美国海军特种工程局与布兹（Booz）、艾伦（Allen）和汉密尔顿（Hamilton）合伙经营的管理咨询公司为指导“北极星导弹工程”的计划与控制，而合伙设计出的一种管理技术。该技术使项目研究时间缩短了18个月。目前，网络计划技术已发展演变出许多分支，但其概念没有大的差异。

2. 网络计划技术的基本原理

网络计划技术是以网络的形式来编制计划，求得计划最优方案，并据以组织和控制生产，达到预定目标的一种计划管理的科学方法。网络计划技术的基本原理是：利用网络来表达计划任务的进度安排及其中各项工作（或工序）之间的相互关系，在此基础上进行网络分析，计算网络时间，找出关键工序和关键线路；并利用时差不断改善网络计划，求得工期、资源与成本的优化方案。在计划执行过程中，通过信息反馈进行监督与控制，以保证预定目标的实现。

3．PERT与CPM的比较

计划评审技术（PERT）和关键线路法（CPM）的基本原理，都是寻求经过网络时消耗时间最长的线路，并将这条线路作为对项目的计划和控制的基础。但是，两种网络计划技术形式存在着一定的差异，具体表现在：

（1）从网络结构上看，关键线路法采用的是结点式网络图，它以结点表示活动，箭线只是把各项活动连接起来，并表明其先后顺序和相互关系。这种图没有事项，也不必引用虚箭线。计划评审技术采用的是箭线式网络图，它以结点表示事项的开始或结束，以箭线表示活动，以结点编号代表一项活动名称。

（2）关键线路法和计划评审技术，最主要的差别是对活动时间估计方法不同。后者允许用概率的方法对时间进行估计，而前者只使用简单的统计方法。

4．网络图的组成

网络图的组成要素包括活动、事项和线路三部分（见表7–4）。

表7–4 网络图的组成

组成要素	具体内容
活动	是指一项具体的工作或工序，在网络图中用箭线（→）表示。活动一般要消耗一定的资源和时间。对于既不消耗资源，也不占用时间，只是表明前后工序间逻辑关系的活动，称为虚活动，用虚箭线（→）表示。作业时间写在箭线的下方，作业（工序）的代号写在箭线的上方
事项	表示某项活动的开始或结束，在网络图中用“○”表示。它是相邻两次活动的衔接点和分界点，故又称为结点，事项既不占用时间，也不消耗资源
线路	是从网络的第一个事项（又称“始点事项”）开始，顺着箭线方向，连续不断地到达最后一个事项（又称“终点事项”）的全部路程。线路中各项活动的作业时间之和就是该线路所需要的时间，称为路长。在一个网络图中，有许多条线路，其中最长的一条线路称做关键线路。关键线路所需要的时间，也就是完成整个计划任务所需要的时间

5．网络图的绘制规则

（1）网络图中不允许出现循环线路。在网络图中箭线是有方向性的，只能从左至右前进，否则会出现逻辑上的错误，使工作永远达不到终点。图7–5中，活动F应去掉。

（2）两结点之间只能有一条箭线，表示一道工序，如果两结点之间有几项活动平行进行，除一项活动可以直接相连接外，其余活动都必须增加结点和引用虚箭线予以分开。图 7–5 活动 H 应去掉。

（3）箭线的首尾都必须有结点。不能从一条箭线中间引出另一条箭线。图 7–5 中活动 J 应去掉。

（4）在一张网络图中：只允许有一个结点和一个终点结点。如图 7–5 中，箭线 I、G 不能去掉，否则将出现①、②两个始点结点，⑦、⑥两个终点结点。

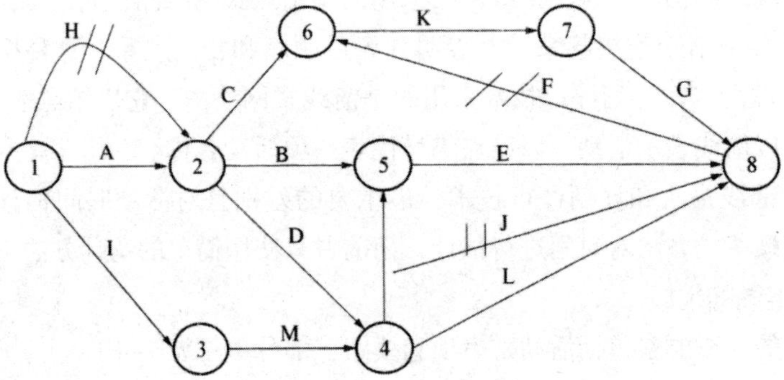

图7–5　网络图

（5）结点编号不允许重复使用，并满足箭尾结点编号小于箭头结点编号。

网络图中的正误画法见图 7–6。

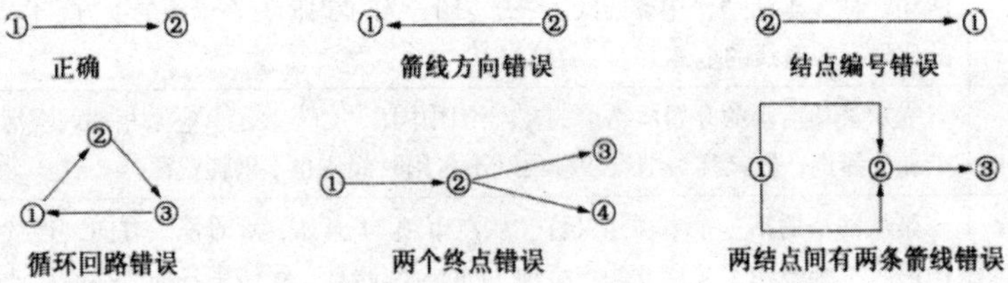

图7–6　网络图正误画法示例

6. 网络图的绘制方法

首先将计划任务根据工艺上或组织管理上的要求进行分解，列出全部活动（工序）明细表，然后，确定各项活动所需时间、先后顺序和相互关系，最后，根据绘制网络图的规则，采用顺推法和逆推法绘制网络图。

（1）顺推法。从网络的始点事项开始，为每一项活动确定其后续活动（紧后活动），直到最后一项活动的终点事项为止。

（2）逆推法。从网络图的终点事项开始，为每一项活动确定其先行活动（紧前活动），直到始点事项为止。

7. 网络时间计算

（1）活动的作业时间计算

活动的作业时间是指完成一项活动所必须占用的全部时间，用 t 表示。在实践中，活动的作业时间就是工序的定额时间。对于没有工时定额的作业，可采用三点估计法确定活动的作业时间。计算公式如下：

$$t = (a + 4m + b) / 6$$

式中　a——最乐观时间；b——最保守时间；m——最可能时间。

（2）结点时间计算

结点时间包括结点最早开始时间和结点最迟结束时间。

1）结点最早开始时间。是指从该结点开始的各项活动最早可能开始工作的时间，用 T_E 表示。在此时刻之前，各项活动不具备开工条件。每一结点的最早开始时间等于紧前结点的最早开始时间与两结点间活动的作业时间之和。当紧前结点不止一个时，取和数中最大值。其计算公式为：

$$TE_j = \max\left\{TE_i + t_{i.j}\right\}$$

式中　T_{Ej}——结点 j 的最早开始时间；$t_{i.j}$——结点 i 与 j 间活动的作业时间。

计算结点最早开始时间，由始点事项开始，由结点编号顺序由小到大进行。始点事项的最早开始时间假定为零。

2）结点最迟结束时间。结点最迟结束时间，是指以该结点为结束的各项活动最迟必须结束的时间。也是从该结点开始的各项活动最迟必须开始的时间，用 T_L 表示。结点最迟结束时间等于紧后结点的最迟结束时间与两结点活动的作业时间的差值。当紧后结点不止一个时，取差值的最小值。计算公式为：

$$T_{Lj} = \min\left\{TL_i - t_{i.j}\right\}$$

式中　T_{Li}——结点 i 的最迟 j 结束时间。

计算结点最迟时间由终点事项开始，逆结点编号顺序进行，终点事项的最迟结束时间假定等于其最早开始时间。

（3）活动时间的计算

活动时间，也称工序时间，其参数有 4 个，即活动的最早开始时间（T_{ES}）、最早结束时间（T_{EF}）、最迟开始时间（T_{LS}）、最迟结束时间（T_{LF}）。

1）活动的最早开始时间（T_{ES}）。是指该活动可能最早开始时间，它等于其箭尾结点的最早开始时间，即：

$$T_{ES}=T_E$$

2）活动的最早结束时间（T_{EF}）。是指该活动可能最早结束的时间，它等于该活动的最早开始时间与活动的作业时间之和，即：

$$T_{EF}=T_{ES}+t_{i,j}$$

3）活动的最迟结束时间（T_{LF}）。是指该活动最迟必须结束的时间，它等于箭头结点的最迟结束时间，即：

$$T_{LF}=T_L$$

4）活动的最迟开始时间（T_{LS}）。是指该活动最迟结束时间与活动的作业时间之差，即：

$$T_{LS}=T_{LF}-t_{i,j}$$

计算活动的最早开始时间和最早结束时间，应从网络始点事项开始，自左至右，用加法逐一计算；计算工序的最迟开始时间和最迟结束时间，应从网络终点事项开始，自右向左，用减法逐一计算。

（4）时差的计算

时差参数包括活动总时差、结点时差和线路时差三种：

1）活动总时差。是指在不影响整个计划任务完工时间的条件下，一项活动最迟开始时间与最早结束时间之差，用 R_{ij} 表示。其计算公式为：

$$R_{ij}=T_{LS}-T_{ES}=T_{LF}-T_{EF}$$

在网络图中，总时差为零的活动称为关键活动。

2）结点时差。指该结点最迟结束时间与最早开始时间之差用 R_i 表示。其计算公式为：

$$R_i=T_{Li}-T_{Ei}$$

在网络图中，结点时差等于零的结点称为关键结点。

3）线路时差。指该线路延续时间与关键线路延续时间之差的绝对值。把关键结点与关键活动连接起来，就是关键线路。关键线路是网络图中所有线路和延续时间最长者，即是计划任务的工期。欲缩短工期，必须缩短关键线路的延续时间，这首先要从关键活动上采取措施，还可以从非关键线路的活动中抽调人力和物力补充到关键活动中。

（5）网络时间的计算方法

进行网络时间的计算，可以用电子计算机和人工计算两种方式。人工计算方式通常有图上计算法和表上计算法两种。

1）图上计算法。就是根据网络时间计算公式，在网络图上直接进行时差的计算。并把计算结果注明在网络图的结点上。通常将结点最早开始时间记在“□”内，将结点最迟结束时间记在“△”内。当“□”中数值等于“△”中数值时，该结点为关键结点。把所有关键结点连接起来，即为关键线路。如图 7–7 所示。

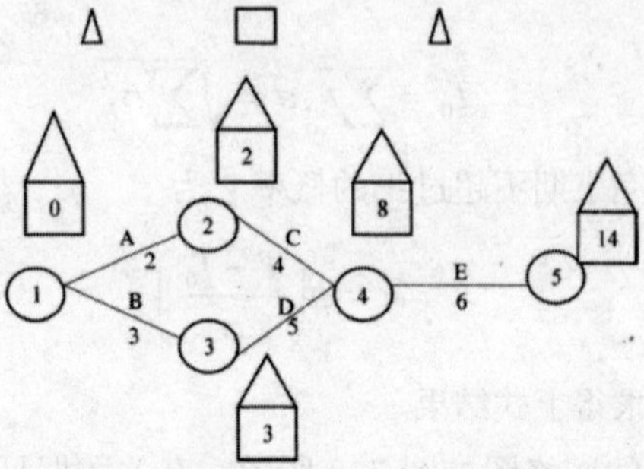

图7–7　网络时间的图上计算法

2）表上计算法。就是根据网络时间计算公式和各项活动的有关资料，在预先设计好的表格上进行计算。见表 7–5。

表7–5　表上计算法计算过程

工序代号	结点编号		作业时间	T_{ES}	T_{LS}	T_{EF}	T_{LF}	时差 R_{ij}	关键线路
	i	j							
A	①	②	2	0	2	2	4	2	
B	①	③	3	0	0	3	3	0	υ
C	②	④	4	2	4	6	8	2	
D	③	①	5	3	3	8	8	0	υ
E	④	⑤	6	8	8	14	14	0	υ

关键路线为①→③→④→⑤，路线长为 14 天。

（6）工期的概率分析

关键线路确定后，工期就确定了。但在利用三点估计法确定活动的作业时间的情况下，还要对工期进行概率分析，即确定工期的概率分布，进而确定按某工期完成任务的可能性。

根据数理统计知识，网络图中各项活动时间服从 β 分布规律，其时间的平均值 $\overline{t_i}$ 和标准差 σ_i 的计算公式如下：

$$\overline{t_i}=(a+4m+b)/4, \sigma_i=(b-a)/6$$

在关键线路所包括的活动充分多的情况下，根据大数定律，可认为工期（即关键线路长）是服从正态分布 σ（T_0σ）的。均值 T_0 就是关键线路上的各项活动的作业时间平均值的和。标准差 σ 即为关键线路上各项活动的作业时间的标准差的平方和的方根。即：

$$T_0=\sum\overline{t_i}, \sigma=\sqrt{\sum\sigma_i^2}$$

根据正态分布，完工期不超过 T 的概率 P 为

$$P=\varphi\left(\frac{T-T_0}{\sigma}\right)$$

可查正态分布表求得上式结果。

例：某网络问题的网络图如图 7–8 所示，有关数据见表 7–6，若规定工期分别不超过 25 天，23.7 天和 21 天，试求其实现的可能性（概率）。

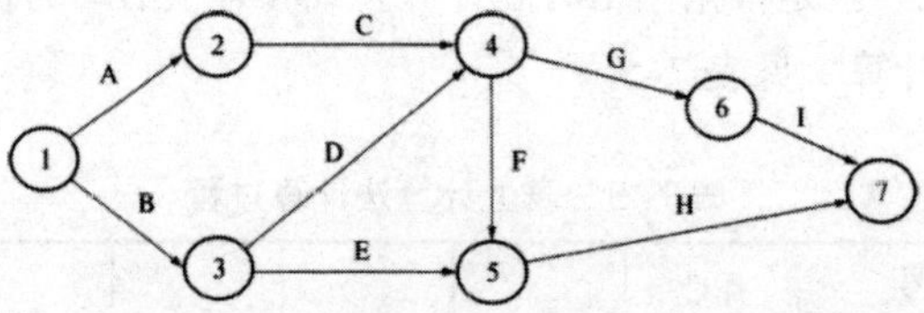

图7–8　某网络问题网络示意图

表7–6　表上作业法计算过程

工序	a	m	b	$\overline{t_i}$	σ_i^2	T_{ES}	T_{LS}	R_i
A	2	3	9	3.8	1.36	0	3.4	3.4
B	2	4	10	4.7	1.77	0	0	0
C	3	5	9	5.3	1	3.8	7.2	3.4
D	5	8	10	7.8	0.69	4.7	4.7	0

续表

工序	a	m	b	$\bar{t}_i$	σ_i^2	T_{ES}	T_{LS}	R_i
E	1	5	10	5.2	2.25	4.7	14.3	9.6
F	5	7	9	7	0.44	12.5	12.5	0
G	4	5	7	5.2	0.25	12.5	13.8	1.3
H	1	4	8	4.2	1.36	19.5	19.5	0
I	2	5	6	4.7	0.44	17.7	19	1.3
Σ				23.7	4.26			

从表 7–6 中看出，关键路线为 B → D → F → H。工期 T_0=23.7 天，工期的标准差 $\sigma=\sqrt{4.26}\approx 2$。

当 T=25 天时，$P_i=\varphi(\frac{25-23.7}{2})$ =0.74，即工程完工期不超过 25 天的可能性为 74%。

当 T=23.7 天时，$P_i=\varphi(\frac{23.7-23.7}{2})$ =0.5，即工程完工期不超过 23.7 天的可能性为 50%。

当 T=21 天时，$P_i=\varphi(\frac{21-23.7}{2})$ =0.08，即工程完工期不超过 21 天的可能性为 8%。

8．网络计划的优化

（1）时间—成本优化

时间—成本优化，就是按照计算规定的工期规划最低成本，或者根据最低成本的要求寻求最佳工期，寻求工期与成本的最佳配合，以提高经济效益。

1）时间—成本优化的原理

产品（或工程项目）的成本可按费用计入成本的方式分为直接费用与间接费用。这两种成本费用与工期存在着一定的函数关系。一般地，缩短工期会引起直接费用的增加和间接费用的减少；相反，延长工期会引起直接费用的减少和间接费用的增加。时间一成本优化，就是要寻求总成本费用最低的工期。

经分析得知：直接费用对工期的变化反应灵敏，间接费用受其影响较小，因而，在网络优化中，我们着重分析直接费用与工期的关系。

为了简化计算，我们假定直接费用与工期呈线性关系。该直线的斜率，被称为单位时间直接费用变动率，用 K 表示，其计算公式为：

$$K=\frac{C_M-C_N}{T_N-T_M}$$

式中　C_M——极限费用（赶工费用）；

C_N——正常费用；

T_M——极限工期（赶工工期）；

T_N——正常工期。

正常费用，是指工期延长到一定程度，直接费用不能再随之下降时的费用。对应于正常费用的工期称为正常工期。

极限费用，也称赶工费用，是指当工期缩短到一定程度，即使再增加直接费用，工期也不能缩短时的费用，这时对应的工期称为极限工期或赶工工期。

K 值的大小，说明该活动的直接费用随工期变化而变化的情况。K 越大，该活动直接费用随工期变化的幅度越大。这就为时间—成本优化提供了依据，即一方面要缩短关键活动的作业时间，另一方面又要缩短那些赶工费用率低的关键活动的作业时间，以便得到最佳的费用与工期配合。

2）时间—成本优化的步骤

①绘制网络图，并按活动的正常作业时间计算网络时间，确定关键线路。

②计算正常作业时间条件下关键线路对应的总成本费用。其计算公式为：

总成本费用 = 直接费用 + 间接费用

式中，直接费用为各项关键活动正常费用之和。间接费用为单位时间的间接费用与关键线路延续时间的乘积。

③计算各项活动的直接费用变动率（赶工费用率）。

④选取赶工费用率最低的关键活动作为赶工对象。

⑤确定赶工时间。赶工时间一方面不能超过该活动直接可以赶工的时间，另一方面该活动赶工后，该活动所在线路的路长不应小于其他线路的路长。

⑥寻找新的关键线路，计算赶工后，关键线路延续时间。

⑦计算赶工后关键线路对应的总成本费用。其计算公式为：

总成本费用 = 正常费用 + 赶工费用 + 间接费用

式中，赶工费用的计算公式为：

赶工费用 =Σ 直接费用变动率 × 赶工时间

⑧重复④至⑦步，经过多次优化，直到总成本费用不再下降为止。优化完毕，

计算总成本费用，确定最佳工期。

例如，某计划任务共有 7 项活动，如图 7–9 所示，其作业时间、费用见表 7–7。该计划任务的间接费用为 1 万元 / 周，按照上述步骤对该网络问题进行优化，其具体过程见表 7–8。

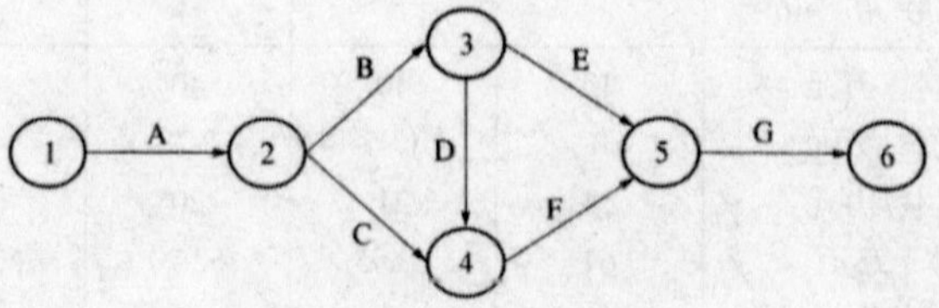

图7–9　某计划网络示意图

表7–7　网络优化过程

活动名称	紧前活动	作业时间 / 周		作业费用 / 万元		赶工费用率 / (万元 / 周)
		正常	赶工	正常	赶工	
Ⅰ	Ⅱ	①	②	③	④	⑤ = (④ – ③) / (② – ①)
A	–	6	5	5	7	2.0
B	A	3	1	4	5	1.5
C	A	8	4	6	9	0.75
D	B	4	3	3	5	2.0
E	B	5	3	8	11	1.5
F	C，D	7	4	10	12	0.65
G	E，F	3	1	4	6	1.0

表7–8　某计划任务作业时间、费用表

序号	线路	线路延续时间 / 周				
		正常	第一次优化	第二次优化	第三次优化	第四次优化
Ⅰ	ABEG ①→②→③→⑤→⑥	17	17	17	15	14
Ⅱ	ABDFG ①→②→③→④→⑤→⑥	23	20	[20]	[18]	17

续表

序号	线路	线路延续时间 / 周				
		正常	第一次优化	第二次优化	第三次优化	第四次优化
Ⅲ	ACFG ①→②→④→⑤→⑥	[24]	[21]	[20]	[18]	17
	正常成本 / 万元	40	40	40	40	40
	赶工成本 / 万元	0	1.95	2.70	4.7	6.70
	间接成本 / 万元	24	21	20	18	17
	总成本 / 万元	64	62.95	62.70	[62.70]	63.70
	赶工对象	F	C	G	A	
	赶工时间 / 周	3	1	2	1	

从表 7-8 上可看出，经过三次优化，总成本费用已达到最小，这时最小成本费用为 62.7 万元，总工期为 18 周，比正常作业条件下的工程费用节约 1.3 万元，总工期缩短 6 周。

第二节　市场营销管理

一、市场的概述

市场这一概念是随着商品经济的发展而逐步发展和完善的。传统的市场是指商品集聚于交换的场所，突出地点。现代市场是指在产品交换过程中供求关系的总和。这里所指的产品既包括各种有形的物质商品，也包括各种无形的产品，如劳务。供求关系包括买卖双方在商品交换中的表现及相互关系。

一般地说，市场应具备以下三个特征：

（1）市场起到沟通商品生产者和消费者的桥梁作用，是双方发生经济联系，转移价值和使用价值的必要条件。

（2）市场在一定的时间内，集中着若干种待出售的商品或劳务。这些商品或劳务，只有能满足顾客某一方面的需求，才能达成交易。

（3）从购买者的角度来看，市场必须具备消费者（消费团体或个人）、购买力和购买动机这三个因素。只有这三个因素同时具备并互相结合时，才能产生购买行为。

同时市场具有以下功能（见表 7-9）。

表 7-9　市场具有的功能

功能	具体内容
价值实现功能	商品的价值是人们在生产劳动过程中创造的，但其价值的实现则是在市场上通过商品交换来完成的。任何商品都会受到市场的检验，市场是工商企业营销活动的试金石。市场状况好，商品能顺利地在买者和卖者之间转换，最终送到消费者手里实现消费，价值才能最后实现
供给功能	这是指市场上商品运输和储存的活动。商品运输是商品实体借助于运输力量从生产场所转移到销售场所；商品储存是商品在流通过程中的短暂停滞。商品运输和储存是商品流通过程的重要环节，是商品的实体运动。通过上述活动可以实现商品在时空上的转移，以保证市场商品的及时供应
交换功能	这是指通过市场进行商品收购和商品销售活动，能实现商品所有权与货币持有权之间的互相转移，最终把商品送到消费者手里，使买卖双方都得到满足。也就是说，通过市场进行交换，能把生产者和消费者联系起来，实现经济上的结合
服务功能	这是为保证交换和供给等功能所必需的各种服务手段，如资金融通、市场情报收集、风险承担等。相应的各种服务于市场的设施和机构，如银行、咨询、信托、保险等都应运而生，为市场营销、商品流通提供种种便利，对市场活动的顺利展开起到积极促进作用
调节功能	市场的调节功能是通过价值规律、供求规律和竞争规律来体现的。人们从市场上得到有关市场供求、市场价格和市场竞争情况的信息反馈后，可以通过一定的调节手段和措施使生产的商品适应市场的需求
反馈功能	市场是洞察商品供求的窗口，它好像是一种示波器，以它特有的信息反馈功能把供求正常和供求失调的信息反馈给生产经营者，以利于商品生产和流通的正常进行

我们再给市场的类型做一个简单的划分，见表 7-10。

表 7-10　市场类型表

划分条件	类型
国域界线	国内市场、国际市场
地理位置	城市市场、农村市场
构成要素	商品市场、资金市场、劳动力市场、技术市场、信息市场
商品用途	生活资料市场、生产资料市场
竞争形态	完全竞争市场、完全垄断市场、寡头垄断市场、垄断竞争市场

与市场有关的概念：市场容量，亦称市场潜量、市场机会。指一种商品在某一地区某一时期的最大潜在销售量，亦即最大可能销售量。市场容量是由该地区在特定时期的人口、购买力和购买动机共同决定的。也就是说，市场容量是以上述三个

因素为变量的函数，公式表达为：

市场容量 =f（人口、购买力、购买动机）

市场占有率，指在同一时间和同一城区内一个企业销售某种商品的数量占该商品市场销售总量的百分比。即：

$$某一商品市场占有率=\frac{某企业该商品销售量}{该商品市场销售量}\times 100\%$$

二、市场调查与预测

1．市场调查的内容与方法

市场调查的内容如下：

（1）市场需求和变化趋势的调查；

（2）购买动机和购买能力的调查；

（3）市场竞争调查；

（4）宏观经济调查；

（5）营销策略实施效果调查。

市场调查的方法如下：

（1）询问法。询问法是通过某种方式向被调查者询问问题而收集所需资料的一种调查方法。这是市场调查最常用的方法。询问法按其方式可分为个人访问、开座谈会、函件通讯调查、留置问卷和设置销售调查卡等几种。

（2）观察法。观察法是调查者身临调查现场进行观察，在被调查者毫无察觉的情况下，对其行为、反应进行调查或统计的一种方法。观察法通常有如下几种方式（见表 7–11）：

表7–11　观察法的观察方式

方式	具体内容
亲身经历法	调查人员以当事人的身份身临其境体验和观察，以了解真实情况
实际痕迹测量法	设顾客意见簿、用户要求联系簿，或广告附回条
直接观察法	调查人员直接到现场观察
行为记录法	在现场观察时并不向观察对象提出问题，通常可将仪器（录音机、录像机、照相机等）装在现场，以如实记录被观察者的行为

观察法的特点是使被调查者并不感到他正在被调查，或者被调查者并不介意自己的行为受到调查人员的观察。在这种情况下得到的资料比较真实可靠。但是使用

这种方法却不能了解被调查者的心理状态。

（3）实验法。在一个小的范围内，并在一定的条件下，对某种影响商品销售的因素进行实际试验，利用全面分析的结果指导未来的大规模推广。

（4）抽样法。是从需要调查的对象的总体中，抽取若干个体即样本进行调查，并根据调查结果推断总体的特征的一种调查方法。

2．市场预测

什么是预测？预测就是根据过去和现在估计未来，根据已知推断未知。市场预测是运用预测的科学原理与手段，对市场交换活动及其影响因素的未来发展状况及变化趋势做出估计与测算。市场预测是市场调查的发展与延续，是市场分析研究的结果。

根据市场预测的内容和任务不同，可以分为宏观市场预测和微观市场预测；根据预测的时间不同，可分为长期预测、中期预测、短期预测；根据预测的方法，可分为定性预测和定量预测。

市场预测是市场研究与市场营销活动中必不可少的环节，做好市场预测工作，对于企业市场经营的成败具有重要意义。

（1）通过市场预测，可以预见未来市场发展趋势，为企业制订战略目标和做出各种经营决策提供客观依据。

（2）通过市场预测，可以摸清消费者、用户对商品具体的需求（如品种、规格、花色、质量等）的趋向以及竞争对手的供货情况，使企业及时调整战略计划与战术策略，保持企业与环境的动态平衡，增强竞争能力。

（3）通过市场预测，可以提高企业经营的预见性和市场适应力，便于加强企业经营管理，提高企业经济效益。

市场预测的内容包括：市场需求、商品供给、市场占有率、产品的发展和产品价格变动的趋势。

市场需求预测的方法如下：

（1）定性预测法

定性预测法是主要依靠预测人员所掌握的信息、经验和综合判断能力，预测市场未来的状况和发展趋势。这种方法简单易行，特别适用于那些难以获取全面的资料进行统计分析的问题，因此应用广泛。定性预测法一般包括（见表 7-12）：

（2）定量预测法

定量预测法是利用比较完备的历史资料，运用数学模型和计量方法，预测未来的市场需求。定量预测基本上分为两类：一类是时间序列模式，另一类是因果关系

（回归分析）模式。

表7–12　定性预测的方法

方法	具体内容
销售人员综合意见法	销售人员综合意见法是企业要求其销售代表对产品未来需求做出估计的预测方法。如果企业熟知每个推销人员在预测时常有的片面性，那么修正的结果将是相当可信的原因在于推销人员毕竟较其他任何人都更熟悉、更接近顾客，从而也更能把握未来销售的发展趋势
市场试销法	市场试销法是在购买者并无具体购买计划或其购买意向变化无常，并且专家也难以估计的情况下，直接进行市场试销的一种市场预测方法。市场试销法特别适用于对新产品的销售预测和建立新的分销渠道的预测
购买者意向调查法	购买者意向调查法是在一组规定的条件下，通过向购买者了解，预测购买者可能买什么的方法。如果购买者意向非常明显时，愿意付诸实施，并能告诉调查者，此法特别有效。购买者意向调查法一般适用于对工业用品、耐用消费品以及新产品的需求的调查
专家意见法	专家意见法是指企业利用诸如经销商、分销商、供应商、营销顾问和贸易协会及其他一些专家的意见帮助预测未来需求的一种市场预测方法。过去专家意见法主要有两种—小组讨论法与单独预测集中法。现在应用较普遍的专家意见法是德尔菲法。其基本过程是：先由各位专家对所预测的未来发展趋势提出自己的估计和假设，经企业分析人员（调查主持者）审查、修改、提出意见，再发回到各位专家手中，这时专家们根据综合的预测结果，参考他人意见修改自己的预测，即开始下一轮估计。如此循环反复，直到各专家对未来的预测基本一致为止。德尔菲法的主要特点是：匿名性、反馈性和统计性

①时间序列分析法。时间序列分析法就是把观察或记录的一组统计资料，按照其发生的时间顺序，排列成的一组时间序列，然后对该序列进行统计分析或数学分析的一种统计方法。具体分析时又可分为：算术平均法、加权平均法、简单移动平均法、加权移动平均法、指数平均法等。

②回归分析法。回归分析方法是以事物发展的因果关系为依据，抓住事物发展的主要因素以及它们之间的相互关系，通过建立数学模型来进行预测，这也是经济预测和技术预测中常用的方法。

三、产品策略

1．产品组合策略

产品组合策略是指企业根据市场状况、自身资源条件和竞争态势对产品组合的广度、长度、深度和关联度进行不同组合的过程。一个企业产品组合决策并不是任意确定的，而应遵循有利于销售和增加企业的总利润的原则，根据企业的资源条件和市场状况进行灵活选择。

从静态的角度分析，可供选择的产品组合策略有：

（1）全线全面型策略。全线全面型策略是指企业着眼于向任何顾客提供其所需的一切物品的策略。采用这种策略的条件就是企业能照顾整个市场的需要。整个市场的含义可以是广义的，就是不同行业的产品市场的总体。也可以是狭义的，即某个行业的各个市场面的总体。广义的全线全面型产品组合策略就是尽可能地增加产品线的宽度和深度。不受产品线之间关联性的约束。例如，日本索尼公司经营范围从电视机、收录机、摄像机、VCD、DVD到旅行社、连锁餐馆、药房等，十分宽广。狭义的全线全面型产品组合策略，是提供在一个行业所必需的全部产品。如美国奇异电气公司，产品线很多，但是都和电气有关。全线全面型策略能较大限度地分散各种产品的经营风险，扩展企业的实力和声势，取得最大的市场覆盖面，最大限度地满足顾客的需要。一般大工业集团或大公司普遍采用这种策略。

（2）市场专业型策略。市场专业型策略是指企业向某个专业市场（某类顾客）提供所需的各种产品的策略。例如，以建筑业为产品市场的工程机械公司，其产品组合由推土机、翻斗车、挖沟机、起重机、水泥搅拌机、压路机、载重卡车等产品线所组成。这种产品组合策略重视各产品之间的关联程度与组合的宽度，而组合深度一般较小。它能使某一类顾客在某种消费上从一个企业获得全方位的满足，方便了顾客，扩大了销售。

（3）产品线专业型策略。产品线专业型策略是指企业集中某一类产品的生产，并将其产品推销给各类顾客的策略。例如，中国一汽集团公司专门生产各类小汽车，以满足不同顾客的需要，有普通型红旗轿车、独具风采的旅行车、别具一格的客货两用车、安全可靠的救护车、轻便快捷的交通指挥车、明亮舒适的豪华车、庄重典雅的礼宾车、标有不同长度的加长车等。该策略产品线数目少且各项目密切相关，产品品种丰富，分别满足不同顾客、不同用途的需要。

（4）有限产品线专业型策略。该策略与产品线专业型策略相比，不仅产品线数目少，且产品线内部的产品项目有限。它一般适合于经营条件有限的中、小型企业，这类企业以单一的市场或部分顾客作为目标市场。该策略产品组合宽度很小，深度有限，关联度较强。

（5）特殊产品专业型策略。特殊产品专业型策略是指企业根据自己所具备的特殊资源条件和技术专长，引进生产某些只有良好销路的产品项目的策略。该策略具有组合宽度极小，深度亦不大，但关联度极强的特点。所能开拓的市场是有限的，因其资源、技术特殊，能创造出特色产品，市场竞争威胁小，如生产某些特效药品、名酒、特殊用途的器械的企业就是采用这种策略。

（6）特殊专业型策略。特殊专业型策略是指企业凭其特殊的技术、需要，如提供特殊的工程设计、咨询服务、律师服务、保险服务等。

从动态的角度分析，可供选择的产品组合策略有（见表 7–13）：

表7–13 可供选择的产品组合策略

策略	具体内容
缩减产品组合策略	缩减产品组合策略指降低产品组合的宽度或深度，删除一些产品系列或产品项目
高档产品策略	高档产品策略是指在同一产品线内增加生产高档次、高价格的产品项目，以提高企业和现有产品的声望
扩大产品组合策略	扩大产品组合策略指扩大产品组合的宽度或深度项目，扩大经营范围，生产经营更多的产品以满足市场需要
低档产品策略	低档产品策略指在同一产品线内增加生产低档次、低廉价格产品项目，以利用高档产品的声誉，吸引因经济条件所限购买不起高档产品，但又羡慕和向往高档名牌产品的顾客

应该指出，无论采用高档产品策略或低档产品策略，都存在一定的风险。因为在中低档产品线中推出高档产品难以树立高档产品的独特形象，而在高档产品线中推出低档次产品，容易损害高档产品的形象。

2. 产品生命周期策略

（1）产品生命周期的概念

产品生命周期是指产品从进入市场到被淘汰退出市场为止的周期性变化过程。完整的产品生命周期可分为投入期、成长期、成熟期和衰退期四个阶段。通常表现为一条S形曲线，如图 7–10 所示。投入期是产品引入市场，销售缓慢成长的时期。在这一阶段因为产品引入引入市场所支付的生产成本和销售费用巨大，几乎不会获利。成长期是产品被市场迅速接受和利润大量增加的时期，因而竞争日趋激烈。成熟期是销售成长减慢的时期。为了对抗竞争，维持产品的地位，营销费用日益增加，利润稳定或下降。衰退期是销售下降的趋势增强和利润不断下降的时期。

（2）产品生命周期各阶段的营销策略

企业应根据产品各阶段的特点采取不同的营销策略：投入期应想办法尽快通过。成长期应尽可能地维持市场的成长势头。成熟期应系统地考虑市场、产品和营销组合的改进策略。衰退期应识别产品落伍的原因，确定是否放弃的决策。具体策略见表 7–14：

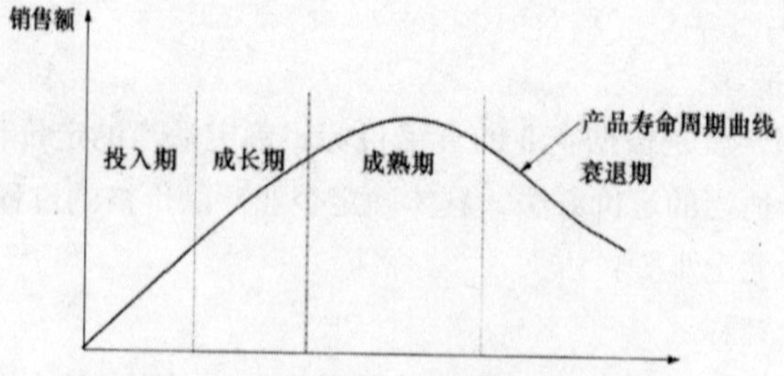

图7–10　产品生命周期曲线示意图

表7–14　产品生命周期特征与对策

		投入期	成长期	成熟期	衰退期
特征	市场需求状况	确认对新产品的需要，对新产品上市试销，其销售量非常低	需要量急剧增加，市场规模急速扩大，销售量快速增长	需要量横向发展，老顾客更换旧品，只有少数新的消费者，销售增长缓慢	由于新产品的出现，产品的销售每况愈下，销售量迅速下降
	市场抵抗	市场抵抗性强，开始展开试销，少数人使用	市场抵抗性弱，使用频率提高，也有再度购买的情况	无抵抗性，市场完全被开发，市场占有率呈巅峰状态	市场占有率降低，市场规模逐渐萎缩
	消费者	创新的顾客	市场大众	市场大众	延迟的顾客
	经销商	经销商虽存疑心，但开始尝试销售	经销商积极地销售，逐渐提高销售量	经销商已完全掌握市场。各自相互竞争	经销商兴趣降低，数量也剧减
	竞争者	竞争对象最少，竞争缓和	竞争对手增加，彼此竞争激烈	竞争对手最多，有的只好半途退出，非价格竞争非常激烈	竞争对手锐减，但尚有若干对手存在
	营销费用	推广费用高	推广费用低	推广费用高	推广费用低
	利润	无多少实际的收益	单位利润达到最高状态	单位利润稳定，总利润最大	总利润逐渐降低
对策	策略特征	市场扩张	市场渗透	防守占有率	酌情退出
	营销重点	产品知晓	品牌偏好	品牌忠诚	选择性
	产品	基本的	改进的	多变的	合理的
	价格	高价或低价	较低价	最低价	低价
	促销	信息培训	强调竞争差异	以提醒为导向	最小化促销
	分销	零星的	增加网点	网点最大化	尽可能减少网点

四、定价策略

1．定价的程序

所谓定价程序，就是根据企业的营销目标，确定适当的定价目标，综合考虑各种定价因素，选择适当的定价方法，具体确定企业产品价格的过程。一般来说．，企业定价程序可分为七个步骤：

（1）选择定价目标

企业的定价目标首先要从企业的营销目标出发，对市场商品供求状况、市场竞争状况以及定价策略和市场营销的其他因素综合考虑加以确定。企业营销目标不同，定价目标也就不同。

不同的企业可以有不同的定价目标，同一企业在不同时期、不同条件下也有不同的定价目标。

因此，企业在选择定价目标时，应权衡各种定价目标的因素和利弊，慎重地加以选择和确定。

（2）估算成本

根据企业营销能力，计算成本费用和销量界限。企业产品的成本费用，是制定产品价格的基础。产品价格高于成本，企业才能盈利。因此，企业定价必须估算成本。依照企业的产品成本与销售量的关系，可分为变动成本和固定成本两种。

1）变动成本。它是指在一定范围内随产品销量变化而成正比例变化的成本，如产品进价、进货费用、储存费用、销售费用等。变动成本包括变动成本总额和单位变动成本。变动成本总额是指单位变动成本与销量的乘积。单位变动成本是指单位产品所包含的变动成本平均分摊额，即总变动成本与总销量之比。

2）固定成本。固定成本也包括固定成本总额和单位固定成本。前者指在一定范围内不随销量变化而变化的成本，如固定资产折旧费、管理费等；后者指单位产品所包含的固定成本的平均分摊额，即固定成本总额与总销量之比，它随销量的增加而减少。

总成本即全部变动成本和固定成本之和。当销量为零时，总成本等于在营业时发生的固定成本。平均成本，指总成本与总销量之比，即单位产品的平均成本费用。企业获利的前提条件是价格不能低于平均成本费用。

（3）测定需求价格弹性

营销价格与商品供求关系密切，在一般情况下，价格与需求成反比方向变化，价格上升，需求减少；价格下降，需求增加。这是供求规律的客观反映。在实际工作中，不同产品价格对需求量的影响是不同的，对企业的总收入影响程度也不相同。

为此，我们要测定需求价格弹性。需求价格弹性，简称需求弹性，我们用 E_p 表示，其公式为：

$$E_p = \frac{需求变动百分百}{价格变动百分比}$$

$E_p=1$，反映数量与价格等比例变化；

$E_p>1$，反映数量的相应变化大于价格自身的变化；

$E_p<1$，反映数量的相应变化小于价格自身的变化。

数量与价格的关系见图 7–11。

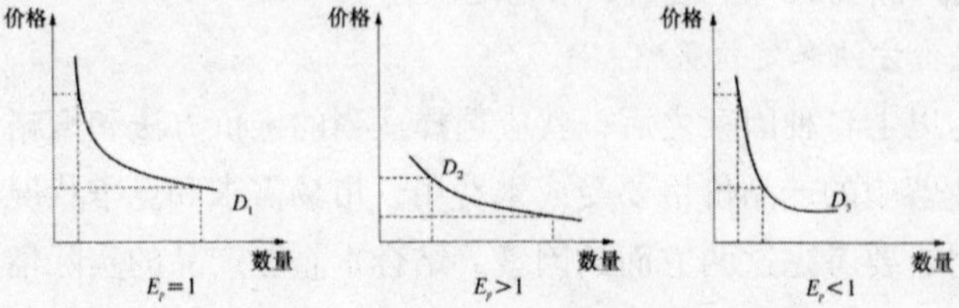

图7–11　三种需求弹性曲线示意图

需求价格弹性的强弱主要取决于以下影响因素：

1）商品的需求程度。需求价格弹性与商品需求程度成反比，生活必需品的需求程度高于一般商品，因而价格变化对其需求量的影响小。反之，一般商品需求量与价格的相关程度则较大。

2）商品的替代性。需求价格弹性与商品替代性成正比。某种商品替代性强，其价格增高会引起消费需求向其他可替代商品转移，反之亦然。这种需求转移加强了价格变动对该种商品需求量的影响。某种商品难以替代，消费者只能提高对价格变动的承受能力，致使需求量对价格的敏感程度下降。

3）商品的供求状况。需求价格弹性与商品供求状况的关系比较复杂。供不应求的商品，价格在一定限度内上升时，对其需求量影响不大，但当价格上升到一定限度后，会对需求产生较强的抑制作用，这时，这类商品的需求弹性会随价格的继续上升呈现由弱到强的变化。供大于求的商品，价格降低可吸引较低消费层次的需求，从而大幅度增加销售量，弹性较强。但如果供大于求是由于产品老化，或由于其使用性能不能达到标准要求，则必须大幅度降价才能带动需求量的增加，此时，单就降价所产生的影响程度而言，需求弹性较弱。

（4）了解国家有关物价的政策法规

企业了解和执行国家有关物价的政策法规，不仅可以明确定价的指导思想，利用其为企业服务，还可以避免不必要的损失。

（5）分析竞争者的价格

现实的或潜在的竞争，对企业的产品定价有着重大的影响。一般情况下，企业某种产品的最高价格取决于这种产品的市场需求量，最低价格取决于这种产品的单位成本费用。在这最高和最低价格幅度内，企业能把这种产品的价格水平定得多高，又取决于竞争者的同种产品价格水平的高低。企业的市场营销人员应通过对市场竞争状况进行广泛细致的调查分析，尽可能清楚地掌握影响竞争者定价的全部情况，并估计其对本企业产品定价的影响。预测竞争者对企业营销产品定价的反应，从而为本企业营销的产品确定一个适当的市场地位。

（6）选择定价方法和定价策略

在分析测定以上各种因素之后，就应选择适当的定价方法和策略以实现企业的定价目标。企业营销的产品价格要受成本费用、市场需求和竞争状况的影响。企业制定产品价格时，要考虑这两方面的因素，结合本企业产品的实际情况，选择适当的定价方法和策略。

（7）选定最后营销价格

最后营销价格是面向顾客的价格。在确定了产品的基本价格后，有时需要使用一些定价策略和技巧来使产品的价格更有吸引力。

以上七个步骤，比较明确地界定了企业定价的有关因素。此外，还应考虑其他方面的要求、意见和情况。

企业选定最后价格时，还须考虑消费者的心理，并考虑企业内部有关人员、经销商、供应商等对所定价格的意见，以及竞争对手对所定价格的反应等，以便使企业商品定价既能为顾客接受，又能为企业带来利益，有利于企业营销战略的实现。

2．产品定价方法

产品定价的具体方法，见表7–15。

表7–15　产品定价的具体方法

方法	主要内容
需求导向定价法	需求导向定价法是根据市场需求状况和消费者对产品的感觉差异来确定价格的方法。主要包括两种方法：其一是理解价值定价法，指企业以消费者对商品价值的理解度为定价依据，运用各种营销策略和手段，影响消费者对商品价值的认知，形成对企业有利的价值观念，再根据商品在消费者心目中的价值来制定价格的方法；其二是逆向定价法，是依据消费者能够接受的最终销售价格，逆向推算出中间商的批发价和生产企业的出厂价格

续表

方法	主要内容
竞争导向定价法	竞争导向定价法是指企业通过研究竞争对手的生产条件、服务状况、价格水平等因素，依据自身的竞争实力，参考成本和供求状况来确定商品价格的方法。其主要包括两种方法：一是随行就市定价法，就是将本企业产品价格保持在市场平均水平上，获取平均报酬的定价方法；二是投标定价法，就是以投标竞争的方式确定价格的方法
成本导向定价法	成本导向定价法是以产品单位成本为基本依据，再加上预期利润来确定的价格。主要包括两种方法。其一是成本加成定价法，就是把所有为生产某种产品而发生的耗费均计入成本的范围，再按一定的目标利润率来确定价格的方法；其二是盈亏平衡定价法，就是利用盈亏平衡原理确定盈亏平衡或达到一定利润水平时的价格的方法

五、分销渠道策略

1．分销渠道的作用

在现代市场经济条件下，大多数产品之所以都不是由生产者直接提供给最终消费者或用户的，在生产者和最终消费者或用户之间存在着大量的执行不同功能和具有不同名称的商人中间商和代理中间商，是因为生产者和消费者或用户之间客观上存在着一些矛盾：①空间分离的矛盾。如生产者集中而消费者分散，甲地生产乙地消费等。②时间分离的矛盾。有的产品是季节性生产长年消费，有的是长年生产季节性消费。③所有权分离的矛盾。拥有产品所有权的并不消费该产品，而需要该产品的又不拥有其所有权。④产品供需数量上的矛盾。大批量生产与小批量购买或零星购买之间的矛盾。⑤产品供需结构矛盾。产品生产的专业化与消费结构的多样化矛盾。这些矛盾只有通过中间商才能有效解决，因此，这些客观矛盾的存在决定了中间商存在的必要性。

利用中间商组织市场营销活动，不仅能够减少产品交易次数，提高工作效率，而且可以节省时间和人力的耗费，降低交易成本，提高经济效益。图 7–12 是使用中间商的经济效果图。从中我们可以直观地感受到中间商介入为制造商带来的好处。

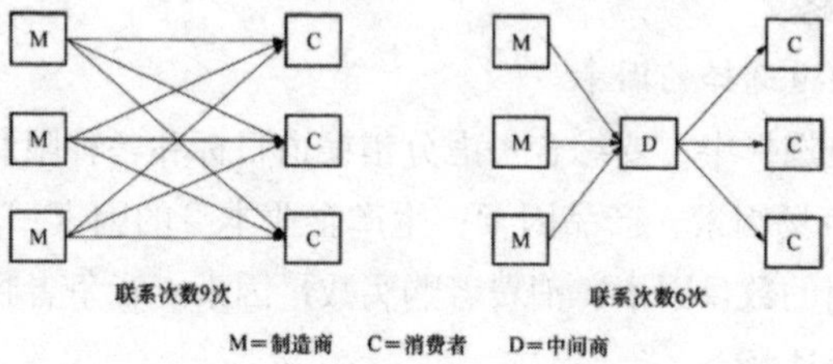

图 7–12　使用中间商的经济效果图

从图 7-12 中我们可以得知：如果不使用中间商，三个制造商和两个顾客之间将发生总共 9 次的交易行为；而使用了中间商后，交易行为只有 6 次，其经济效益显而易见。

2．分销渠道的类型

分销渠道可以按照不同的标志划分为以下不同的类型：

（1）按照企业的分销活动是否有中间商参与，可以将分销渠道分为直接渠道与间接渠道。

直接渠道也就是零层渠道，即制造商不通过任何中间商而直接将产品销售给消费者或用户。这种分销渠道主要用于产业市场的产品销售。

间接渠道是指产品从制造商向消费者或用户转移的过程中要经过一个或一个以上的中间商。这种分销渠道主要用于生活消费品的销售。

（2）按照流通环节或层次的多少，可分为长渠道和短渠道。

一般来说，产品从制造商向消费者或用户转移的过程中只通过一个中间环节的渠道称为短渠道，而将通过一个以上中间环节的渠道称为长渠道。这种划分，有利于营销人员集中考虑对某些中间环节的取舍，形成长或短，甚至是长短结合的多种渠道策略。

（3）按照渠道中每个层次的同类中间商数目的多少，可分为宽渠道和窄渠道。

宽渠道是指制造商同时选择两个以上的同类中间商销售产品。窄渠道是指制造商在某一地区或某一产品门类中只选择一个中间商为自己销售产品，实行独家经销。宽窄渠道各有优缺点，制造商往往根据其产品特点进行选择。一般来说，生产资料和少部分专业性较强或较贵重的消费品适合于窄渠道销售。

（4）按照制造商所采用的渠道类型的多少，可分为单渠道和多渠道。

单渠道是指制造商采用同一类型渠道分销企业的产品，渠道比较单一。多渠道是指制造商根据不同层次或地区的消费者情况，选用不同类型的分销渠道。

企业对分销渠道进行分析，目的在于选择有利于企业产品销售的分销渠道策略。

3．分销渠道策略

（1）影响分销渠道选择的因素

企业在分销渠道选择中，要综合考虑分销渠道目标和各种限制因素或影响因素，主要制约因素有：市场因素；产品因素；生产企业本身的因素；政府有关立法及政策规定因素；中间商的数目因素；消费者购买数量因素；竞争者状况因素等。

（2）分销渠道的选择

企业分销渠道的选择，不仅要求保证产品及时到达目标市场，而且要求选择的分销渠道销售效率高，销售费用少，能取得最佳的经济效益。因此，企业在进行分销渠道选择前，必须综合分析企业的战略目标、营销组合策略以及其他影响分销渠道选择的因素，然后再做出某些相关决策，如是否采用中间商，分销渠道的长短、宽窄，具体渠道成员等。

1）直接销售与间接销售的选择

这个问题实质上就是可否采用中间商的决策。显然中间商的介入对制造商以及社会带来很大的好处，但没有中间商介入的销售即直接销售也具有很多优点，如销售及时、节约费用、加强推销、提供服务、控制价格、了解市场等。另一方面，直接销售使产品的整个销售职能完全落在生产企业身上，完成这些职能的费用也完全由生产企业负担。事实上，生产量大、销售面广、顾客分散的产品（如啤酒、香烟等），任何企业都没有能力将产品送到每一个消费者手中，即使能送到也是不经济的，因此这些企业只能选择间接销售渠道。

从以上分析看，直接销售和间接销售各有利弊、各有其适用的条件和范围。企业在选择时，必须对产品、市场、企业营销能力、控制渠道的要求、财务状况等方面进行综合分析。一般情况是：大多数生产资料产品技术复杂，价格高，需要安装和经常的维修服务，用户对产品规格、配套、技术性能有严格要求，交易谈判需较长的时间，宜采用直接销售；有的大宗原材料用户购买量很大，购买次数少，用户数量有限，也宜采用直接销售。生活用品中一些容易变质的产品和时尚产品，以及价格昂贵的高档消费品，也可采用直接销售。除此之外，大多数生活资料以及一部分应用面广、购买量小的生产资料，宜采用间接销售。另外，在进行此类选择时，分销能力、财务、控制渠道的要求也必须考虑在内。例如，有的企业产品从产品与市场分析，应该采用直接销售，然而，因为销售力量太弱，或因财务困难，也不得不选用间接销售渠道。

2）分销渠道长度的选择

所谓分销渠道长度，是指产品从生产者到最终用户所经历的环节的多少，也就是渠道层次的数量。越短的分销渠道，制造商承担的销售任务就越多，信息传递越快，销售越及时，就越能有效地控制渠道；越长的分销渠道，中间商就越要承担大部分销售渠道职能，信息传递就越慢，流通时间越长，制造商对渠道的控制就越弱。制造商在决定分销渠道长短时，应综合分析制造商的特点、产品的特点、中间商的特点以及竞争者的特点加以确定。

3）分销渠道宽度的选择

可以选择的渠道宽度有这样几种类型：广泛分销策略，选择性分销策略，独家分销策略。

六、企业促销策略

促销决策是市场营销的一个重要内容，如何使企业生产或经营的产品的信息迅速传递给消费者，并有效地对消费者进行外部刺激，增强消费者需求强度，影响消费者购买决策过程，诱导消费者购买自己的产品，把潜在消费者转变为自己的现实消费者，这些都是企业促销策略的内容。

促销活动的实质是一种沟通、激发活动。在市场经济条件下，社会化的商品生产和商品流通决定了生产者、经营者与消费者之间客观上存在着信息的分离。企业生产和经营的商品性能、特点等顾客不一定知晓，从而要求企业将有关商品和服务的存在及其性能、特征等信息，通过声音、文字、图像或实物传播给顾客，增进顾客对其产品及服务的了解，引起顾客的注意和兴趣，帮助顾客认识商品或服务所能带给他们的利益，激发他们的购买欲望，为顾客最终做出购买决定提供依据。可以这样说，在市场日益广阔、供求关系日益复杂的社会主义市场经济条件下，促销活动体现了企业开拓市场、扩大销售、满足消费的主动精神、进取精神和创造精神。

促销策略见表 7–16。

表7–16　促销的具体策略

策略	具体内容
广告策略	广告是企业以付费的方式，为推销商品、服务或观念，通过各种媒介和形式向公众发布的有关信息。一般来说，广告目标可分为三种类型：通知型、劝说型和提醒型
营业推广策略	营业推广又称销售促进，它是指企业运用各种短期诱因刺激、鼓励消费者和中间商购买、经销或代理企业产品或服务的一种促销方式。常用的营业推广形式有优惠券、折扣、销售奖等
人员推销策略	人员推销是指企业通过派出人员或委托推销人员，亲自向目标顾客进行介绍、推广或宣传，以推销商品，促进和扩大销售。人员亲自履行寻找顾客、传递信息、推销商品、搜集信息、提供服务的职责

第八章　企业人力资源与财务管理研究

第一节　企业人力资源管理

一、人力资源管理概述

1．人力资源管理的概念

一个社会赖以存在、发展的资源无非是两个方面：一是物质资源，如土地、煤炭、石油等；二是人力资源。物质资源总是静态的、被动的，而人力资源是动态的、能动的。物质资源总是有限的，而人力资源则是无限的。真正起最终决定性作用的是人，是人力资源。

所谓人力资源，是指包含在人体内的一种生产能力，是表现在劳动者身上的、以劳动者的数量和质量表示的资源。它主要是指能够为社会创造财富、提供服务的劳动者。一般认为，人力资源包括三个方面的内容：①劳动者的体质，这是人力资源的自然基础；②劳动者的智力和能力，这是人力资源的核心部分；③劳动者的思想政治觉悟和道德水平，它决定着人力资源的发挥程度和方向。人力资源就是由劳动者的体质、智力和思想道德相互整合所形成的一种战略资源。

人力资源对经济起着生产性作用，它能够推动国民经济持续增长。它不同于一般的被动性的生产要素——自然资源，而是最活跃最积极的主动性的生产要素，即它是积累和创造物质资本，开发和利用自然资源，促进和发展国民经济，促进社会变革的主动力量。在马克思主义理论的视野内，人力资源的开发也是走向人的全面自由发展的必要步骤。

人力资源管理，就是指运用现代化的科学方法，对与一定物力相结合的人力进行合理的培训、组织和调配，使人力、物力经常保持最佳比例，同时对人的思想、心理和行为进行恰当的诱导、控制和协调，充分发挥人的主观能动性，使人尽其才，事得其人，人事相宜，以实现组织目标。

根据定义，可以从两个方面来理解人力资源管理，即：

（1）对人力资源外在要素—量的管理。对人力资源进行量的管理，就是根据人力和物力及其变化，对人力进行恰当的培训、组织和协调，使二者经常保持最佳的比例和有机的结合，使人和物都充分发挥出最佳效应。

（2）对人力资源内在要素—质的管理。主要是指采用现代化的科学方法，对人的思想、心理和行为进行有效的管理（包括对个体和群体的思想、心理和行为的协调、控制和管理），充分发挥人的主观能动性，以达到组织目标。

2. 人力资源管理的特点

人力资源管理的特点，见表 8–1。

表 8–1　人力资源管理的特点

特点	主要内容
时效性	人力资源的形成、开发和利用都要受到时间方面的限制。从个体角度来看，作为生物有机体的人，有其生命的周期，如幼年期、青壮年期、老年期，且各阶段的劳动能力有所不同；从社会角度来看，人才的培养和使用也有培训期、成长期、成熟期和老化期。因此，人力资源开发必须尊重其内在的规律性，使得人力资源的形成、开发、分配和使用处于一种动态的平衡中
能动性	人具有主观能动性，能够积极主动地、有目的地、有意识地认识世界、改造世界。在改造世界的过程中，人能通过意识对所采取的行为、手段及结果进行分析、判断和预测。由于人具有社会意识和在社会生产过程中所处的主体地位，使得人力资源具有了能动作用，所以说，人是生产力中最活跃的因素
社会性	人的行为方式与价值具有社会性，组织中的人不仅在生产过程中实现自身的价值，也在组织中的人际交往中获得社会需要的满足。社会性决定了对人力资源的管理还应关注员工态度、心理满足等方面的指标
智力性	人是科学文化的载体，这是人区别于其他资源的重要特征。人在改造世界时可以通过智力使自己的能力得以扩大，人的智慧还可以传播、积累，这种智力的继承和发展使人力资源所具有的劳动能力随着时间的推移，得以积累、延续、加强

3. 人力资源管理的重要观念

（1）人力是第一生产要素

从生产要素的组合来看，人类的生产活动实际上是劳动力与生产资料相结合的过程。在这一过程中，虽然人力资源和物力资源都是不可或缺的，但物是死的，人是活的；物是被动的，人是主动的。因此，在生产要素组合中，起决定作用的因素是人而不是物，人力资源应该是第一资源。所以，现代管理应该以人力资源管理为中心，以充分发挥人的积极性、主动性和创造性为根本。这不是要否认资金、设备的作用，而是强调只有在发挥人的作用前提下，资金和设备才能有效地发挥应有的作用。

（2）高素质人才是由粗放型向集约型经济转变的关键

从经济增长方式的转变来看，经济增长方式的转变是指经济增长由粗放型向集约型转变。集约型增长方式主要依靠高素质的劳动者最大限度地利用和发挥资本与技术的效用和潜力，实际上是以丰富的人力资本优势取代物质资本的优势。在这样的前提下，一个企业要提高生产率和经济效益，就不仅要重视自然资源、资本资源的有效利用，更要重视人力资源的开发和利用。因此，高素质人才是由粗放型向集约型经济转变的关键。

（3）"以人为中心"的理念是现代管理的精髓

管理理论的发展显示，由重视物的作用逐渐转向重视人的作用是管理发展的必然趋势。近年来西方国家的企业管理中对人力资源的重视程度越来越高。

4．人力资源管理部门的职能与组织

（1）人力资源部门与直线部门的职责划分

在直线经理的日常工作中，包含大量的人力资源管理活动，包括工作任务安排，下属的业绩评价与反馈，建议加薪，举荐下属，以及部门内部的人员开发。这些管理主要是针对其下属进行的。但是，除了在较小的公司，一般都存在一个直接负责人力资源管理活动的部门。在这种情况下，就有必要在直线部门和人力资源部门之间划分职责，确定各自的工作内容。在企业中，我们首先应当明确的是人力资源管理部是为直线管理服务的。具体地，二者之间的关系可以分为三类：服务、建议、控制（见表8–2）。

表8–2　人力资源部门与直线部门间关系分类

类型	内容
人力资源管理部的建议功能	人力资源管理部门就有关人力资源管理活动的方案、过程和技术向直线经理提供建议。这种建议可能采取不同的方式进行：它可能作为总体组织计划的一项投入（如果企业正在筹建一个新的工厂，人力资源管理部门将提供有关人力资源取得的信息）；也可能这一建议体现在对一项新计划的吸引力和可行性的建议，特别是那些有关员工福利状况的问题。在以上例子中，人力资源管理部门为直线经理的决策提供了重要的信息依据
人力资源管理部门的控制功能	这一功能体现在它能直接影响直线管理部门的决策，在这种情况下，人力资源部门能否决直线部门的决策，通常这主要是为了实现管理的公平性而做出的。比如说，在员工招聘中，人力资源管理部门向直线经理提供数个达到要求的求职者（服务），最终的决定权在直线经理手中。但如果直线经理在人员选择中，出现了明显的任人唯亲或性别歧视时，人力资源管理部门可以要求直线经理重新考虑录用决策，从而确保有关劳动法规在企业内部的实施

续表

类型	内容
有些人力资源管理活动是直接为直线经理服务的	例如，不同的雇佣法律、法规要求企业对其员工进行连续的工作经历与工作表现的记录，这一服务是由人力资源管理部提供的。人力资源部门对直线部门的服务，体现在招聘、培训、业绩评估、晋升和解雇等各个方面，但人力资源部门在这些活动中更多的是提供协助，并为直线管理人员提供当前各领域的最新发展趋势及解决方案方面的信息

那么，直线经理与人力资源管理经理到底各自要完成哪些人事管理活动呢？事实上，并不存在一个可以在任何组织中都通用的人力资源直线管理职责和职能管理职责的划分方法。在表 8–3 中，你可以看到一种可能的职责划分。从该例中可以看出，直线部门和人力资源管理部门之间的职权划分原则为：直线人员就人力资源管理活动做出决策，并运用人力资源来完成组织的基本目标；而人力资源管理人员则在这一过程中被授权以协助和建议的方式支持直线人员去实现这些基本目标。

表8–3　某些人事职能在直线和职能部门之间的划分

	直线人员的活动	人事管理（职能部门）人员
招聘与选择	①列出特定工作岗位的职责要求，以便协助进行工作分析； ②向人事部门经理解释对未来员工的要求及雇用的人员类型； ③描述出工作对“人员素质”的要求，以便人事部门人员设计出适当的选择和测试方案； ④与求职者面谈，做出最后的录用决策	①在直线管理人员所提供的资料基础上，编写工作说明书和工作规范； ②制订出员工晋升人事计划； ③开发潜在的合格求职者来源并开展招聘活动，力争为组织聚集到一批高质量的求职者； ④对求职者进行初步面试、筛选，然后将合适的求职者推荐给部门主管人员
培训与开发	①根据企业和工作的具体情况，将员工安排到不同的工作岗位上，并对新员工进行培训； ②对人力资源开发活动进行评价，并向人事管理人员提出建议； ③领导建立有效的工作小组，并进行适当的授权； ④运用企业规定的评价形式对员工的绩效进行评价； ⑤对下属的职业发展情况进行评估，然后就他们个人的未来职业发展可能性向他们提出建议	①拟订培训文件、制订培训计划，准备培训用材料； ②根据企业CEO所阐述的企业未来发展需要，为CEO提供管理人员开发方面的建议； ③为制订和推行质量改善计划以及团队建设计划提供信息； ④开发工作绩效评价工具并保存评价记录； ⑤制订职业发展计划和晋升制度，其中包括按既定程序晋升的制度、职业发展咨询手段以及员工职业进步跟踪记录制度等

续表

	直线人员的活动	人事管理（职能部门）人员
工资报酬	①向人事部门管理人员提供每项工作的性质和相对价值的信息，帮助他们确定工资水平； ②评价员工的工作绩效，以便人事部门根据员工的工作绩效适当地调整他们的报酬； ③根据奖励的性质决定支付给员工的奖金数量； ④制订企业福利计划和由企业提供的服务项目的总体方案	①执行工作评价程序，以确定每一种工作在企业中的相对价值； ②进行薪酬调查，以确定企业的工资水平是否大大偏离市场工资水平； ③就奖励以及各种激励方案和工资支付计划等向直线管理人员提供建议； ④在同直线管理人员协商的基础上，制订包括健康保健和养老金在内的企业福利和服务项目的详细计划

（2）人力资源管理部的结构

人力资源管理部的结构与企业的规模有着直接的关系。在小企业中，很少有一个正式的人力资源管理部门和人力资源管理专家，如图 8–1 所示；相反地，各直线经理在处理人力资源问题。他们的工作重心一般是雇用和培训有能力的员工。

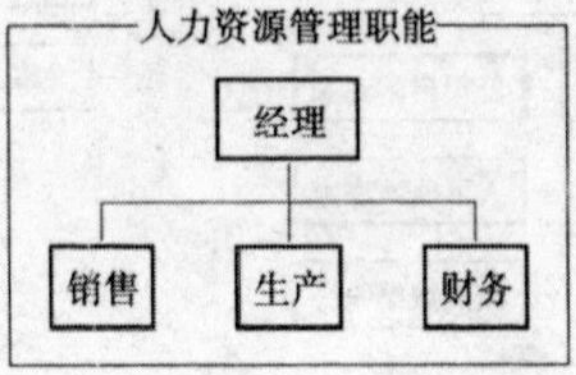

图8–1　小企业中的人力资源管理职能示意图

随着企业规模的扩大，企业需要有一个独立的职能部门协调处理人力资源工作。在一个较大的企业中，人力资源管理人员需要处理大量相关管理事务（如图 8–2 所示）。在一个中型企业中，可能只需设置一个人力资源管理经理或专员。

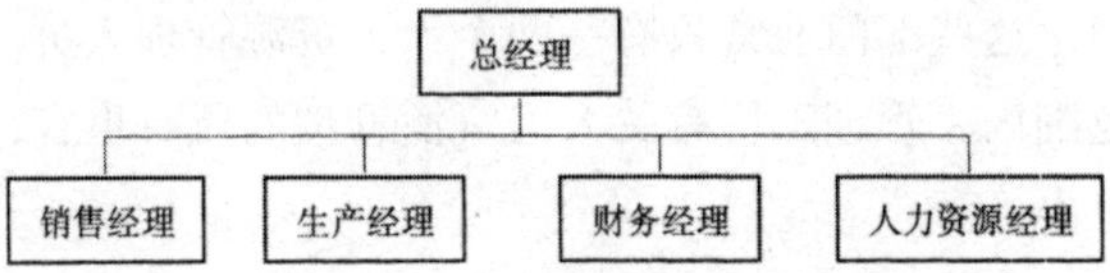

图8–2　中型企业中的人力资源管理职能示意图

在更大的企业中，当人力资源职能随企业规模而扩大时，企业就需要在人力资源部门下设置一些独立的部门。这些部门涉及人力资源开发、报酬和福利、安全与健康以及员工招聘等任务，如图 9–3 所示。

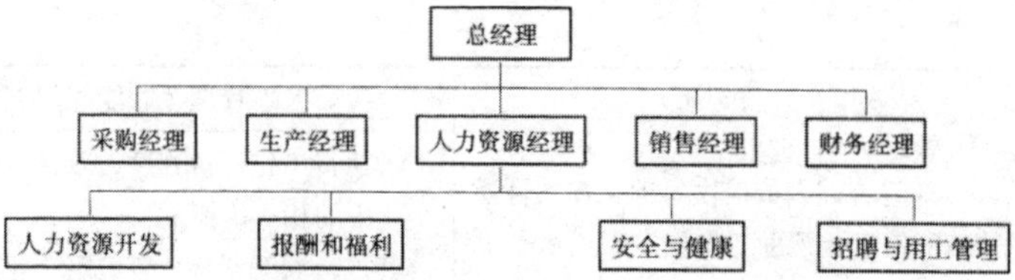

图8-3　大型企业中的人力资源管理职能示意图

在更大的企业（如集团公司）中，人力资源职能将承担更多的责任，甚至可以更加专门化。图 8-4 的组织结构图，就是一个特大型企业总部的人力资源管理部门的组织结构图。例如，管理报酬和福利的部门将包括一些专门于小时工资研究、福利管理以及相关奖励制度的专家。

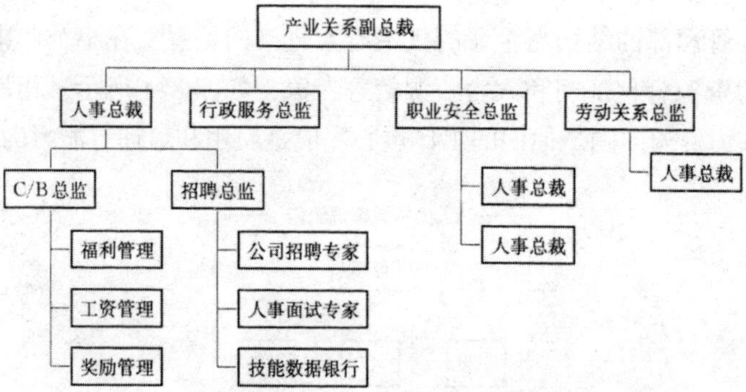

图8-4　特大型企业总部的人力资源管理部门的组织结构示意图

在特大型企业中，其事业部层次和工厂层次均设有人力资源管理部门。在事业部层次，最典型的做法是，人力资源管理部门模仿公司的人力资源管理部门进行组织。但事业部层次上的人力资源管理部门通常无权制定主要的人事政策，而是将适用于全公司的人事政策加以修正，以适应本事业部范围内的管理要求。在工厂层次也可能有人事部门，这些部门通常只有一两个人力资源管理人员，他们通常在高层管理者所限定的范围内，管理工厂有关人力资源管理的所有事宜，因而必须是人力资源管理方面的通才。

二、人力资源开发

1．人力资源开发的范围

由于新员工所受的教育和工作经历的差异，有些人可以直接上岗，另一些人则需要广泛的技能和知识培训。但无论如何，大部分员工在工作过程中，都需要经常接受某种培训来适应新的工作方法、保持较高的绩效水平。

“人力资源开发”一词通常用来描述企业改进员工能力水平和业绩的一种有计划、连续性的努力，有时也被称为培训与开发，或培训。也有很多专家区别了培训与开发，他们认为，培训的目的是短期的业绩改善，关注的内容较为狭窄。最近对培训需求的增长来源于适应迅速变化的环境，改进产品和服务质量及提高生产率以保持竞争力等方面的需要。开发是指学习目前工作及未来工作所需的知识和能力，意在使员工未来承担更大的责任。它使员工能跟上组织变化、技术发展和工作方式的变化。

企业培训新员工的主要目的在于将其现有的 KSA 提升到完成工作所需要的水平上来。当员工在岗位上工作一段时间后，额外的培训与开发则为他们提供了获取新的知识、技能和经验的机会。作为培训开发的结果，员工将在现有的岗位上表现得更为出色，也可能胜任更多的工种、更大的管理责任和更高的组织层次的要求。

2. 人员招聘

招聘是企业整个人力资源管理活动的基础。一方面，招聘工作直接关系到企业人力资源的形成，有效的招聘工作将在提高企业人员素质和结构的同时，提升企业的核心竞争力；另一方面，招聘和录用是其他人力资源管理工作的基础。有效的招聘工作能节约企业的招聘成本、提高招聘效率，从而为以后的培训、考评、工资福利、劳动关系等管理活动打好基础。

从这个意义上说，招聘工作必须是着眼于未来的、系统的管理活动。

作为一项重要的人力资源管理职能，招聘成本代表了人力资源部门的一项主要开支项目。在美国，每雇用一个人的招聘成本通常等于一个新雇员年薪的三分之一。招聘期间花费的费用包括广告成本、招聘者和候选人的旅途费用、可能的推荐者的提成、代理或猎头公司的费用、招聘者的工资和津贴以及直线经理花费的时间，全部的招聘成本相当高。有效的招聘活动，可能会大大降低企业花费在录用者身上的平均成本。

有效的招聘活动还会提高招聘效率，吸引高水平的、合格的候选人。企业的招聘目标在于吸引适当数量的求职者以填补岗位空缺。招聘是一个向企业内部和外部发布信息的过程，这一过程的有效与否，决定于求职者蓄水池的大小和求职者的质量，而这一结果直接影响后期的选择与录用工作。缺乏足够的合格求职者，可能导致雇佣标准下降，或企业提高入门水平的工资，从而为日后全面调整、提高企业工资水平埋下伏笔，并将直接影响以后的员工开发及安置成本。在这里，我们强调吸引“适当”数量，是因为作为一个中间过程，招聘吸引的人数过多意味着后期的选择和录用过程中的花费将提高，总体招聘成本增加。为保证招聘—录用全过程的总成本最小，招聘必须严格依照工作分析和招聘计划工作进行。此外，提高招聘效率的另一个有效途径是：利用求职者的自我选择，向求职者提供足够的关于该职位所要完成的工作、该职位的任职资格要求等信息，使那些不能胜任本企业工作，或工作态度、工作方式不能适应本企业文化的求职者主动放弃申请该职位，从而节约后续的招聘、录用成本。

通常，招聘过程也是企业向外界宣传企业自身的过程，企业通过招聘活动向市场发布企业持续增长的信息，通过有计划的、规范的招聘程序，企业还可以向外部人士（包括潜在的顾客、员工）发布企业总体人力资源管理规范，以及企业文化良好的信息。有研究表明，公司招聘过程的质量高低明显地影响应聘者对企业的看法；招聘人员的素质和招聘工作的质量在一定程度上被视为公司管理水平和公司效率的标志。

3．人员招聘的程序

（1）招聘计划阶段

在招聘计划阶段，企业的不同管理层次需要完成不同的任务。企业的最高管理者主要负责审核招聘计划，制订招聘的总体政策等。各部门经理主要的工作是向人力资源部门提供本部门空缺岗位的数量和类型等信息，并参加必要的面谈、筛选工作。人力资源管理部门在招聘计划中是核心单位，最高管理层的招聘总政策需要由它来具体实行，制订具体的招聘策略和程序，与相关部门一起进行具体的招聘工作，对候选人进行筛选。本阶段主要做以下几项工作：①编制岗位说明和任职资格；②确定淘汰比率；③招聘预算。

（2）组织实施阶段

组织实施是为实现招聘计划而采取的具体组织行动。对于许多企业来说，大规模招聘是周期性或临时性的工作，为此有必要组成专门班子，并对有关招聘工作人员进行必要的培训，使他们掌握招聘政策及必要的招聘技巧。另外，还要明确招聘选拔中的技术责任及决策责任。本阶段要做以下几项工作：①选择招聘人员；②选择招聘地点；③确定招聘时间。

（3）寻找吸引求职者阶段

1）选择招聘渠道。可供企业选择的招聘渠道有员工引荐、刊登广告、职业介绍所、校园招聘、内部招聘（职位公告、职位投标）等。企业可以根据招聘计划所要求的候选人的数量和类型来选择不同的招聘渠道。一般情况下，企业从校园招聘中吸收需要的专业技术人员和管理人员；在就业服务机构或者职业介绍所招聘办事员和操作工人；通过广告招聘各方面专家。企业还常常在急需人员的时候，通过员工引荐的方式招聘新员工。

2）发布招聘信息。一旦决定招聘后，就应该迅速发布招聘信息。发布招聘信息的面越广越好。在条件许可的情况下，招聘信息应该尽量早地向人们发布。发布时要根据招聘岗位的特点，向特定层次的人员发布招聘信息。发布信息的渠道有报纸、杂志、电视、电台、布告、电子信箱、宣传单和新闻发布会等。一般来说，广告招聘能吸引来更多的应聘者。广告已经成为广大企业普遍采用的一种招聘方式。选择不同的媒体时，首先要了解不同的媒体在哪些人群中利用率最高。了解了不同地区、不同性别、不同学历、不同职业的人喜欢接触的是什么媒体之后，企业再决定采用什么广告方式，这样“有的放矢”，才能提高招聘的广告效益。然后，具体选择在选中媒体中的哪一家做广告。理想的招聘广告不仅要介绍空缺岗位的情况，而且应该描述求职者普遍关心的有关企业和工作的情况。如果能够用图片形式进行介绍，对读者的感召力就会大大增加。如果广告仅仅说明工作责任，哪类人合适以及何时、何地、如何去申请，这显然已经不能够满足求职者尤其是年轻求职者的要求。

（3）挑选员工的阶段

挑选员工阶段的主要内容见表 8–4。

表8–4　挑选员工阶段的主要内容

步骤	具体内容
初步接待	求职者与招聘工作人员通过直接接触，彼此形成初步印象。双方有进一步考虑的意愿，求职者可领取申请就职表
测验	通过知识、技能及心理学方面的测验，评估求职者适应工作的能力，包括文化业务知识考试、操作测验、专门心理测验等
审查申请材料和推荐材料	了解求职者的愿望、经历，从求职者过去的行为预测适应未来工作的可能性
补充调查	对申请材料及推荐材料中的疑点，或某些特别重要又不宜直接向求职者个人调查的情况，例如会计、出纳的忠诚度，重要特殊保密要求的岗位等，招聘单位应组织补充调查，弄清求职者历史及社会背景
面试	这是挑选员工的重要手段。一项调查表明，英国有30%的公司倾向于用面试法搜集求职者的信息
体检	体检主要是确定求职者的一般健康状况，确定求职者是否有慢性病或岗位所不允许的生理缺陷。例如食品工业部门不允许有皮肤病或乙肝病毒携带者担任生产或销售工作；公关人员的外表必须讨人喜欢等
主管面试	重要岗位的求职者必须由该部门主管亲自面试以决定录用与否

续表

步骤	具体内容
实习及试用	初步决定录用后接触工作环境，使求职者和企业再一次进行双向选择
录用决策	工人及办事员一般由人力资源管理部决定是否录用，而管理人员及技术人员则需由招聘工作委员会集体决定
发放通知	对决定录用的求职者发出正式录取通知，对不予录用的求职者也要发函致歉

（5）检查、评估及反馈阶段

检查、评估及反馈是招聘工作的最后一道程序，主要是对招聘过程的每个环节进行跟踪，以检查招聘是否在数量、质量以及效率方面达到了标准，从而发现招聘工作中存在的问题或者疏忽，以便在将来的招聘工作中进行修正，提高下一阶段招聘的质量。

4. 员工培训的意义

员工培训对企业发展的意义已经被越来越多的企业所认识。对企业来说，最重要的资产是人，而不是机器、设备和资金。被誉为“经营之王”的松下幸之助认为，“松下是制造人的，兼之制造电器”。三洋电器公司也有这样的信条：“三洋首先是生产优质的人，其次再由优质的人生产优质的产品。”这些观点都充分说明了经营有方的企业是十分重视员工价值的。

（1）可以使企业适应环境的变化，满足市场竞争的需要

企业所处的环境在激剧地变化，电脑芯片每18个月更新一代，10年前的知识90%已经老化。原来合格的员工，如果不经常培训，就会不合格。市场竞争，从产品竞争，到销售竞争，到资本竞争，到知识竞争，不断升级，最终是人力资源的竞争。企业要在激烈的市场竞争中取胜，必须重视职工培训，这是市场竞争的需要。

（2）可以提高组织运作的质量和能力，提高劳动效率

接受过职业培训的员工，不仅能够更快地掌握新技术和新方法，正确理解技术指标的含义，提高整个组织的工作水平和质量，减少浪费，提高劳动效率，而且还能够更彻底地理解企业的方针、政策和管理要求，对企业进行的监督、指挥和协调工作有更高的认识。

（3）可以促使企业员工接受变革

任何企业在不可避免地受到社会、市场、竞争对手以及企业内部的压力时，会发生不同程度的变化，而且这种变化是经常性的。例如，引进了新的生产设备，要求工人能很快掌握新机器的使用；引进了新的管理方法，要求职员放弃自己已经习

惯了的工作方式；企业组织结构发生变动，人员重新安排，又要员工离开自己已经熟悉的环境，等等。实践证明，受训练不多的人，掌握一门新技术比较吃力，因而对上述的变化就会持反对或拒绝的态度，导致消极情绪和不合作，并影响工作的效率和质量。而经常接受培训的人，新的东西已不难适应。因此，员工职业培训一方面促进了企业的变革。另一方面也促进企业员工更容易地接受变革的事实。

（4）可以促使员工认同企业文化

对新成员进行职业培训，可以使他们了解本企业的文化，引导他们的思想文化与企业的思想文化统一起来。另一方面，培训本身就是企业文化的一部分。例如，IBM 公司认为，“教育和培训是 IBM 文化的一部分，而且不应该看做是与其他的人力资源政策和管理相互独立的”。很多注重自身发展的人，就是看中了 IBM 能够和乐意提供高质量的培训才愿意到 IBM 工作的。

（5）可以满足职工自身发展的需要

每个员工都有一种追求自身发展的欲望。这种欲望如不能满足，员工就会觉得工作没劲、生活乏味，最终导致员工尤其是优秀员工流失。对一般员工来说，差不多每个人都希望在企中有成长晋升的机会，这就需要不断学习。员工不但要熟悉自己的工作，还要了解本专业的最新动态，掌握有关的新技术和新方法，使自己有比较宽的知识面和合理的知识结构。一般说来，对自己的职业道路有长远计划和打算的人，到了一定时期都渴望能有学习的机会，以利于下一步的发展。而且，培训对负担一定责任的各级领导者来说就更为重要。他们知识面的扩大、视野的开阔、领导水平的提高和决策能力的增强，都需要有效的培训才可以获得。

（6）可以有效激励员工

培训可以增强员工的责任感、成就感和自信心。当员工通过企业组织的职业培训感受到自己的价值和被组织重用，就会对工作满腔热情，对自己充满信心。从这个角度来看，培训本身就是一种重要的激励方式。在很多国际性的大公司里，公司不仅提供人员的培训，同时也支持员工个人进行适合自己职业道路或自己需要的培训，即使这些培训并不在公司的计划之内，或不那么符合公司的既定目标。

5. 员工培训的程序

（1）准备阶段

1）培训需求分析

培训需求分析是指了解员工需要参加何种培训的过程。这里的需要包括企业的需要和员工本人的需要。在企业中，培训需求分析的参与者有以下一些人：人力资源管理部门工作人员、员工、管理人员、有关项目专家、客户以及其他相关人员。

培训需求分析的方法可以采用个人面谈、小组面谈、问卷、操作测试、评价中心、观察法、关键事件、工作分析、任务分析等。

2）确定培训目标

确定培训目标就是确定一个人经过培训以后希望达到的学习结果。培训目标通常是：掌握新知识，或者掌握新技能。组织要根据简要、现有资源、被培训人员具体情况考虑培训项目计划。选择被培训人员时必须考虑两个问题：一是这样的培训是否能帮助组织收益；二是这样的培训是否能帮助职工提高素质，发展技能。培训目标还应说明要以什么样的方法、花多少时间、以多大成本来达到目标。确立目标时应注意与组织长远目标相吻合。一次培训的目标不要太多。目标应具体，可操作性要强。

（2）培训实施阶段

培训实施是整个培训中的关键步骤，主要有以下工作（见表 8–5）：

表 8–5　培训实施阶段的操作

项目	具体内容
设计培训课程	培训课程的设计应服务于培训要达到的目标。每一种知识和技能都是通过相关课程的教学来完成的，因此课程的设计一定要科学。既要考虑培训的系统性，又要考虑适用性，而且还要根据不同的对象和不同的时间有所变化
选择培训教师和受训人员	对培训教师的选择要注重能力和责任心。一位优秀的培训教师既要有广博的理论知识，又要有丰富的实践经验，既要有扎实的培训技能，又要有吸引人的高尚人格。由于企业资源有限，因此，需要挑选被培训人员。一般而言，组织内有三种人员最需要培训：一是可以改进目前工作的人；二是有能力而且组织要求他们掌握另一门技术的人，并考虑在培训后，安排他们到更重要、更复杂的岗位上；三是有潜力的人，组织期望他们掌握各种不同的管理知识和技能，或更复杂的技术，目的是让他们进入更高层次的岗位。总之，培训对象是根据个人情况、当时的技术、组织需要而确定的
选择培训方法和形式	培训的方法多种多样，各有千秋，要根据培训的目标选择适用的有效方法。有讲授、个案讨论、角色扮演等。培训形式可采用脱产、半脱产、业余等形式
安排培训有关事务	培训事务安排主要有时间、地点、设备和食宿等。培训时间要考虑是在白天，还是在晚上，工作日还是周末，旺季还是淡季，何时开始，何时结束等。培训地点的优劣也会影响到培训的效果，一般可以设在企业会议室，也可以设在其他的会议室或教室。还要准备好培训设备，如电视机、投影仪、屏幕、放像机、幻灯机、黑板、纸等等。还要安排好教师及受训人员的食宿，做好必要的后勤工作。还要发通知，确保每一个应该来的人都收到通知，告知培训的时间、地点与培训的基本内容等

续表

项目	具体内容
准备培训经费	根据培训的种类、内容等因素，准备培训所需的经费
制定必要的培训规章制度	例如请假制度、奖惩制度等，这是组织对员工培训的制约
具体实施和控制培训	具体实施培训是培训实质性工作阶段，即教师教，学生学。控制培训是指：在培训过程中，要抓住培训目标的大方向，注意观察，与培训老师进行沟通，与受训人员及时交流，了解真实反映，运用适当的方式，及时取得培训过程中的有关信息，纠正培训中产生的偏差，使培训取得预期的效果

三、人力资源规划

1．人力资源规划的含义

人力资源规划是充分利用人力资源的一项重要措施。所谓人力资源规划是指为使企业在不断变化的环境中能够稳定地拥有一定质量和必要数量的人力资源，以实现包括个人利益在内的该组织目标而拟订的一套措施，从而求得人员需求量和人员拥有量之间在组织未来发展过程中的相互匹配。这个定义包含四层含义：一是一个组织的环境是变化的，这种变化带来了组织对人力资源供需的动态变化；二是从组织的目标和任务出发，要求企业人力资源的质量、数量和结构符合特定的生产资料和生产技术条件的需求；三是，在实现组织目标的同时，也要满足个人的利益；四是，保证人力资源与未来组织发展各阶段的动态相适应。

从上述定义可以看出，人力资源规划着眼于为未来的企业生产经营活动预先准备人力资源。它所考虑的不是某个具体的人员，而是一组人员。人力资源规划是企业发展战略和年度计划的重要组成部分，是企业人力资源管理各项工作的依据。

2．人力资源规划的必要性与作用

任何组织或企业，要想拥有合格、高效的人员结构，就必须进行人力资源规划。

变动的环境和战略需要人力资源的质量、数量做出相应的调整。任何组织和企业都处在一定的外部环境中，而这外部环境的各种因素均处于不断地变化和运动状态。其中一些因素对企业的影响甚大，可以直接地影响到企业或组织的人力情况。所以，企业或组织所处环境中的政治、经济、技术等一系列因素的变化，都要求企业或组织做出相应的调整，而这种适应环境的调整一般都要带来人员数量和结构的变化。

企业或组织内部自身因素的变化导致人员数量和结构的变动，需要预先采取相应的措施。企业或组织内部各种因素无时无刻不在运动着和变化着，人力因素自身就处于不断的变化之中，如离职、退休等可能造成人力缺口。通过人力资源规划等手段可以做到心中有数，适时引导，恰当调整。

企业或组织现有人力资源分布可能存在不合理的现象，需要有计划地调整。企业或组织的人力资源结构要考虑年龄、资历、知识等因素。如果一个企业中经验丰富和缺乏经验的人都很多，待这批有经验的人退休之后，老资历人员将出现短缺。

人力资源从补充到适应需要有一个过程，过程的长短与所需人员类型及补充人员素质有关，必须做出周密的安排。

以上分析了人力资源规划的必要性。那么，人力资源规划的作用何在？一个企业或组织要想在需要时得到需要的人才，在很大程度上依赖于对所需人才的准确预测，同时需要管理人员同全体员工及有关方面的密切配合，把握好人才需求的时间周期。这一切都要靠成功的人力资源规划，这是人力资源规划的最主要作用。其次，人力资源规划可以使人才进行合理流动，可以优化企业或组织内部的人员结构，可以最大限度地实现人尽其才、才尽其用，可以为企业在市场竞争中充分发挥人才优势提供基础和保证。人力资源规划还有其他诸多作用，如可以通过完善的劳动力市场控制劳动力的价格；可以提高员工的工作效率和劳动生产率；可以提高各级管理层对人力资源管理重要性的认知力等等。

3．人力资源规划的内容及基本要求

人力资源规划的内容包括两个方面，即总体规划及各项业务计划。人力资源的总体规划是指计划期内人力资源开发利用的总目标、总政策、实施步骤及总预算的安排。各项业务计划包括人员补充计划、晋升计划、培训开发计划、配备计划、职业计划等等。业务计划是总体规划的展开和具体化，每一项业务计划也都是由目标、任务、政策、步骤及预算等部分构成。业务计划的执行结果能够保证人力资源总体规划目标的实现。

制定人力资源规划应注意系统性和相互协调性。首先，人力资源规划要为企业的总体规划服务；其次，人力资源规划应当与企业研究与开发计划、生产计划、销售计划、行政管理计划相平衡，为企业各项活动提供所需人才。

人力资源规划的各项内容，如人员补充、培训、安置使用、晋升、薪资等具有内在联系，因此在制订各项专业计划时应注意相互间的平衡与协调。例如人员培训、人员使用以及与激励有关的劳动报酬计划必须相互协调。若人员通过培训提高了素质，在使用及报酬方面却无相应政策，就容易挫伤员工接受培训的积极性。另外还要搞好每一项专业计划的配套平衡。人力资源开发的总目标是通过执行各项具体计划实现的，因此应当将总目标分解为各项专业计划的分目标，保证专业计划目标的实现，又必须制定相应的政策，规定具体的措施步骤。

对新的人力资源战略规划的建立必须达到如下四个基本要求：

（1）战略规划必须与企业的经营目标结合。企业的经营目标乃是企业在一段时期内的经营方向和经营计划。企业各项活动必须围绕经营目标的实现进行。人力资源管理同样必须以此为基础。企业的人员配置、培训和教育等必须与经营目标决定的岗位设置、人员素质要求及各种协作、合作关系相配合，而且对企业员工的激励必须和工作目标相结合，在执行目标任务过程中发挥人的积极性与创造性。

（2）战略规划必须与企业的发展相结合。企业员工的智慧和创造性是促进企业发展的根本源泉，而企业的发展也必须以一定数量和质量的人员为基础。企业人员的招聘、培养等都必须考虑到企业长期发展的需要。

（3）战略规划必须有利于吸引外部人才。现代企业的竞争是人才的竞争。对一个企业而言，单从企业内部很难配齐企业经营和发展所需的各种人才，因此向外招聘优秀人才是必需的。企业只有招进所需的各种人才，才能在竞争激烈的市场上立于不败之地。

（4）战略规划必须有利于增强企业内部员工的凝聚力和有利于企业员工素质的逐步提高。企业内部员工乃是企业真正的主体，能否把企业员工团结在企业总体目标的周围，是人力资源管理的关键。这要求企业必须建立“以人为中心”的企业文化，真正从关心人、爱护人，促进人的积极性和创造性的发挥这一目标出发，促使人的价值不断实现，使员工个体目标同企业目标和企业文化紧紧地结合在一起。

由于企业内外环境变化的加剧，西方国家企业的整体战略规划和策略计划正在发生变化，人力资源规划也随之发生变化。关于这方面的变化及其变化趋势，美国著名的人力资源学家詹斯·W·沃克（James W.Walker）1989年发表在《人力资源规划》杂志上的名为“人力资源规划：90年代的模式”一文中有过详细的论述。经过大量的调查以后，沃克指出，目前人力资源规划的变化趋势有如下表现：企业正在使其人力资源规划更适合于公司简练而较短期的战略计划；企业的人力资源规划更注意关键性的环节，以确保人力资源规划的实用性和相关性；人力资源规划更注意特殊环节上的数据分析，更加明确地限定人力资源规划的范围；企业更重视将长期的人力资源规划中的关键环节转化为一个个的行动计划，包括年度策略计划，以便更有效地确定每个行动计划的责任和要求，并确定对其效果进行衡量的具体方法。从沃克的调查和论述上可以看出，西方国家企业的人力资源规划正在朝着短期、实用、灵活和更为追求效益的方面发展。

四、人力绩效评估

1．绩效评估的标准

绩效评估的标准与方法很多，但因绩效评估要受到多种因素影响，与多种因素相互作用，所以须建成一个绩效评估系统。评估标准以工作分析的内容为依据。

评估的标准有绝对标准、相对标准和客观标准三种。绝对标准的重点在于以固定标准衡量员工，而相对标准则是将员工间的绩效进行相互比较来衡量员工；客观标准是根据员工所具有的每项特质或绩效表现，在“评定量表”的每一点的相对基准上予以定位，以帮助评估者作衡量标准。

2．绩效评估的主要方法

绩效评估的主要方法，见表8–6。

表8–6　绩效评估的主要方法

方法	具体内容
行为评价法	作为行为评价法，是用设立的多项评估项目的量表对被评估者逐项进行评价，最后得出每个人绩效的“量表评价法、还有通过观察，收集对绩效好坏有直接关联的事件资料，并摘要评分和与员工进行面谈来确定员工绩效的“关键事件法”或通过行为事实方面的依据来评估员工的“行为评价法”，以及“混合标准法”等
工作成果评价法	工作成果评价法中有与目标管理很相似的“绩效目标评价法”，有通过客观的标准（如生产率、出勤率等）来评估绩效的“指数评估法”
常规方法	常规方法中有按业绩表现好坏的顺序依次地给员工排序的“排序法”，有把每一个员工都与其他员工相比较来判断谁更好的“两两比较法”以及按百分比设几个等级把每个员工都归入某个等级的“等级分配法”

3．绩效评估的操作进行操作时应注意的方面

（1）把握情报的客观性

由于情报是通过观察、询问等方式收集来的，往往会因偶然性、询问方式不正确等原因，造成情报不同程度地丧失客观性。

（2）设定评估的间隔时间

一般以6个月或1年为佳，间隔时间过长、过短都不科学。对项目工作而言，可在期中或期末进行两次评估。

（3）选择可靠的评估人

为避免一两个评估人的偏见或主观而造成事实失误，也有选择360度绩效评估的方法进行评价的，即选择上司、同事、下属、自己和顾客等组成评价小组，从多个角度做出评价的方法。

第二节　企业财务管理

一、企业财务管理的概论

1．企业财务管理概念

企业为了进行正常的生产经营活动，必须拥有一定的生产资料和劳动力，以及用于支付购置生产资料和劳动力的货币。在企业经营活动中用货币反映的各种财产、物资和货币本身，统称为资金。企业的经营活动包含商品的实体运动和资金运动两个方面。商品的实体运动即商品的供应、生产、存储和销售以及随之发生的业务关系；与此相对应的资金运动，即资金的筹集、使用和分配以及随之发生的经济关系，一般称为财务。

企业的财务活动是指企业为达到既定目标所进行的资金筹集、运用、销售收入的实现和利润分配的过程。企业通过一定的途径和方法筹集资金，用筹集到的资金兴建厂房和购买机器设备，购买材料、能源以及支付职工工资和其他费用，进行必要的生产活动。企业通过商品的销售活动，取得销售收入。一部分以成本和费用的形式用于补偿生产经营过程中的设备损耗和物资消耗，重新购买物资和支付工资费用等；另一部分向国家缴纳税金，支付投资者的股息和红利，以及提取公积金、公益金留在企业用于扩大再生产和提高职工集体福利等。企业的生产经营活动是连续不断进行的。资金从货币资金开始，经过购买、生产、销售三个阶段，不断地由一种形态转化为另一种形态，最后又回到资金形态，这一资金运动的过程，叫做资金循环。企业资金周而复始不断重复的循环，称为资金的周转。

财务管理是整个企业管理活动的重要内容之一。所谓财务管理就是对企业的财务活动，进行计划、组织、控制、核算、分析和考核等职能的总称。按照国家的政策、，法令和财经制度以及资金运动的规律，根据企业的经营决策和战略目标合理地筹集资金和最大限度地提高资金运用效果，正确处理企业与各有关方面的财务关系，以提高企业经济效益的一种综合管理运动。企业财务管理的内容，主要包括资金筹集管理、资产管理、对外投资管理、成本和费用管理、营业收入、利润及其分配管理等。

为了提高财务管理的功效，除了进行日常财务管理外，应当实行财务预算管理，根据批准的财务预算组织实施、层层分解落实，及时对企业财务状况进行分析研究，检查预算执行情况，进行分析、考核，以便找出差距，提出改进措施。

2. 财务管理的目标

财务管理目标制约着财务运行的基本特征和发展方向，是财务运行的一种驱动力。不同的财务管理目标，会产生不同的财务管理运行机制。科学地设置财务管理目标，对优化理财行为，实现财务管理的良性循环，具有重要意义。因为财务管理目标作为企业财务运行的导向力量，若设置有偏差，则财务管理的运行机制就很难合理。因此，研究财务管理目标问题，既是建立科学的财务管理理论结构的需要，也是优化我国财务管理行为的需要，无论在理论上，还是在实践上都有重要意义。

(1) 对财务管理目标的评价

中外关于财务管理目标问题，争议一直较大，根据现有资料，对财务管理目标的表述主要有以下几种：

利润最大化；净现值最大化；资本成本最小化；股东财富最大化；现金股利最大化；经济效益最大化；投资者、经营者和社会利益最大化；超利润目标；根本目标是资本增值，直接目标是利润，核心目标是经济效益；产值最大化。

由于上述观点太多，有些只是一家之言，在实际工作中并未广泛应用，现仅就曾经在我国和西方国家广泛应用的三种观点评价如下。

1) 产值最大化

在传统的集权管理模式下，企业的财产所有权与经营权高度集中，企业的主要任务就是执行国家下达的总产值目标，企业领导人职位的升迁，职工个人利益的多少，均由完成的产值计划指标的程度来决定，这就决定了企业必然要把总产值作为企业经营的主要目标。在社会主义建设初期，人们不自觉地把总产值最大化列为财务管理的基本目标。但随着时间推移，人们逐渐认识到，这一目标存在如下缺点（见表 8-7）：

表 8-7 存在的缺点

缺点	主要内容
只讲数量，不求质量	追求总产值最大化决定了企业在生产经营过程中只重视数量而轻视产品质量和种类，因为提高产品质量，试制新产品都会妨碍产值的增加
只讲产值，不讲效益	在产值目标的支配下，有些投入的新增产值小于新增成本，造成亏损，利润减少，但因为能增加产值，企业仍愿意增加投入
只重投入，不讲挖潜	总产值最大化目标还决定了企业只重视投入，进行外延扩大再生产，而不重视挖掘潜力，更新改造旧设备，进行内涵扩大再生产。因为更新改造容易对目前产值的生产产生不利影响，也不能大量增产。相反，采用粗放式经营，大量投入，则往往使产值指标易于完成

续表

缺点	主要内容
只抓生产，不抓销售	在总产值目标的驱动下，企业只重视增加产值，而不管产品是否能销售出去。因此，往往出现“工业报喜，商业报忧”的情况

2）利润最大化

利润最大化目标是指通过对企业财务活动的管理，不断增加企业利润，使利润达到最大。利润最大化观点在西方经济理论中是根深蒂固的，西方许多经济学家都是以利润最大化这一概念来分析和评价企业行为和业绩的，例如，亚当·斯密、大卫·李嘉图等经济学家，都认为企业的目标是利润最大化。20世纪50年代以前，西方财务管理理论界也认为，利润最大化是财务管理的最优目标。目前，我国也有一部分财务管理学家认为，以利润最大化为目标是财务管理人员的最佳选择。我们认为，以利润最大化作为企业财务管理目标有其合理的一面，这是因为企业要想取得利润最大化，就必须讲求经济核算，加强管理，改进技术，提高劳动生产率，降低产品成本，这些，都有利于经济效益的提高。但以利润最大化作为财务管理的目标存在以下缺点：

①利润最大化没有考虑利润发生的时间，没能考虑资金的时间价值。

②利润最大化没能有效地考虑风险问题，这可能会使财务人员不顾风险的大小去追求最多的利润。

③利润最大化往往会使企业财务决策带有短期行为的倾向，即只顾实现目前的最大利润，而不顾企业的长远发展。应该看到，利润最大化的提法，只是对经济效益浅层次的认识，存在一定的片面性，所以，利润最大化并不是财务管理的最优目标。

3）股东财富最大化

股东财富最大化是指通过财务上的合理经营，为股东带来最多的财富。在股份制经济条件下，股东财富由其所拥有的股票数量和股票市场价格两方面来决定。在股票数量一定、股票价格达到最高时，则股东财富也达到最大。所以，股东财富最大化，又演变为股票价格最大化。这是因为：

①股东财富最大化目标科学地考虑了风险因素，因为风险的高低，会对股票价格产生重要影响。

②股东财富最大化在一定程度上能够克服企业在追求利润上的短期行为，因为不仅目前的利润会影响股票价格，预计未来的利润对企业股票价格也会产生重要

影响。

③股东财富最大化目标比较容易量化，便于考核和奖惩。

但应该看到，股东财富最大化也存在一些缺点：

①它只适合上市公司，对非上市公司则很难适用。

②它只强调股东的利益，而对企业其他关系人的利益重视不够。

③股票价格受多种因素影响，并非都是公司所能控制的，把不可控因素引入理财目标是不合理的。

（2）影响财务管理目标的各种利益集团

要想确立科学的财务管理目标，必须分析究竟哪些利益关系人会对企业理财产生重要影响。与企业有关的利益集团很多，但不一定都对企业理财产生重大影响。那么，究竟哪些集团对企业理财，进而会对财务管理目标产生影响呢？一般而言，影响财务管理目标的利益集团应当符合以下三条标准：

1）必须对企业有投入，即对企业有资金、劳动或服务方面的投入；

2）必须分享企业收益，即从企业取得诸如工资、奖金、利息、股利和税收等各种报酬；

3）必须承担企业风险，即当企业失败时，都会承担一定损失。

根据以上三个标准，影响财务管理目标的利益集团有以下四个方面（见表8-8）：

表8-8　影响财务管理目标的利益集团

项目	内容
企业所有者	所有者对企业理财的影响主要是通过股东大会和董事会来进行的。从理论上来讲，企业重大的财务决策必须经过股东大会或董事会的表决，企业经理和财务经理的任免也由董事会决定，因此，企业所有者对企业财务管理有重大影响
企业债权人	债权人把资金借给企业后，一般都会采取一定的保护措施，以便按时收取利息，到期收回本金。因此，债权人必然要求企业按照借款合同规定的用途使用资金，并要求企业保持良好的资金结构和适当的偿债能力。当然，债权人权力的大小在各个国家有所不同，在日本，债权人尤其是银行对企业财务决策会产生重大影响
企业职工	企业职工包括一般的员工和企业经理人员，他们为企业提供了智力和体力的劳动，必然要求取得合理报酬。职工是企业财富的创造者，他们有权分享企业收益；职工的利益与企业的利益紧密相连，当企业失败时，他们要承担重大风险，有时甚至比股东承担的风险还大。因此，在确立财务管理目标时，必须考虑职工的利益，在社会主义条件下，职工的利益更应优先考虑

续表

项目	内容
政府	政府为企业提供了各种公共方面的服务，因此要分享企业收益，要求企业依法纳税，对企业财务决策也会产生影响。当然，在计划经济条件下，政府对企业财务管理的影响很大，而在市场经济条件下，因为实行政企分离，政府对企业财务管理的影响力要弱一些，因而政府经常通过政策诱导的方式影响企业财务管理的目标

（3）财务管理目标的选择

从上述分析可以看出，财务管理目标应与企业多个利益集团有关，是这些利益集团共同作用和相互妥协的结果。在一定时期内和一定环境下，某一利益集团可能会起主导作用，但从企业长远发展来看，不能只强调某一利益集团的利益，而置其他集团的利益于不顾，也就是说，不能将财务管理的目标仅仅归结为某一集团的目标。从这一意义上说，股东财富最大化不是财务管理的最优目标，在社会主义条件下更是如此。从理论上来讲，各个利益集团的目标都可以折中为企业长期稳定发展和企业总价值的不断增长，各个利益集团都可以借此来实现他们的最终目的。为此，以企业价值最大化作为财务管理的目标，比以股东财富最大化作为财务管理目标更科学。

二、企业资金筹集

1. 企业筹集资金的要求

无论是新建企业还是已经建立并正在进行经营活动的企业均需要筹集资金。资金筹集是指企业向国家资本市场、银行及其他金融机构、外部其他单位及个人，以及企业内部筹措和集中生产经营所需资金的一种财务活动。

为使企业资金筹集取得较好的综合经济效益，必须注意以下几点要求：

（1）合理确定资金的需要量，控制资金的投放时间

根据生产经营所需资金的数量和时期，合理确定筹资计划，资金筹集既要注意数量的要求，也要注意时间上的配合。资金不足，会影响生产经营的发展；资金过剩，也会影响资金使用效果，资金的筹集和投放应在数量和时间上合理安排减少资金占用，加速资金周转，提高资金使用效果。

（2）认真制定筹资方案，力求降低资金成本

不论从何种渠道，以何种方式筹集资金都要付出一定的代价，包括资金占用量（借款利息、债券利息、股息等）和资金筹集费（股票发行费、债券注册费等），即

资金成本。不同的资金来源，其资金成本也不同，而且取得资金的难易程度也都不一样。根据企业生产经营所需资金的要求，综合考虑各种筹资渠道和筹资方式，制订最佳的筹资方案，力求降低资金成本。

（3）合理安排资金结构，正确运用负债经营

负债经营是企业经营活动的一项重要举措。它可以缓解自有资金紧张的矛盾，而且当借债利率低于投资收益率时，利用借入资金可以为企业带来更多的盈利，是一种有效的财务手段。但负债多少要与企业资金结构和偿债能力相适应。如负债过多，会发生较大的财务风险，甚至由于丧失偿债能力而面临破产。因此，企业不仅要考虑筹集的资金成本，还要合理安排资金结构，既要利用负债经营的作用，又要尽可能减少财务风险，提高企业的收益水平。

（4）结合资金投向，提高筹资效益

企业必须确定资金的有利投向，才能确定筹资的数量、方式和渠道。把资金的投向和资金的筹集统一起来考虑，分析和比较投资收益率和筹资成本率，力求做到以最少的资金成本实现最大的投资效果。

2．企业资金来源

企业资金筹集的方式和渠道是多种多样的，有国家直接投资、联营投资、招股集资、发行债券、银行信贷、融资租赁、商业信用、企业资本积累等，而且有不同的分类办法。从区域看，可分为国内资金和国外引进资金；从属性看，有投资者投入资金，有向债权人借入资金等。无论筹资方式如何，企业资金来源应包括所有者权益和负债两大类。

（1）所有者权益

所有者权益是指所有者在企业资产中享有的经济利益，其金额为资产减去负债后的余额，包括：实收资本、资本公积、盈余公积和未分配利润等。

企业的负债包括企业的借入资金和应付未付的款项等。

1）实收资本

实收资本是指投资者按照企业章程或合同、协议的约定，实际投入企业的资本，亦是企业在工商行政管理部门登记的注册资金，通俗一点讲，就是开办企业的本钱。资本金按照投资主体可以分为国家资本金、法人资本金、个人资本金以及外商资本金。国家以国家资产投入作为国家资本金，法人资本金为其他企业投入资金组成，个人资本金主要来自企业职工和外部社会个人投资，外商资本金取自于外商投入资金。

企业根据国家法律、法规的规定，可以采取国家投资、各方集资或者发行股票

等方式筹集资本金，投资者可以用现金、实物、无形资产等形式向企业投资。

2）资本公积

资本公积是一种资本储备形式，或者说是一种准资本，可以按照法定的程序转化为资本金，是所有者权益的构成之一，其主要来源有以下四方面：

①投资者实际缴付的出资额超出其资本金的差额。表现最典型的是股份有限公司发行股票的溢价净收入。

②法定资产重估增值。一般在企业实行股份制、吸收外商投资、对外联营投资、企业兼并、合并、改组、拍卖以及国家统一组织清产核资时，均应按国家法律、法规规定进行资产重估。其重估价值大于账面净值的差额一般作为资本公积金处理。

③资本汇率折算差额。企业在筹集资本金过程中，收到的投资如为外币等，则需要将外币等出资折合为记账本位币金额。由于国家颁布的外币汇率经常变动，资产账户与实收资本账户采用的折合汇率不同而产生的折合记账本位币差额，一般作为资本公积金处理。

④接受捐赠的财产。

3）盈余公积金

盈余公积金是企业按照规定从税后利润中提取的积累资金，包括法定盈余公积、任意盈余公积和法定公益金。该资金可以用于弥补企业以前年度亏损，也可以按照法定程序转增资本金，或用于分配股利。公益金是企业专门用于企业职工集体福利设施的准备金。

4）未分配利润

是企业净利润与已分配利润的差额。

（2）企业负债

负债是指过去的交易、事项形成的现时义务，履行该义务预期会导致经济利益流出企业。企业借入的资金称为企业的负债，包括长期负债和流动负债。长期负债是指偿还期在一年或者超过一年的一个营业周期以上的债务，包括长期借款、应付长期债券、长期应付款项等；流动负债是指可以在一年内或者超过一年的一个营业周期以内偿还的债务，包括短期借款、应付短期债券、预提费用、应付及预收款项等。

3．企业资金筹集的方式

企业资金的筹集可以采用不同的方式，目前除了国家投资、银行贷款、企业内部积累外，还可以采用以下几种社会集资的方式（见表 8-9）：

表8-9 社会集资的方式

方式	具体内容
发行股票	股票是股份制企业为筹集自有资金而发行的有价证券，是证明投资者拥有公司股份和索取股息的凭证。国家对企业进行的投资为国家股，企业单位购买的股票为法人股，个人购买的股票为个人股。股票与债券的重要区别是，债券代表持券人同企业之间的债权、债务关系，债券不仅要付息，到时还要还本；股票代表资金的所有权，只须付息（股息或红利），但不还本，所集资金具有比较稳定的性质，并且可以在短期内从社会各阶层筹措巨额自有资金。按股东权利不同来分，股票可以分为普通股和优先股。企业发行普通股可以降低负债比率、提高企业的信用、扩大借债能力，但发行普通股的成本，通常较债券高，这是因为债券的利息在税前作为费用处理，相当部分债息转为对税收的扣除，企业向外借款的实际成本较名义成本低；而股息和红利是从缴纳所得税后的企业纯利中支付
发行债券	企业通过向社会发行一定数量的债券来筹集资金。企业发行的债券又称企业债券或公司债券，它是企业债务资产中最主要的形式之一。债券按偿还期限来分，可以分为短期、中期和长期债券；按有无担保来分，可以分为抵押债券和信用债券。企业经有关部门批准可以自己发售债券，也可以委托银行或其他金融机构代理发售债券。债券到期除了还本还要付息，企业通过债券筹集资金，必须考虑由此带来的财务风险，应加强企业经济责任制，完善企业内部经营机制，保证经济效益
融资租赁	租赁是指承租人（企业）在契约合同规定的期限内，从出租人（租赁公司）处取得资产使用权的业务活动。在租赁期间资产的所有权仍属出租人，承租人须定期支付租金给出租人，至合同期结束，资产归还出租人或折价卖给承租人。企业资产的租赁按其性质有经营性租赁和融资性租赁两种。经营性租赁是由租赁公司向承租单位在短期内提供设备、维修、人员培训等，也有一定的短期筹资的作用，但与企业筹资关系较大的是融资性租赁。融资性租赁是由租赁公司按承租单位要求出资购买设备，在较长的契约或合同期内提供给承租单位使用的信用业务。它是以融通资金为主要目的的租赁，是企业筹集资金的一种方式。企业租赁设备等于向出租人取得100%的长期借款。企业用分期支付租金来代替一次性支付货款，解决一次性筹集大量资金的困难
商业信用	商业信用是指商品交易中以延期付款或预收货款进行购销活动而形成的借贷关系，是企业之间直接信用行为。它也是企业筹集短期资金的一种方式。商业信用的方式主要有应付账款、分期付款、商业汇票、预收货款、票据贴现等。在采用商业信用筹集短期资金时，应遵守结算纪律，防止债务拖欠

除了以上几种集资方式外，还有合资联营、利用外资等方式，可用以吸收外来资金。

上述各种筹资方式，体现不同的经济关系，如所有权关系、债权关系。企业筹资时，应权衡其经济性质和相应的经济利益，根据需要和可能有选择地利用。

4．筹资效益分析

企业从各种渠道筹集的资金需要付出代价。资本成本就是企业取得和使用资金而发生的各种费用。它包括资本占用费用和资金筹集费用。前者如股息、借款利息、债息等；后者如发行股票、债券的注册费和代办费，向银行借款的手续费等。

资本成本具有产品成本的基本属性，但又不同于一般账面成本，它是一种机会成本，是选择资金来源、进行筹资方案决策的依据。

$$资本成本率=\frac{资本占用全部成本}{筹集资本总额-筹资成本}\times 100\%$$

$$=\frac{筹集资本总额\times 占用成本率}{筹集资本总额（1-筹资费率）}$$

$$=\frac{占用成本率}{1-筹资费率}$$

企业资本来源种类较多，以不同方式借来的资本有其各自的资金成本率，如长期债券资本成本率、股票资本成本率、银行借款资本成本率等。通过对各种资本来源资本成本率的测算，可以找到一种资本成本率最低的筹资方式。企业在筹资时往往采用多种筹资方式的组合，对各种不同筹资结构进行比较、选择，以提高筹资的综合效果。

三、企业资产管理

1．流动资产管理

（1）流动资产概念

流动资产是指可以在一年内或者超过一年的一个营业周期内变现耗用的资产，包括现金、各种存款、存货、短期投资、应收及预付款项等。

流动资产在企业全部资产中占有很大比重，其管理好坏直接关系到企业的经营效果，另一方面，企业短期资金的筹措和调度难度较大，需要企业财务管理人员随时预测资金变化和余缺情况，确保资金的供应。因此，流动资产的管理是财务管理中一项极为重要的内容。

（2）企业流动资产的构成及管理

1）货币资金

货币资金包括库存现金和银行存款，是企业流动资产的重要组成部分。企业持有货币资金的目的有两个，一是为了应付日常生产经营的需要，用以购买材料、支付工资、缴纳税款以及日常的费用开支等；另一方面是为了预防意外事件所需要的货币资金。

货币资金的管理要求既能有效地提供能够满足企业经营支出所需要的资金，又要尽量缩小企业闲置货币资金的数额。过多地保持货币资金势必降低企业盈利能力，然而货币资金过少也将给企业带来资金周转的困难和增加企业的财务风险。因此，企业应在保证生产经营所需的必要货币资金量的前提下，缩短生产周期，加快收款速度，降低货币资金的持有水平。

2）短期投资

短期投资是指各种能随时变现，持有时间不超过一年的有价证券以及不超过一年的其他资产，它是企业利用正常经营中暂时多余的资金，购入一些不是其本身业务所必需的财物，但可以随时变为现金以供经营周转的需要，借以谋取一定收益的短期性质的投资。

企业购入有价证券作为短期投资。可以获得一定的利息或股息收益，在现金不足时可以出售有价证券，以应付临时性的资金需要。同时，企业持有有价证券，可以提高企业向银行借款的信用程度，从而取得较为有利的信贷。

短期投资的有价证券包括已经上市的债券、股票和基金。

在进行短期投资时，要注意到投资的收益和风险之间的关系，以及有价证券变现的灵活性，选择较好的有价证券进行投资，做到既能获得较高的收益，又尽量减少不必要的损失，同时在企业急需资金时，能及时地变现。

3）应收及预付款项

该款项是指企业在日常生产经营过程中发生的各项债权，其中包括应收款项和预付账款。

产品销售好坏直接影响企业的生产经营，扩大产品销售收入可以加速资金周转和增加盈利。在市场竞争日益激烈的情况下，很多企业认识到单靠现金和支票进行结算会影响企业在市场的竞争能力。一些企业在销售中采用赊销和分期付款的方式，向客户提供信用，以扩大企业产品的销售量，稳定自己的销售渠道。尽管这种做法会延缓企业资金的周转，并使企业面临蒙受坏账损失的可能，但可以争取顾客，扩大市场，加强竞争能力。

当企业以赊销或分期付款的形式，向客户提供产品和劳务时，就形成了应收账款。应收账款过大会影响资金的周转，甚至形成坏账，造成企业损失。因此，对它的管理是流动资产管理的一个重要方面。

应收账款管理主要包括以下几项内容（见表 8-10）：

4）存货

存货是指企业在日常生产经营过程中持有以备出售、或者仍处于生产过程或者在生产或提供劳务过程中将消耗的材料或物料等，包括各类材料、商品、在产品、半成品、产成品等。

表8-10　应收账款管理主要内容

项目	具体内容
确定客户的信用状况	要评估客户的信誉、偿债能力、生产经营情况和按时付款‘的可能性，来决定是否应该给予赊账，以及可以赊账的最大限额
确定信用条件	信用条件是企业要求客户支付赊销款项的条件。一般包括折扣率、折扣期限和信用期限。如购货者应在多长时间内付款，对于提前付款者给予什么样的优惠等
确定信用标准	信用标准是指企业同意授予客户信用所要求的最低标准。如果信用标准掌握过严，企业虽然可以减少遭受坏账的可能性，但势必丧失潜在的顾客；如果信用标准掌握过松，遭受坏账的可能性就较大。企业应该在考虑放松信用标准时，由此带来的销售利润增加和增加的成本之间进行权衡，考虑是否应该修改信用标准
确定企业的收款政策	收款政策是指企业向客户收取逾期尚未付款的应收账款的程序，即在各项应收账款到期时如何及时收回这些款项，以及如何对待那些拖欠货款的客户

存货是非货币性流动资产项目，它的流动性较前几项流动资产差，为使企业生产经营过程保持不间断进行，必须具备有一定量的存货。存货的种类很多，存货上的投资额占企业资产总额的比例很大，管理工作也比较复杂，主要矛盾是要管理好那些数量虽不多但占用资金比重很大的那些存货，减少资金占用量，加速资金周转，以最经济最有效地管理存货。通常，存货的日常管理属于生产和供销部门的职责范围，财务管理人员关心和负责的是各种存货的存货水平，以及各种存货的资金占用情况。存货水平过高，会引起资金占用过高；存货水平太低，会影响生产和经营需要。决定存货水平的关键是如何既能满足生产和销售的需要，又能使存货成本最低。存货成本包括订货时的库存、存货的仓储成本以及由于缺货造成生产经营停顿而引起的短缺成本。财务部门必须权衡采购和储存存货的成本和带来的经济效益。为了加强存货管理，对于各种存货，除了根据记账凭证登记账簿外，还要定期进行存货调查，以及了解市场价格的行情，估计年终存货的跌价损失，以便调整存货水平等。

2．固定资产管理

（1）固定资产的分类与计价

固定资产是指企业使用期限超过一年的房屋、建筑物、机器、机械、运输工具以及其他与生产经营有关的设备、器具、工具等。它应具有以下特征，一是使用的期限在一年以上；二是使用寿命是有限的（土地除外）；三是用于生产经营活动而不是为了出售。不同时具备以上条件的，一般为低值易耗品。但也有例外，如不属于生产经营主要设备的物品，单位价值在2000元以上，并且使用期限超过两年的也应作为固定资产。

企业固定资产种类繁多，规格不一，为加强管理，必须进行合理的分类。一般可根据管理需要和不同的分类标准加以分类。如按经济用途，可分为生产用固定资产和非生产用固定资产；按经济性质可分为房屋、建筑物、机器、机械、运输工具及其他固定资产；按使用情况，可分为使用中的固定资产、未使用的固定资产、封存中的固定资产、不需用的及出租用的固定资产等；按所有权可分为自有固定资产和租入固定资产等。

在实际工作中，一般按上述标准结合起来进行分类，主要的有：

1）生产经营用固定资产。是指直接服务于企业生产经营过程的房屋、建筑物、机器、机械、设备、器具、工具等。

2）非生产经营用固定资产。指不直接服务于生产经营过程的各种固定资产。如职工宿舍、食堂、浴室、理发室等使用的房屋、设备和其他固定资产等。

3）未使用的固定资产。指已完工或已购建而尚未交付使用的新增固定资产以及因进行改进、扩建等原因而暂停使用的固定资产。

4）不需用固定资产。指本企业多余或不适用、需要调配处理的各种固定资产。

（5）融资租入固定资产。以这种方式租入的固定资产，在租赁期满以后，所有权一般转归租入企业，因此，在租赁期内应视同本企业固定资产进行管理。

6）租出固定资产。

7）土地。

为了正确反映固定资产的增减变动情况和实际占用额，以及正确计算固定资产折旧，必须对固定资产按一定标准计价。固定资产计价应当以原价为准。固定资产的原价，应根据取得固定资产的不同来源，按不同的原则确定。如购入的，按照买价加上支付的运输费、保险费、包装费、安装成本和缴纳的税金计算；自行建造的按照建造过程中实际发生的全部支出确定；投资者投入的，按照评估确认或者按合同、协议约定的价值确定等。

已经入账的固定资产价值不能随意变动，除非发生下列情况：国家规定的重新估价、产权变动需要资产评估、债务重组、增加补充设备或改良装置、固定资产的部分拆除、根据实际价值调整原来的暂估价值或原计固定资产有误。

随意变动固定资产价值，将影响到当期损益计算的准确性。

（2）固定资产的折旧

1）固定资产折旧的概念及计提折旧的范围

固定资产在使用期限内不断发生损耗，它的价值逐渐地转移到产品上去，构成产品成本的一部分。通过产品销售，从销售收入中得到补偿。固定资产因损耗而转移到成本中去的那部分价值，称为固定资产折旧。

按财政制度规定，企业在用的固定资产一般均应计提折旧，具体范围包括房屋和建筑物；在用的机器设备、仪表仪器、运输工具；季节性停用、大修理停用的设备；融资租人和以经营租赁方式租出的固定资产。

不计提折旧的固定资产包括：房屋、建筑物以外未使用、不需用的固定资产；以经营租赁方式租入的固定资产；在建工项目交付使用前的固定资产；已提足折旧继续使用的固定资产；未提足折旧提前报废的固定资产；国家规定的不提折旧的固定资产等。

2）固定资产折旧的方法

固定资产折旧的方法很多，常用的主要有如下四种：

①平均年限法。又称直线折旧法，它是根据固定资产的原值，按其使用年限平均计提折旧费的。其计算公式为：

$$\text{固定资本年折旧额}=\frac{\text{固定资产原值-预计净残值}}{\text{预计使用年限}}$$

固定资产残值通常按固定资产原值的 3% ～ 5% 确定。

在实际工作中，固定资产折旧额是根据固定资产的原价和事先确定的折旧率来计算的。 折旧率是固定资产折旧额占其原始价值的百分比，计算公式如下：

$$\text{固定资本年折旧率}=\frac{\text{固定资产年折旧额}}{\text{固定资产原值}}$$

②产量折旧法。产量折旧法是指按照使用期的生产产量的比例计提固定资产折旧的一种方法，主要适用于生产季节性比较显著，以及采掘、采伐的生产设备。计算公式是：

某项固定资产

$$\text{单位生产产量}=\frac{\text{某项固定资产原值}+\text{预计清理费用-预计残余价值}}{\text{某项固定资产预计整个使用期生产产量}}$$

应计提折旧额

③余额递减法。该法就是根据固定资产净值（原值减累计折旧）乘以折旧率来计算折旧额的折旧计算方法。随着固定资产净值逐年减少，每年计提的折旧费也随

之减少。其公式为：

$$年折旧率=\left[1-\sqrt[N]{\frac{S}{C}}\right]\times100\%$$

式中　N——折旧年限；

S——固定资产残值；

C——固定资产原值。

如有一台机器，原值为 10000 元，估计使用 5 年后还有残值 778 元。则：

$$年折旧率=\left[1-\sqrt[5]{\frac{778}{10000}}\right]\times100\%=40\%$$

按 40% 年折旧率计算，5 年间的折旧额如表 8–11 所示：

表 8–11　余额递减法示例

年份	年初净值（元）	折旧额（元）	累计折旧额（元）
第一年	10000	10000 × 40%=4000	4000
第二年	6000	6000 × 40%=2400	6400
第三年	3600	3600 × 40%=1140	7840
第四年	2160	2160 × 40%=864	8704
第五年	1296	1296 × 40%=518	9222
第五年末			残值 778

采用余额递减法计提折旧，可以较快地收回固定资产投资，及时提供设备更新资金来源。

④年数总和法。它也是一种快速折旧法，这是根据折旧总额（原始价值减去净残值）乘以递减分数（折旧率）来确定年折旧额的一种方法。其计算公式为：

$$各年折旧率=\frac{预计折旧年限-已使用年限}{\frac{预计折旧年限\times(预计折旧年限+1)}{2}}\times100\%$$

$$年折旧额=（固定资产原值-预计净残值）\times 该年折旧率$$

$$月折旧率=该年折旧率\div12$$

$$月折旧额=（固定资产原值—预计净残值）\times 该年月折旧率$$

3．无形资产和其他资产的管理

无形资产是指企业为生产商品或者提供劳务、出租给他人，或为管理目的持有的、没有实物形态的非货币性长期资产。它一般具有以下一些特点：

不存在实物形态；有偿取得的；可以为企业提供经济效益；它们所能提供的经济效益具有很大的不确定性。

无形资产包括的内容相当多，主要的有专利权、商标权、版权、著作权、土地使用权、非专利技术、商誉以及各种特许权等等。

在社会主义市场经济中，无形资产作为商品，有其本身价值。企业购入或按法律程序申请取得的各种无形资产，按实际支出数记账；其他单位投资转入的无形资产，按投资各方确定价值记账。企业的无形资产可以依法进行转让。转让有两种形式，一是转让其所有权，二是转让其使用权。按照国家有关规定，企业可以用无形资产向外投资。无形资产的有效期限，有的有规定，例如专利权、商标权等；有的没有规定。无形资产应当自取得当月起在预计使用年限内分期平均摊销。对于合同没有规定受益年限、法律也没有规定有效年限的无形资产，摊销年限不超过 10 年。

其他资产，是指除上述资产以外的其他资产，如长期待摊费用。长期待摊费用是指企业已经支出，但摊销期限在 1 年以上的各项费用。如固定资产大修理支出、租入固定资产改良支出等，长期待摊费用应在其受益期内平均摊销。

四、成本和费用

成本是指企业为生产产品、提供劳务发生的各种耗费；费用是指企业为销售商品、提供劳务等活动所发生的支出。

会计事项分录中支付的各项成本、费用可分为：生产成本、制造费用、营业费用、管理费用、财务费用。

生产成本是生产部门为了生产产品而发生的全部费用，包括直接材料、直接工资、其他直接支出和制造费用。

制造费用是生产成本的一个组成部分，是生产部门发生的间接费用，如设备折旧、车间管理费等。

营业费用是指企业在销售商品过程中发生的费用。包括企业销售商品过程中发生的运输费、装卸费、包装费、保险费、展览费和广告费，以及为销售本企业商品而专设的销售机构（含销售网点、售后服务网点等）的职工工资及福利费、类似工资性质的费用、业务费等经营费用。商品流通企业在购买商品过程中所发生的进货费用，也包括在内。

管理费用是指企业为组织和管理企业生产经营所发生的管理费用，包括企业的董事会和行政管理部门在企业的经营管理中发生的，或者应当由企业统一负担的公司经费（包括行政管理部门职工工资、修理费、物料消耗、低值易耗品摊销、办公费和差旅费等）、工会经费、待业保险费、劳动保险费、董事会费、聘请中介机构费、咨询费（含顾问费）、诉讼费、业务招待费、房产税、车船使用税、土地使用税、印花税、技术转让费、矿产资源补偿费、无形资产摊销、职工教育经费、研究与开发费、排污费、存货盘亏或盘盈（不包括应计入营业外支出的存货损失）、计提的坏账准备和存货跌价准备等。

财务费用是指企业为筹集生产经营所需资金等而发生的费用，包括应当作为会计期间费用的利息支出（减利息收入）、汇兑损失（减汇兑收益）以及相关的手续费等。

五、企业盈利管理

1. 企业利润的形成与计算

利润是指企业在一定会计期间的经营成果，可分为：营业利润、利润总额和净利润。

（1）主营业务利润

主营业务利润也即产品销售利润，是企业的主营业务收入减去主营业务成本和税金及附加的金额，也称为毛利。用公式表示：

主营业务利润 = 主营业务收入 – 主营业务成本 – 销售税金及附加

主营业务利润是构成企业利润的主要部分，它是指企业销售产成品、自制半成品及提供工业性劳务所发生的利润。

（2）营业利润

营业利润是指主营业务利润加上其他业务利润减去营业费用、管理费用和财务费用后的金额，用公式表示：

营业利润 = 主营业务利润 + 其他业务利润 – 营业费用 – 管理费用 – 财务费用

其他业务利润是指企业提供材料销售、固定资产出租、包装物出租、外购商品销售、无形资产转让，以及提供非工业性劳务所取得的利润。

（3）利润总额

利润总额是指营业利润加上投资收益、补贴收入、营业外收入减去营业外支出后的金额，用公式表示：

利润总额 = 营业利润 + 投资收益 + 补贴收入 + 营业外收入 – 营业外支出

投资收益是指企业各种对外投资获得的利润、股利和债券利息等收益扣除投资损失后的净额；企业的营业外收入是指与企业生产经营活动没有直接关系的各项收入，如固定资产的盘盈和出售净收益、罚款收入、无法支付的应付款、非货币性交易收益等；营业外支出是指与企业的生产经营活动没有直接联系的一些支出，它包括固定资产盘亏、报废、出售无形资产损失、债务重组损失、计提固定资产减值准备、计提无形资产减值准备、罚款支出、捐赠支出、非常损失等。

（4）净利润

净利润 = 利润总额 – 所得税

对于一个企业而言，假设主营业务收入（产品销售收入）与上缴销售税金在一定条件下是不变的，那么利润额的大小就取决于成本和费用。因此，利润额的大小常常反映了企业管理工作的水平。若产品成本和各项费用能得到控制，企业的利润就会提高。

2. 企业利润分配

企业利润分配，是指企业当年实现的净利润加上上年未分配利润和其他转入后的余额为可供分配的利润；要按照国家有关规定或董事会提请股东大会批准的年度利润分配方案进行分配。企业利润的分配是项政策性很强的工作，搞好企业利润分配，既要有利于企业的发展，也要保证投资者的利益，鼓励投资者的投资热情。

企业利润分配是与企业财务管理体制相联系的，财务管理体制调整变化，企业利润分配办法也随之而变化。就国有企业来说，从 1978 年起对企业利润上缴办法进行改革，其间经历了企业基金制、利润留成制、两步利改税、承包经营责任制等。每一步改革，利润分配的调整变化都很大。不同所有制的企业、不同经营方式的企业，在利润分配方面也会有些差别。但总的分配原则是既考虑国家的利益又考虑企业投资者和职工的利益。为此，企业利润分配在弥补以前年度亏损、提取公积金和公益金后，按章程、合同或者法律、法规规定在投资者之间分配。

企业在依法缴纳所得税后，净利润的分配顺序依次为：

（1）被没收的财物损失、支付各项税收的滞纳金和罚款。

（2）弥补企业以前年度亏损。

（3）提取法定盈余公积金。法定公积金用于弥补亏损，扩大生产经营，按照国家规定转增资本金。

（4）提取公益金。公益金主要用于企业职工的集体福利设施支出。

（5）向投资者分配利润。企业以前年度未分配的利润，可以并人本年度向投资者分配。

同时还规定，企业以前年度亏损未弥补完，不得提取公积金和公益金；在提取公积金和公益金前，企业不得向投资者分配利润，从而初步规范了企业利润分配关系。

3．应纳税金

（1）税金的作用

依照税法规定及时缴纳税金，为国家提供更多的财政收入，是企业应尽的义务和职责。税金是按预先规定的税率计算缴纳的。社会主义国家税收是国家对劳动人民所创造的纯收入进行有计划分配的一种形式，借以筹集社会主义建设资金，并据以宏观调控经济的一种形式。社会主义国家税收反映着国家、企业与个人三者利润的关系，体现着“取之于民，用之于民”的性质。我国社会主义税收具有以下三方面的职能：

1）组织财政收入的职能。

2）调节国民经济职能。通过税收的征免、税率的高低、国家可以运用税收杠杆调整社会财富的分配状况，促进产业结构和产品结构的合理调整，促进国民经济有计划按比例协调发展。

3）监督管理经济的职能。我国现行税制已全方位地参与国民收入分配的格局；税收征管已渗透到生产、分配、交换、消费各个环节，因此，税收征管过程即是代表国家进行财务监督的过程。

（2）税收的种类及计算

1）增值税。增值税是以商品生产流通和劳务各个环节的增值因素为征税对象的一种流转税。增值是指企业或其他生产经营者从事制造、流通或提供劳务生产经营活动中所创造的新增价值或商品的附加值。

增值税 20 世纪 50 年代始于法国。在我国正式作为一个独立税种开始于 1984 年 10 月，但其征收范围过窄、税率档次过多、征收制度不规范、计税复杂、扣税失真，作用未能充分发挥。随着社会主义市场经济的发展，1994 年我国对工商税制进行了重大改革。增值税的征收范围包括除不动产外的全部工业产品的生产、加工、进口、修理修配以及商品批发、零售环节，只设置三档税率：一档是基本税率 17%，一档是低税率 13%，一档是零税率。严格实行凭增值税发票注明的税金进行税款抵扣的制度。

在增值税的实际操作上采用间接计算办法，即纳税人根据货物或应税劳务销售额，按照规定的税率计算税款，然后从中扣除上一道环节已纳增值税款。也就是说，纳税人收取的销项税额抵扣其支付的进项税额，其余额为应缴纳的增值税额。它体现了按增值因素增税的原则。

应纳税额 = 当期销项税额 – 当期进项税额

销项税额 = 销售额 × 税率

增值税纳税人按其经营规模及会计核算健全与否分为纳税人和小规模纳税人。

2）企业所得税。

①企业所得税内容。企业所得税是指国家对中华人民共和国境内一切企业的生产、经营所得和其他所得征收的一种税。

企业所得税是以纳税人的收益额为征税对象的一种税。其中，收益额是指纳税人从事生产、经营等项活动获得的收入，减去相应成本费用之后的余额。具体包括生产经营所得和其他所得。生产经营所得，是指从事制造业、采掘业、交通运输业、建筑安装业、农业、林业、畜牧业、渔业、水利业、商业、金融业、保险业、邮电通讯业、服务业，以及其他行业的生产经营经税务机关确认的所得；其他所得，是指股息、利息（不包括国库券利息）、租金、转让各类资产收益以及营业外收益等经税务机关确认的所得。

②企业所得税的纳税人。企业所得税法规定，在中华人民共和国境内的企业，除外商投资企业和外国企业外，凡是实行独立经济核算的企业都作为企业所得税的纳税义务人。这些企业包括国有企业、集体企业、私营企业、联营企业、股份制企业以及有生产、经营所得或其他所得的组织。

国有企业是指生产资料归国家所有，按国家有关规定注册、登记的全民所有制企业。

集体企业是指生产资料归企业劳动群众集体所有，按国家有关规定注册、登记的集体所有制企业。

私营企业是指生产资料归私人所有，按照《中华人民共和国私营企业暂行条例》规定注册、登记的私营企业。

联营企业是指生产资料归联营各方共有，按国家有关规定注册、登记的联营企业。

股份制企业是指注册资本以股份形式构成，按《股份有限公司规范意见》和《有限责任公司规范意见》规定注册、登记的企业。

有生产、经营所得或其他所得的其他组织是指经工商行政管理部门批准，从事经营活动的事业单位、社会团体等组织。

企业所得税的纳税人必须是独立核算的企业。一般来说，独立核算是指具备下列条件：在工商行政管理部门办理工商登记；有权与其他单位签订合同；在银行开设结算账户；独立建立账簿，编制财务会计报表；独立计算盈亏的企业和组织。

③企业应纳税所得额的确定。企业所得税法规定，纳税人每一纳税年度的收入总额减去准予扣除项目后的余额为应纳税所得额，这就是说确定企业应纳税所得额

的关键，在于确定企业实现的收入总额和税收上准予扣除的项目及扣除标准。企业应纳税所得额的计算一般以财务上的营业收入核算、成本费用核算和财务成果核算为基础，但需对在税收上的规定与财务核算标准不一致所造成的差异进行调整。因为，企业所得税法明确规定了纳税人在计算应纳税所得额时，其财务、会计处理办法同国家税收规定有抵触的，应依照国家有关税收的规定计算纳税。

企业所得税法规定，纳税人在计算应纳税所得额时，准予扣除的项目是指与取得收入有关的各项成本、费用和损失。

成本是指纳税人为生产、经营商品和提供劳务等所发生的各项直接支出和各项间接费用。

费用是指纳税人为生产、经营商品和提供劳务等所发生的销售费用、管理费用和财务费用。

损失是指纳税人生产经营过程中的各项营业外支出、经营亏损和投资损失以及其他损失。下列项目，按如下规定的标准扣除：

①纳税人在生产经营期间向金融机构借款的利息支出，按实际发生数扣除。向非金融机构借款利息不高于按金融机构同类、同期贷款利率计算的数额以内的部分，准予扣除。

②纳税人支付给职工的工资，税务机关在计算应纳税所得额时按计税工资扣除。计税工资的具体标准，在财政部规定的范围内由各省、自治区、直辖市人民政府规定，报财政部备案。

③纳税人的职工工会经费、职工福利费、职工教育经费，分别按计税工资的2%、14%、15% 计算扣除。

④纳税人用于公益、救济性质的捐赠在年度应纳税所得额 3% 以内，准予扣除。纳税人直接向受赠人的捐赠不予扣除。

在计算应纳税所得额时，以下项目不得扣除：

资本性支出；无形资产受让、开发支出；违法经营的罚款和被没收财物的损失；各项税收的滞纳金、罚金和罚款；自然灾害或者意外事故损失有赔偿的部分；超过国家规定允许扣除的公益、救济性捐赠，以及非公益救济性的捐赠；各种赞助支出；与取得收入无关的其他各项支出。

六、财务报告和财务评价

1. 基本财务报表

企业在其生产经营过程中，都应当定期向有关政府部门、投资者、债权人以及其他报表使用者提供财务报告，反映其生产经营的情况。

财务报表是根据会计上的要求，按一定的时间间隔（如年、季、月）编制的财务资料。它面地反映了企业在某一时点上的财务状况和一定时期内的投资、筹资、经营等各项活动及其成果。企业要定期向股东、债权人、有关机构（银行、交易所、审计机构）及企业领导人以及上级领导提供有关报表，以便他们对企业各项活动进行监督与控制，并做出相应的决策。企业的财务会计报告由会计报表、会计报表附注和财务情况说明书组成。企业向外提供的会计报表主要有资产负债表、利润表、现金流量表、有关附表。

（1）资产负债表

资产负债表是按照公认会计原则，在总体上反映企业在一定日期所拥有的全部资产和形成这些资产的资金来源（负债和所有者权益）状况的财务报表。

资产负债表是依据“资产 = 负债 + 所有者权益”这一基本恒等式而编制的。它反映了企业在经营活动中资产账户、负债账户和所有者权益账户的增减变化，直接反映的是企业的资金来源和资金占用，同时揭示了企业经营中的财务活动全部结果。

资产负债表主要反映了企业在某一时间点的财务状况：

1）企业所拥有的资产可分为流动资产、固定资产、长期投资等资产。

2）企业所负担的债务（负债）以及企业的偿债能力（长期和短期的），可分为流动负债和长期负债。

3）所有者（股东）在企业里所持有的权益（所有者权益），包括投入资本和企业留存收益。

4）企业未来财务状况变动趋势。

资产负债表各类的项目根据各单位具体情况有所增减，它们的排列次序，一般说来资产按照其流动性程度的高低顺序排列，负债按照其到期时间由近至远的顺序排列，所有者权益按照其永久性递减的顺序排列。

（2）利润表

利润表是反映企业在报告期内经营成果的报表。报表中反映了各项收入的来源和各项费用以及税金的支出情况，通过收入和支出情况的分析，可以说明利润或亏损产生的原因以及变动的情况。通过利润表的分析，有助于改善企业的经营水平。

利润表是以利润计算公式为基础编制的。表中利润总额减去所得税后，才是企业用来分配的净利润。净利润通过利润分配科目，进行利润的核算与分配。企业净利润的一部分提取公积金、公益金，另一部分作为股利付给股东，其余未分配利润转入下一年。

（3）现金流量表

现金流量表是以现金收付实现制原则为基础，综合反映一定期间现金流入和流出的报表，以现金为编制基础，通过编制现金流量表可以掌握现金流动信息，搞好现金调度，提高资金效率，为投资者和报表使用者提供企业支付股利和偿债能力，预测企业未来现金流量等重要信息。

现金流量表是以现金收付实现制为基础编制的，这里的现金包括库存现金、银行存款、其他货币资金和现金等价物。现金等价物通常指在3个月或更短时间内即将到期或即可转换为现金的投资。

现金流量是指某一时期内企业现金流入和流出的数量。影响现金流量的因素有经营活动产生的现金流量、投资活动产生的现金流量和筹备活动产生的现金流量。

2．企业财务评价的指标体系

企业在进行生产经营活动之后，必须对财务活动进行评价与考核，这时使用的评价指标主要有：

（1）销售利润率

它说明每1元销售收入可以获得多少利润。它反映了利润额在销售收入中所占的比重，比重越大，表示企业经济效益越好。计算公式为：

$$销售利润率=\frac{利润总额}{产品销售净收入}\times 100\%$$

产品销售净收入：指扣除销售折让、销售折扣和销售退回之后的销售净额。

（2）总资产报酬率

它是指企业运用全部资本（或产权）的收益率，它反映企业对所有经济资源的运用效率，收益数据应扣除利息费用和所得税以前的收益额。计算公式为：

$$总资产报酬率=\frac{利润总额+利息支出}{平均资产总额}\times 100\%$$

$$平均资产总额=\frac{期初资产总额+期末资产总额}{2}$$

总资产报酬率越高，反映总资本获利能力越强，企业的经营效果和投资效益越好。

（3）资产负债率

它反映在企业的全部资产中负债总额占多大的比重，用以衡量企业财务的支撑能力。企业资产负债率过高，说明企业自有资金占企业总资产的比重小，企业风险大，债权人得到的保障程度低。

负债率越低，债权人得到的保障程度越高。计算公式为：

$$资产负债率=\frac{负债总额}{资产总额}\times 100\%$$

（4）流动比率

它反映企业流动资产总额和流动负债总额比例关系的指标。一般要求 2∶1 左右的比例。但并不要求流动比率越大越好。因为比率越大，表明企业流动资产占用较多，会影响企业经营资金周转效率和获利能力。计算公式为：

$$流动比率=\frac{流动资产}{流动负债}\times 100\%$$

（5）速动比率

它是衡量企业在某一时点上运用随时可变现资产偿付到期债务的能力。速动比率是对流动比率的补充。计算公式为：

$$速动比率=\frac{速动资产}{流动负债}\times 100\%$$

速动资产是指可用于支付的现金、银行存款、应收票据、应收账款、短期投资（有价证券）等项目。

（6）应收账款周转率

也称收账比率，用于衡量企业应收账款周转快慢。一般说，应收账款周转率高，表现企

业可以在短期内收回货款，利用营业产生的资金支付短期债务的能力强。周转率过低，反映

企业信用政策太松，以致影响企业资金利用率的提高。计算公式为：

$$应收账款周转率=\frac{赊销净额}{平均应收账款余额}\times 100\%$$

赊销净额＝销售收入-现销收入-销售退回、折让、折扣

$$平均应收账款余额=\frac{期初应收账款余额+期末应收账款余额}{2}$$

（7）存货周转率

该指标用于衡量企业在一定时期内存货资产的周转次数，反映企业购、产、销平衡效率的一种尺度。存货周转率高，表明产品压库时间短，企业销售能力强；反之，则表明企业存货过量或企业销售能力低。计算公式为：

$$存货周转率=\frac{产品销售成本}{平均存货成本}\times 100\%$$

（8）社会贡献率

用于衡量企业运用全部资产为国家或社会创造或支付价值的能力。计算公式为：

$$社会贡献率=\frac{企业社会贡献总额}{平均资产总额}\times 100\%$$

其中，企业社会贡献总额包括工资（含奖金、津贴等工资性收入）、劳保退休统筹及其他社会福利支出、利息支出净额、应缴增值税、应缴产品销售税金及附加、应缴所得税、其他税收、净利润等。

（9）社会积累率

用于衡量企业社会贡献总额中多少用于上缴国家财政。计算公式为：

$$社会积累率=\frac{上缴国家财政总额}{企业社会贡献总额}\times 100\%$$

其中：上缴国家财政总额包括应缴增值税、应缴产品销售税金及附加、应缴所得税及其他税收等。

评价企业财务状况的指标很多。除上述指标外，还有其他方面的许多指标，如股东权益报酬率、股东权益比率等，企业可根据本身的具体情况灵活加以选用。

3．财务分析的方法

财务报表分析方法通常有金额变动与变动百分比法、趋势比例法、结构比例法、比率分析法等几种。

（1）金额变动与变动百分比法

它是指利用比较年度与基准年度某一数据的金额差异，以及变动的百分比来反映企业经营状况的好坏。其计算公式为：

变动金额 = 比较年度某数据金额 - 基准年度某数据金额

$$变动百分比=\frac{变动金额}{基准年度某数据金额}\times 100\%$$

下面以销售净额与净收益两项指标为例来说明该方法的运用，如表 8-12 所示。

表8-12　金额变动与变动百分比（金额单位：万元）

项目／年份	2001	2000	1999	增加或减少			
				2001 年比 2000 年		2000 年比 1999 年	
				金额	%	金额	%
销售净额	600	500	400	100	20	100	25
净收益	36	40	50	-4	-10	-10	-20

从表 8–12 中可见，2001 年度的销售净额比 2000 年度增加 100 万元，但净收益却降低 4 万元，从变动百分数来看，2001 年度的销售净额比 2000 年度的高出 20%，但净收益却下降了 10%。同时还可以看出，该公司的销售净额逐年增长，但净收益逐年下降，这就要进一步分析，是由于通货膨胀原因，还是因为企业经营管理不善导致企业成本和费用过高。

（2）趋势比例法

它是将一个指标不同时间（时点、时期）的数值，按先后顺序形成一个时间序列，选择某一时间作为分析的基期，然后，将该基期以后的数据与基期数据进行对比，以观察和研究企业经济活动变动趋势的一种方法。其计算公式为：

$$趋势比例=\frac{比较年度某数据金额}{基准年度某数据金额}\times 100\%$$

例如，以 19% 年为基期，从表 8–13 数据中，可以计算出该公司销售净额和净收益的每年趋势比例。

表 8–13　趋势比例

年份 \ 项目		2001	2000	1999	1998	1997	1996
绝对金额	销售净额	450000	360000	330000	320000	312000	300000
	净收益	22950	14550	21450	19200	15600	15000
趋势比例	销售净额（%）	150	120	110	107	104	100
	净收益（%）	153	97	143	128	104	100

从表 8–13 中可以看出，每年的销售净额和净收益与基准年度之间的比例关系，可以发现几年来销售净额呈现稳定的增长趋势，除了 2000 年净收益外，净收益也呈稳定增长的趋势。在寻找 2000 年净收益下降的原因外，可以确定该企业是稳定增长发展的，而且可以找出增长速度、增长量和平均增长速度等，同时还可以利用这些数据进行预测，确定以后企业的经营目标。

（3）结构比例法

它是通过计算和分析各构成的比重和变化情况，说明企业经营的特点。例如，资产负债表上的每一个项目都可以表示为总资产的百分比。利用这种表达方式可以很快反映出流动资产与非流动资产的相对重要性，同时也可以反映企业从长期债权人、短期债权人和股东处获得资金的相对大小。

此方法同样可以应用于企业利润表上的各项目分析，反映收益表上所有项目占销售净额的比例。例如，销售成本率反映的是销售成本占销售净额的比例；销售利润率反映企业利润占销售净额的比例。通过历年数据的比较，可以反映企业生产经营活动变动的情况。

（4）比率分析法

财务比率是指各项财务指标之间的相对数。比率分析法是指利用各种财务比率对企业的经济活动进行分析的一种方法。采用这种方法，可以把不可比的指标变为可比的指标，然后加以分析比较，反映出某些特定指标的意义。例如，流动比率这个指标，用来反映流动资产与流动负债之间的关系；权益比率用来反映所有者权益总额占资产总额的比重，表明企业大部分资金来自于债权人还是股东。若权益比率小，说明该公司的大部分资金来自债权人而不是股东；反之，高权益比率表明公司较少运用财务杠杆。

在实际工作中，可以通过上述几种基本分析方法对企业财务报表进行分析。评估企业的财务状况，还可以结合具体的要求，综合应用其他有关资料，从以下三方面对企业进行财务分析，考核企业经营成果和水平。

1）企业财务完成结果与财务计划指标比较

通过对企业财务完成结果与财务计划指标的对比分析，可以了解企业在本期的生产经营中，财务计划的落实程度和完成情况，找出各项财务指标的差异，以及形成的因素，从而提高企业的经营管理活动的效果。

2）本期实际结果与上期或上年同期实际结果比较

为了进一步了解企业财务活动的发展情况，可以利用企业本期实际结果与上期或上年同期的实际结果进行比较，从变动的数额或百分比中揭示出企业财务活动各项指标发展或存在的问题，以便进行动态分析，了解企业的增长情况，是否达到过去的水平或历史最高水平。

3）企业财务指标与相同企业财务指标进行比较

为了确定本企业在相同企业中的财务管理水平，可以将企业的财务各项指标与国内外相同企业的财务指标进行对比分析，找出差距，查明形成差距的原因，以便采取有效的措施，尽快赶上或超过国内外的先进水平。

在财务分析中，根据分析的具体要求，对企业的筹资、投资、资金运用、成本、利润等各方面进行分析。分析中可以采用定量分析的方法，也可以采用一些定性分析的方法，有机地结合起来，以便更好地揭示事物的本质，掌握变动的规律，充分发挥财务分析的作用。

参考文献

[1] 汪平 . 财务理论 [M]. 经济管理出版社，2008.

[2] 李心合 . 关于财务理论若干问题研究 [J]. 财经研究，2001，27（1）：46-51.

[3] 魏明海 . 公司财务理论研究的新视角 [J]. 会计研究，2003（2）：53-57.

[4] 罗福凯 . 财务理论的内在逻辑与价值创造 [J]. 会计研究，2003（3）：9-11.

[5] 张友棠，唐慧贤，黄辉 . 现代财务理论及其在财务预警中的应用研究 [J]. 武汉理工大学学报，2001，23（2）：78-80.

[6] 李悦，熊德华，张峥，等 . 公司财务理论与公司财务行为——来自 167 家中国上市公司的证据 [J]. 管理世界，2007（11）：108-118.

[7] 王化成，佟岩 . 财务管理理论研究的回顾与展望—— 20 世纪后 20 年中国财务理论研究述评 [J]. 会计研究，2001（12）：37-45.

[8] 宋献中 . 财务理论与机制 [M]. 东北财经大学出版社，1999.

[9] 冯建 . 财务理论结构研究 [D]. 西南财经大学，1998.

[10] 郭复初 . 财务理论研究与发展 [J]. 会计研究，1996（2）：13-16.

[11] 吴世农 . 现代财务理论与方法 [M]. 中国经济出版社，1997.

[12] 王维强 . 我国区域金融政策问题研究 [J]. 财经研究，2005，31（2）：110-119.

[13] 王雪标，王志强 . 财政政策、金融政策与协整分析 [M]. 东北财经大学出版社，2001.

[14] 巴曙松 . 次贷危机中的中国宏观金融政策选择 [J]. 武汉金融，2009（1）：7-14.

[15] 周小川 . 金融政策对金融危机的响应——宏观审慎政策框架的形成背景、内在逻辑和主要内容 [J]. 金融研究，2011（1）：1-14.

[16] 戴相龙 . 全球化趋势下的国际金融形势及我国的金融政策 [J]. 中央财

经大学学报，1999（12）：1-13.

［17］肖彬，李海波．商业银行支持战略性新兴产业发展的金融政策研究［J］．农村金融研究，2011（5）：53-57.

［18］王清剑，安起雷．我国民营经济发展的金融政策研究［J］．中国国情国力，2010（8）：12-14.

［19］王卉彤，石刚．促进主体功能区规划实施的财政金融政策研究［J］．生产力研究，2008（12）：46-48.

［20］刘昕．当前中国文化产业财税金融政策研究［D］．华东政法大学，2012.

［21］黄学斌．促进就业的财税金融政策研究［D］．厦门大学，2007.

［22］王国刚．加强金融政策研究推进中国金融健康发展［J］．财贸经济，2002（8）：7-8.